课程治理现代化丛书

张秋来 王琦 杨四耕 主编

小切口课程设计
劳动教育的创意实施

肖棋丹 主编

华东师范大学出版社
·上海·

图书在版编目（CIP）数据

小切口课程设计：劳动教育的创意实施 / 肖棋丹主编. -- 上海：华东师范大学出版社，2024. -- （课程治理现代化丛书）. -- ISBN 978-7-5760-5403-3
Ⅰ. G633.932
中国国家版本馆 CIP 数据核字第 2024YZ1679 号

课程治理现代化丛书
小切口课程设计：劳动教育的创意实施

丛书主编	张秋来　王　琦　杨四耕
主　编	肖棋丹
责任编辑	刘　佳
项目编辑	林青荻
特约审读	潘家琳
责任校对	陈梦雅　时东明
装帧设计	卢晓红

出版发行	华东师范大学出版社
社　　址	上海市中山北路 3663 号　邮编 200062
网　　址	www.ecnupress.com.cn
电　　话	021-60821666　行政传真 021-62572105
客服电话	021-62865537　门市（邮购）电话 021-62869887
地　　址	上海市中山北路 3663 号华东师范大学校内先锋路口
网　　店	http://hdsdcbs.tmall.com

印刷者	杭州名典古籍印务有限公司
开　本	787 毫米×1092 毫米　1/16
印　张	17
字　数	176 千字
版　次	2025 年 1 月第 1 版
印　次	2025 年 1 月第 1 次
书　号	ISBN 978-7-5760-5403-3
定　价	56.00 元

出版人　王　焰

（如发现本版图书有印订质量问题，请寄回本社客服中心调换或电话 021-62865537 联系）

本书编委会

主　编　肖棋丹

编　委　钟焕斌　许育志　张燕玲　罗旭梅　孙圆圆
　　　　秦　臻　邱芷莹　郑佳意

丛书总序

为了高水平推进区域课程治理现代化,深圳市坪山区立足"创新坪山、未来之城",唱响"深圳坪山,无限可能"的口号,相信每一所学校的力量,相信每一位教师的力量,相信每一个学生的力量,深化区域课程教学改革,推进课程治理机制创新,深化育人重点领域和关键环节改革,提升课程智治水平,转变育人方式,高水平推进深圳东部中心课程治理现代化。

坪山区确定了课程治理现代化的总体目标:完善课程治理机制,优化课程治理方式,创新课程治理载体,提升课程治理效能,形成国家主导、区域统筹、学校实施、社会参与和学生选择的课程治理新局面,开辟高水平推进区域课程治理现代化新赛道,争当深圳市课程治理现代化先行者,努力成为全面展现中国特色社会主义教育制度优越性的示范窗口和典型样板。在此基础上,形成了区域课程治理现代化的具体目标。

1. 完善课程治理机制。构建上下联动、问题倒逼、试点推广和协同推进等课程治理新机制,持续深化基础教育课程改革;广泛吸纳各种力量参与,通过由学校引导机制、师生参与机制、专家干预机制和社会力量融入机制等组成的复合型机制,促进课程资源高质量供给,有效达成课程改革的多重目标。

2. 优化课程治理方式。采用文化治理与依法治理相结合、内部治理与外部治理相结合、全面治理与专项治理相结合、横向治理与纵向治理相结合的多维课程治理方式,实现课程治理方式的优化组合。根据治理的问题难度、治理的主体组合和治理的过程情况,灵活采取一种或多种治理方式,实现课程治理最优化。

3. 创新课程治理载体。进一步厘清政府、社会、学校及教师的课程治理权限,强化课程治理的国家意志,把握课程政策走向,理解课程标准,设计课程计划,研制课程规划,优化课程设计,推进课程审议,落实课程研修,开展课程视导,寻求技术赋能,创建多元协同课程治理共同体,不断创新课程治理载体。

4. 提升课程治理效能。培育一批深入实施新课程的先进学校,提升教师课程治理能力,促进学生个性全面发展;总结发现一批课程育人成效显著的典型案例,形成一套更加完善的,有时代特征、坪山特点、中国特色的课程治理制度体系,为率先实现高水平课程治理现代化提供坚实保障,奠定坪山区教育现代化的制度基石。

如何高水平推进区域课程治理现代化?深圳市坪山区把握以下几条原则。

一是坚持正确方向,强化课程治理的国家意志。课程治理是国家事权,要坚持正确方向,充分体现课程治理的国家意志,确保社会主义办学方向,坚持立德树人,服务国家战略需求,将社会主义核心价值观融入课程体系之中。

二是坚持问题导向,破解课程治理的系列难题。围绕着课程理念难更新、课程逻辑难理顺、课程实施难深入、课程资源难协调、课程研究难深化、课程治理体系不配套等突出问题,深化体制机制改革,着力破解课程治理的系列难题,助力学生健康成长。

三是坚持守正创新,把握课程治理的内在逻辑。加强学校课程顶层设计,总结课程改革成功经验,着眼于课程制度建设,坚持守正创新,鼓励各校深入探索、勇于创新、不断完善,把握课程治理的内在逻辑,持续激发学校课程治理活力,讲好坪山课程故事,传递中国课程话语。

四是坚持放管结合,构建课程治理的协同机制。处理好政府办学主体责任和学校办学主体地位之间的关系,遵循多元治理原则,明确政府、社会、学校和教师的治理权限,发挥自上而下与自下而上相结合的课程改革动力作用,坚持顶层设计与分步推进相结合的课程改革方法论,构建课程治理的协同机制,深化基础教育课程改革。

五是坚持有序推进,完善课程治理的路径选择。强化党委、政府统筹和部门协调配合,坚持渐进调适与全面深化相结合的课程治理路径选择,注重从实际出发,加强分类指导,因校制宜,积极稳妥推进,处理好改革发展稳定的关系,切实增强课程治理的针对性、协调性和有效性。

为高水平推进区域课程治理现代化,深圳市坪山区注重系统性,避免零打碎敲;注重渐进性,实现平稳过渡;注重协同性,实现点面结合,全面建设高品质课程体系。深圳市坪山区主要围绕六大任务推进区域课程治理现代化。

第一大任务:健全立德树人落实机制

1. 价值引领机制。以课程规划为抓手,建立健全德智体美劳全面发展的人才培养体系。在坚定理想信念、厚植爱国主义情怀、加强品德修养、增长知识见识、培养奋斗精神、增强综合素质上下功夫,建构坪山区"5T"课程目标观,着力培养有思想

(thinking)、有才干(talented)、有韧性(temper)、会合作(teamwork)、可信赖(trusty)的新时代坪山学子,使学生有理想、有本领、有担当,培养德智体美劳全面发展的社会主义建设者和接班人。

2. 系统衔接机制。完善中小幼一体化德育课程体系,大力培育和践行社会主义核心价值观,推进各学段纵向衔接、各学科横向融通、课内外深度融合。提高智育水平,培养关键能力,激发创新意识。完善体质健康教育,增强师生审美能力。加强劳动教育,完善家庭、学校、社会教育体系。实现不同学段、不同环境中的课程思政的前后贯通和优势互补。

3. 动力形成机制。以评价改革为纽带,通过设计和推进适用于政府、学校、社区和教师等不同主体的立德树人评价标准,探索多样化的适合师生需要的激励方式,增强不同教育主体立德树人的动力,不断激发课程育人的积极性、主动性和创造性。

4. 能力提升机制。以学科育人为重点,通过加深教师对学科课程哲学和育人价值的理解,通过对各学科课程目标、结构、内容、实施方法和评价要求的把握,发挥好立德树人主渠道的作用,不断提升课程育人能力。

5. 力量汇聚机制。以供给侧改革为统领,通过对人、财、物、时、空五大要素的优化整合与合理配置,构建社会支持、机构指导、协会自治、联盟推进、家校共育的合作体系,形成学校全面开放、家长深度参与、社会共同支持的力量汇聚机制,形成立德树人合力,不断提高课程育人成效。

第二大任务:建设高质量课程体系

高质量课程体系建设要突出课程育人属性,面向全体学生,因材施教,通过多主体协作、多资源统整、多场域协同,研制学校课程规划,优化学校课程结构,形成学校课程特色,满足学生多元发展需求。

1. 研制学校课程规划。坚持"一校一策",把国家统一制定的育人"蓝图"细化为学校的个性化育人"施工图"。学校要立足实际,分析资源条件,确立学校课程哲学,厘定培养目标,细化课程目标,因地制宜规划学校整体课程,以育人方式和学习方式变革为重点,创造性设计课程实施方案,激活学校课程管理,提升课程的文化内涵,彰显课程的逻辑力量。

2. 优化学校课程结构。以促进学生个性全面发展为目标,设计刚需课程、普需课程和特需课程,高质量落实体现国家课程刚性要求的刚需课程,建设体现学生兴趣爱好的普需课程,设计基于学生个性发展的特需课程,将课程理念、原则要求转化为具体的育人实践活动,满足学生多样化发展需要。

3. 形成学校课程特色。学前教育阶段按照幼儿学习与发展五大领域的要求,注重共同课程与特色课程的全面建构;义务教育阶段确保全面落实国家课程,注重与地方课程和校本课程的统筹实施;普通高中在保证开齐开好必修课程的基础上,注重适应学生特长优势和发展需要,提供分层分类、丰富多样的选修课程,形成体现学校办学特色的课程育人体系。

第三大任务:开发高品质课程内容

积极回应社会发展的新要求和育人实践的新挑战,把握课程迭代发展要求,构建以国家课程为主体、地方课程和校本课程为重要拓展和有益补充的课程内容体系,促进课程资源的高质量供给。

1. 推动学科课程群建设。以学科课程标准为依据,立足学校实际,培育优势学科和特色学科,基于学生发展需求,从学科课程哲学、学科课程目标、学科课程框架、学科课程思路、学科课程实施和学科课程管理等方面研制学科课程群建设方案,推动学科课程群建设,形成学科教学特色,优化学科教学过程,落实学科核心素养,严格学科常规管理,抓实学科教研活动,促进学科教研组建设,打造一批特色学科建设示范学校,实现优质均衡发展。

2. 落实科学素养提升行动。立足科技发展前沿,深化科学教育改革,开齐开足科学课程,强化做中学、用中学、创中学,推进跨学科综合教学。加强科学教育实践活动,持续深入开展科普教育,激发青少年好奇心、想象力、探求欲,提升学生解决实际问题的能力,发展学生科学素养。继续推进 STREAM 课程、创客教育课程、大师进校园课程和人工智能课程,关注未来社会,传播未来思想,增强未来意识,建立未来观念,探索未来教育课程体系,增强课程摄入的主动性。

3. 推进综合素养课程建设。继续推进家校共育"燃"课程、阳光阅读"亮"课程、底色艺术"炫"课程、悦动体育"嗨"课程、劳动教育"润"课程和生涯教育"导"课程,积极融入时代潮流,充分彰显课程的时代内涵,提升学生的综合素养。

第四大任务:提升课程实施质量

立足课程标准,通过试点先行和示范引领机制,探索单元整体课程设计,推进教学方式深度变革,提高作业设计水平,着力解决课程改革重难点问题,全面提高课程实施质量。

1. 探索单元整体课程设计。聚焦核心素养培育,基于学科课程标准,以学科大概念为核心,从明确单元课程理念、分析单元课程情境、厘定单元课程目标、研发单元课程内容、激活单元课程实施和设计单元课程评价等方面入手,探索单元整体课程设计,实现标准要求与目标设计、课程设计与教学设计、内容设计与学习设计、任务设计与活动设计、教学设计与评价设计的有机统一,提升学科课程育人价值。

2. 推进教学方式深度变革。根据核心素养形成规律,依据学生学习发生的基本途径,在学习、交往、实践和反思的基础上,逐步把间接学习和直接学习,知识学习与问题解决,形式训练与任务完成,课堂学习与实践活动,课内外、校内外、家庭学校社会结合起来,多主体协同、多途径融合、多情境转换,课程实施路径与学生学习方式紧密结合,注重学科实践和跨学科学习,让学生通过亲身体验丰富学习的直接经验,促进经验之间的转化和融合。加强课程学习与综合实践、社会生活的联系,建立以学习为中心的课程连续体,丰富学生的学习情感态度,体验学习过程与方法,促进学生核心素养的形成。

3. 全面提高作业设计水平。在用好基础性作业的基础上,多维度引导教师提高作业设计水平,鼓励教师设计探究性作业和实践性作业,探索设计情境性跨学科综合作业;广泛开展优质作业设计展示交流,加强作业设计培训。

第五大任务:创新课程评价方式

课程评价是课程建设质量的根本保证,对高品质课程建设具有激励、监督和调控作用。

1. 课程发展的文本评价。系统考查学校课程规划、学校课程指南、学科课程群建设方案、跨学科课程创意设计、校本课程纲要、单元整体课程设计等课程文本是否齐备,查看相关内容要素是否完整、表述是否科学、设计是否规范。

2. 课程建设的主体评价。课程建设的主体评价主要包括校长、教师和学生。其中,评价校长的课程领导力,主要从价值理解力、逻辑建构力、目标厘定力、框架设计力、课程开发力、实施推进力、评价激励力和资源保障力角度进行;评价教师的课程执行力,最主要看教师对所教课程的理念理解度和目标达成度;评价学生的课程学习,最主要是看通过课程的学习,学生的行为模式和学业成绩的提升效果,即学校育人目标的达成度。此外,外部因素对于课程实施的影响,比如政府机构的支持力度,相关社会力量诸如社会团体、社区资源以及学生家长的支持和理解等,也是课程实施过程评价需关注的内容。

3. 课程实施的效果评价。从以下三个维度进行评价:一是学生的学习结果,包括学生在课程学习过程中的表现、学生对课程学习的态度、学生核心素养的培养、学生对不同学习方式的运用、学生对课程的满意程度；二是教师的专业发展，包括教师课程领导力的提升、教师参与课程设计能力的提升、教师进行评价能力的提升、教师共同体的成长、教师对课程方案的满意程度等；三是学校的发展成效，包括课程建设是否促进学校的发展、是否为学校发展带来新的契机，家长对学校课程的满意程度，课程评价结果对于学校课程发展的价值等。

第六大任务：提高课程智治水平

课程治理现代化是在信息化、数字化、智能化背景下，通过创新教育模式、优化课程体系、推进课程实施、加强课程管理，全面提升课程品质的过程。升级课程资源数据库，构建课程智治长效发展机制，全面提高课程智治水平，是课程治理现代化的重要任务。

1. 加快课程数字化转型。充分利用人工智能和大数据技术，建设泛在学习环境，推进课程数据库建设，实现课程供给的个性化精准服务和资源多元融合，推进课程数字化转型，发展终身学习体系。

2. 推进数字化赋能教学。充分利用数字化赋能基础教育，推动数字化在拓展教学时空、共享优质资源、优化课程内容与教学过程、优化学生学习方式、精准开展教学评价等方面广泛应用，基于大数据开展信息技术与教育教学的深度融合，推进个性化精准教学，促进教学更好地适应知识创新、素养形成发展等新要求，构建数字化背景下的新型教与学模式，助力提高教学效率和质量。

3. 建立课程反馈改进机制。完善课程管理规范体系，建立学习数据隐私保护机制。统筹推进课程数据无感采集、深度挖掘和开放共享，建立贯通的课程大数据归集和分析系统，形成课程反馈改进机制，为有效推进课程实施提供参考依据。

为了落实上述六大任务，深圳市坪山区变革传统教研方式，以问题为导向，在区域层面推进科研、教研、师训、信息四大研究部门贯通与融合，整合各类资源，建立健全协同研究机制。联合教科研机构、高校及培训、电教、装备等部门，充分发挥外部专业力量与内生力量的共同作用。探索课程备案与审议制度，强化专业引领，促进课程品质的整体提升。同时，构建课程督导机制，强化政府履行教育职责，提升政府对课程改革的保障能力，优化课程资源配置，优化区域课程改革环境。推进课程视导，落实课程专项督导制度，提升课程专项督导水平。引入第三方课程视导机制，合理运用视导结果，将结果作为资源配置的重要依据。

五年来，坪山区推进课程治理现代化取得了丰硕的成果，抢占了时代制高点，找准了理想落脚点，突出了现实结合点，把握了根本着力点，形成了常态落实点，积累了独具特色的坪山课程改革经验。

张秋来　王　琦　杨四耕

2024年6月7日

目录 | contents

前　言　　劳动教育的育人价值与实践意蕴　　　　　　　　　　1

第一章　　生命的整全性　　　　　　　　　　　　　　　　　1

　　劳动教育的根本目的是实现"劳动化人",即通过"身心合一""身体力行"的劳动促进人的自由全面发展。人的自由全面发展是一个相互联系的、动态的、历史的过程。在儿童活动的不同领域,体力劳动与脑力劳动有不同的表现形式,但却存在着"血脉亲情"性的本质联系。强调双重劳动并存且并重,方可克服当前劳动教育实践中存在的将劳动教育孤立化、单一化的倾向所造成的弊端,方可获致儿童生命发展的整全性和和谐性。

　　第一节　小厨师：舌尖上的莲美食项目设计与实施　　　　4
　　第二节　小糕点师："巧做花卷"项目设计与实施　　　　　12
　　第三节　小化学家：提取芳香植物精油的项目式案例　　　21
　　第四节　小工艺师：水晶滴胶摆件项目设计与实施　　　　29

第二章　　身心的融合性　　　　　　　　　　　　　　　　　39

　　劳动教育是身体与心智的统一,是通过个体在劳动中身心的融合实现劳动教育的综合育人价值,具有身心融合性。在劳动教育过程中,整合家庭、学校、社会劳动实践资源,帮助学生形成正确的价值观和劳动观,促进身体及大脑发育,增强责任心和自信心,改善情绪状态,增强心理韧性和意志力。

	第一节	小果茶师：缤纷水果茶项目设计与实施	42
	第二节	小厨神：客家让豆腐烹饪课程的设计与实施	48
	第三节	小艺术家：创意压花书签制作项目设计与实施	56
	第四节	小工匠：帆布包的设计与制作	64

第三章　持续的生长性　　　　　　　　　　　　　　　　73

通过连续性的劳动教育内容，实现劳动观念、能力、情感及习惯的逐步培养与深化，凸显小切口劳动教育特色，播下一粒种子并不是为了看到花开，也许只是因为想看看它生命的可持续性，了解春耕秋收的自然节律，才能更好地认识生命、理解生命、尊重生命，在一颗种子发芽中体会生命成长之美。

	第一节	小木匠：巧手制作木工小物件设计与实施	76
	第二节	小神农：走进中草药的项目设计与实施	84
	第三节	小布袋：环保布袋的项目设计与实施	93
	第四节	小种植：五彩园活动设计与实施	103

第四章　发生的融合性　　　　　　　　　　　　　　　　113

教育是有目的、有意识、有计划地培养人的活动，教育以人的发展为前提，这种发展是个体身心一体化的发展，也是个体德智体美劳的全面发展。本章设计四篇劳动育人实践活动案例，形成学——思——行——评——用的动态劳动育人过程，构建五育融合、身心一体全面发展的内容形态和结构体系。

	第一节	小环保家：DIY环保袋的设计与实施	116
	第二节	小收纳师：整理课桌劳动项目设计与实施	126
	第三节	小帮厨：简易蛋炒饭的项目设计与实施	134
	第四节	小花匠：玫瑰花折纸项目设计与实施	141

第五章　在场的具身性　　149

德、智、体、美、劳五育中，智育所受关注远超其余四育，劳动教育学科地位长期被弱化，学校教育中存在重智轻劳、以讲代劳的现象。劳动教育的具身属性，揭示了劳动实践中既有教师间接经验的传授又有学生直接经验的积累，学校劳动课程需要为学生创设真实的劳动实践情境，学生置身于真实劳动情境中，身体力行投入劳动实践中，才能促成认知的发生和发展。

第一节　小绿植：我的植物朋友项目设计与实施　　152
第二节　小农夫：与玉米一起成长项目设计与实施　　163
第三节　小卫士：清洁让我更快乐项目设计与实施　　174
第四节　小养殖：池塘生态养殖项目设计与实施　　184

第六章　体验的深刻性　　195

体验是生命存在的一种方式，人的身心全面发展离不开劳动体验。劳动教育作为一种"全身心运动"，通过身体走进劳动世界，充分调动学生的视觉、味觉、触觉、听觉、嗅觉等感官功能来获取劳动体验。深刻的劳动体验发生在具身性劳动情境创设之中，学生以"当事人"的角色亲历劳动，通过"做—思"结合，强化劳动实践中的再加工和再创造，提升劳动体验的深刻性，促进学生整体劳动认知和劳动素养的形成。

第一节　小毕昇：活字印刷和个性印章设计与实施　　198
第二节　小茶艺师：花茶制作劳动课程设计与实施　　211
第三节　小花农：葵花开课程设计与实施　　219
第四节　小志愿者：走进社区志愿服务项目设计与实施　　229

后　记　　241

前言

劳动教育的育人价值与实践意蕴

劳动教育始终是围绕劳动的本质范畴来开展的,劳动的内涵是劳动教育的逻辑起点。因此,要从劳动的内涵出发,厘清劳动与教育之间的内在逻辑关系,才能深刻理解劳动教育的内涵意蕴。

马克思关于劳动的论述是最具代表性的:"给劳动下的定义要先从人与自然的关系说起,它是人以自身的活动来中介、调整和控制人和自然之间的物质变换的过程。"[①]可以说,劳动是人类特有的、基本的、意识性的创造价值的能动活动,劳动创造人类,人在劳动中不断地实现自我的全面发展。

劳动和教育都是人类的重要活动,两者存在着天然的联系。劳动是人类特有的、最基本的实践活动,对人的发展有着较为深远的影响。人类初始的教育是基于人类在劳动中传递生产性和生活性的经验而形成的一种非形式化教育,强调为了生存的劳动需要。[②] 随着人类劳动活动形式与内容的不断发展,劳动具有的非形式化的教育内涵也渐渐发展为具有相对独立性的形式化教育活动,强调促进人的全面发展。

可见,劳动是教育的实践基础,为教育的发展提供了可能性,教育伴随着人类劳动的发展而升华,劳动与教育之间有着天然的联系。人类通过劳动创造了满足自身基本生理需要的物质和精神财富,同时也实现了自我的全面发展。因此,劳动和教育在为了人的全面发展这一最终目的上具有同一性。

---

① 中共中央马克思恩格斯列宁斯大林著作编译局. 马克思恩格斯文集(第5卷)[M]. 北京:人民出版社,2009.
② 程从柱. 劳动教育何以促进人的自由全面发展——基于马克思主义劳动观和人的发展观的考察[J]. 南京师大学报(社会科学版),2020(3):16-26.

马克思认为:"生产劳动同智育、体育相结合,它不仅是提高社会生产的一种方法,而且是培养全面发展的人的唯一方法。"①换而言之,教育和生产劳动相结合有助于促进社会的进步与发展和培养人的全面发展。

劳动教育事关国家教育事业的发展,落实劳动教育方针,要立足基础教育的特殊性,深刻理解劳动教育"关于劳动的教育、通过劳动的教育、为了劳动的教育"的三层内涵意蕴,准确把握劳动教育可以树德、增智、强体、育美的育人价值,帮助学生树立正确的劳动价值观、形成勤俭节约的消费观、将个人价值融入社会价值、更快适应新时代新要求等独特育人价值。中小学在劳动教育的具体实践中,应该以"思政劳育"为引领,以"课程劳育"为根本,以"劳动基地"为依托,以"实践劳育"为重点,以"劳动文化"为浸润,以"项目劳育"为导向来努力构建德智体美劳全面发展的人才培养体系。随着教育部发布《义务教育劳动课程标准(2022年版)》(教材〔2022〕2号)(以下简称"新课标")和"双减"政策的出台,劳动教育在德智体美劳五育中的地位日益提高。深圳市坪山区劳动教育"润"课程根据本区中小学劳动教育现状,探索出一条高质量发展的实施策略路径。

一 劳动教育的"润"价值

当下劳动教育因受传统身心二元思想影响所表现的"离身之态":一是在目标上"离本",劳动教育目标被异化,在一些学校,劳动教育变成了单纯的形式和流程,作秀、走过场、打卡拍照、留痕展示,劳动教育表面化、肤浅化,偏离了其本源目标;二是在内容上"离序",劳动教育课程在时间上是中断、分裂的,未能形成"循序性""持续性"的系统体系,在空间上是彼此隔离、孤立的,未能形成"一贯式""连续式"的整体设计,不能满足学生认知发展的连续性;三是在过程上"离我",劳动教育较多地停留在知识灌输或简单劳动的机械重复,以及以技术取代身体劳动的现象屡有发生,还表现在劳动教育常常是面向群体的统一而抽象的要求,缺乏对个体"我"的独特而具体的观照,缺少对"我的身体"的关怀,使得劳动教育成为与我无关、与身体无涉的活动;四是在场域上"离境",劳动教育存在着脱离真实生活需要、缺乏劳动情境设置的现象,学生缺乏实感具身、实境具身本应该积累的相应劳动实践经验,难以唤起其对劳动教育内容的身心

---

① 马克思恩格斯全集(第33卷)[M].北京:人民出版社,1973.

体验,以这种隔空、抽象的劳动教育,阻断了劳动知识、劳动情感、劳动精神等与劳动情境之间的联系,背离了劳动教育的本义。①

坪山区劳动教育"润"课程:润,取湿润、润泽、滋润之意,是突破当下劳动教育"离身之态"的努力。劳动教育"润"课程是指通过开展劳动教育活动,发挥劳动育人功能,从而构建德智体美劳全面培养的教育体系的课程,像雨露滋润万物,有目的、有计划地组织学生参与日常生活劳动、生产劳动和服务性劳动,在劳动中润泽心智、滋润心性、温润心灵。让学生动手实践、出力流汗,接受锻炼、磨炼意志、强健体魄,培养学生正确的劳动观和良好的劳动品质。在此基础上,研发出以劳动习惯与品质为目标的课程内容所构建的教育课程体系,注重培养学生劳动认知、劳动技能、劳动情感等,促进学生全面发展。

第一,劳动教育是全面贯彻落实党的教育方针的根本要求,是实施素质教育的重要内容,也是培育和践行社会主义核心价值观的有效载体,是提高学生综合素质的基本途径。加强中小学劳动教育,以劳树德、以劳增智、以劳强体、以劳育美,促进学生素质全面发展,对于推进教育现代化、实现"两个一百年"奋斗目标和中华民族伟大复兴的中国梦具有重要意义。

第二,习近平总书记在全国教育大会上强调,要在学生中弘扬劳动精神,教育引导学生崇尚劳动、尊重劳动,懂得劳动最光荣、劳动最崇高、劳动最伟大、劳动最美丽的道理,长大后能够辛勤劳动、诚实劳动、创造性劳动。

第三,各中小学校需要充分认识加强劳动教育和开设劳动课程的重要性,从立德树人和促进学生全面发展的高度出发,给学生从小埋下热爱劳动的种子,消除不劳而获的错误认识,为他们终身发展和人生幸福奠定基础,成为全面发展的社会主义建设者和接班人。

教育与生产劳动相结合是培养全面发展的人的唯一方法。马克思在《资本论》中明确指出:"未来教育对所有已满一定年龄的儿童来说,就是生产劳动同智育和体育相结合,它不仅是提高社会生产的一种方法,而且是造就全面发展的人的唯一方法。"②今天,我们要特别注意厘清社会上对劳动的偏见,纠正"轻体重智""贱身贵心"等片面认识,为构建涵盖劳动教育在内的全面发展教育提供方法指引。

---

① 叶浩生.身体与学习:具身认知及其对传统教育观的挑战[J].教育研究,2015,36(4):104-114.
② 马克思.资本论:第一卷[M].北京:人民出版社,1975:530.

二 劳动教育的"润"特质

劳动教育是通过具身性的劳动,充分调动身体与心智,在身体、心智与环境的互动中促进身心的发展,培育社会主义的建设者和接班人。坪山区劳动教育具有独特的"润"特质。

(一) 生命的整全性

在传统的认知哲学影响下,劳动教育过程中个体的身体被分割,脑力与体力劳动被二分,心智似乎与身体无涉,二者相互独立没有关联,而真正的劳动教育是基于身心一体的,身体与心智密切相关。生命的整全性是对劳动教育的复归,是对人的整全的身心的肯定。有学者概括了具身认知的内涵:其一,认知过程进行的方式和步骤是由身体的物理属性决定的;其二,认知的内容也是由身体提供的;其三,认知是具身的,而身体是嵌入环境的。[①] 所有的认知活动都涉及身体行动,所有的身体行动也都具有认知成分,肉身的体验与心智的感知是相互联系的,对世界的感知是在身心整体参与下进行,并与身体活动一起呈现的。这种生命整全的特性使其具有了一种完整生命的意义。

(二) 身心的融合性

劳动教育是身体与心智的统一,是通过个体在劳动中身心的融合实现劳动教育的综合育人价值,具有身心融合性。传统教育否认身体的价值,仅仅关注大脑。由于大脑左半球主管语言和抽象思维,为此教育更多地被认为是"左脑的教育"。今天的教育应该从"全脑教育"走向"全身教育",大脑与身体相交互,将整全的身心置于教与学的中心。[②] 这一整全的身心,必然是完整的,是身心合一的。在劳动教育过程中,所谓劳动是指身心一体、手脑合一的活动,在劳动中,身体要在场,劳动是身体的活动,要求涉身参与、身体力行、亲力亲为、出力流汗。个体的劳动无不是基于物理性身体的行动,劳动是具身的,只有正视身体,通过身体,劳动教育的价值才能够得以实现;同时心智也是具身的,对劳动的认知、感受、体验、习惯等都是在具身的劳动中获得的,通过心智

---

① 叶浩生."具身认知"专题研究[J].心理研究,2018,11(2): 99-100.
② 叶浩生.身体与学习:具身认知及其对传统教育观的挑战[J].教育研究,2015,36(4): 104-114.

的知觉,为身体所获取的劳动经验知觉作出补充。因而,劳动是物理性身体与精神性心智的淬炼,是心智、认知、身体的融合统一。劳动教育重在帮助主体形成对劳动的正确认识,并以自觉的、能动的、积极的态度投入劳动之中,以身体作为起点和前提,发挥人在身心一体的劳动中的主体性,在具身劳动中实现身心的融合,彰显个体的生命意义与价值,促进个体自由而全面地发展,实现劳动教育"化人"的作用。

(三) 持续的生长性

时间具有顺序性,时间产生于主体与物体的关系,表明了主体存在的一个维度,主体的生活与成长在时间中进行,并以自己的生命在接受或体验着时间。同时,主体存在于一定的空间中,"身体"本身便表达了其在世界上的空间存在。身体处在世界中,人们以身体为坐标确立空间方位去解释世界,身体的活动是在空间中实现的。这表明,主体的身心成长体现在时间和空间中,并具有阶段性和连续性的特点。不仅主体的身心成长具有这样的特点,劳动教育的目标要求也是如此。中共中央、国务院发布的《关于全面加强新时代大中小学劳动教育的意见》(以下简称《意见》)与教育部印发的《大中小学劳动教育指导纲要(试行)》(以下简称《纲要》)中要求学生能够逐步形成劳动观念、能力、精神、习惯与品质。这一目标的设置是接续性的,需要学生通过连续性的学习与实践实现劳动教育目标上的循序渐进。成长的连续性的提出,正是基于劳动教育的目标与实施,通过连续性的劳动教育的内容,实现劳动观念、能力、精神及习惯的逐步培养与深化。

具身认知强调主体身心发展在时空中呈现的连续性与持续性,劳动教育同样应符合身心发展的规律。情境中的身体运动表征与时间流逝相关联,所有发生的事件都被安置在一个连续的时间轴上,并且不同的时间点之间有连续的时间流逝,实现过去维度与未来维度的接续。① 也就是说,在劳动教育的开展过程中,随着时间的流逝,要做好劳动教育内容与个体身心发展的关联。在课程设计时针对不同学段实际构建符合学生身心发展规律的劳动课程,在时间上贯穿基础教育的各个学段而不中断,在空间上涵盖日常生活劳动、生产劳动和服务性劳动的各个方面而不缺失,使劳动教育前后时间维度能够有效衔接,呈现出连续而完整的序列。也只有在持续的劳动教育历练中,身体性的劳动技能与精神性的劳动品格才会逐步形成,逐步深化到价值观的教育和情感态度的培养,劳动教育的深层次意蕴才能得到展现。

---

① 张志伟. 身体指向性与时间秩序[J]. 科学技术哲学研究,2019(2): 44-49.

(四) 发生的融合性

劳动教育是知、情、意、行的统一,是心智、身体与环境整体互动。劳动教育在人的发展中具有奠基性的作用,其发生的融合性,是对劳动教育在具身性的综合化实践与五育融合贯通逻辑方面的审思,以劳动教育身心一体的关涉,推动个体知、情、意、行综合性发展的实现。人是教育的出发点与归宿,在教育场域中的人,是具有完整、自由生命的个体,需要通过教育促进个体身心的和谐发展。这一过程不是单一的心智教育可以满足的,它需要的是接受一种复杂的、具身的、置于一定情境的过程性的劳动教育而获得的关于身体、心智、情感、审美等元素的总和。其中,身体、心智、情境是不可或缺的要素,三者在交互中融合,共同作用于个体的形塑。在具身视域下,劳动教育是更高层次的综合,它是德、智、体、美、劳五育融合的关键和突破口,以具身的亲历实现对五育逻辑的贯通,从传统的"孤岛式"发展转向相互关联、交互的"岛链式"发展,由隔断走向关联,这是一种关系性思维的转变。因此,劳动教育要从传统的偏重心智的认知范式转向身心一体,由五育分立走向五育融合,推动以劳立德、以劳促智、以劳健体、以劳育美,使"五育"育人的综合价值得以实现。所以,劳动教育发生的综合性,一方面是其身心的相互关涉为个体带来的综合性发展,另一方面是其在五育中独特作用所带来的五育综合育人价值的实现。

(五) 在场的具身性

认知是基于身体的,也是根植于情境的,情境是保证认知生成的关键条件之一,人的身体和认知总是置于一定的真实情境中。身体是处于情境中的身体,认知的内容、方式、过程都基于身体与情境交互而生成经验。在这一过程中,情境对认知的影响不仅是因果性的而且是生成性的,身体是"我"的身体,我在用"我的身体"去认知、去体验,而我所经历和体验的一切建立在"我的身心"与情境的互动基础上。这情境是"我的身体"所处的情境,包括物质环境和文化环境,每一种感觉也总是属于一种与情境相关的具体的"场"。在认知过程中,身体置于真实的情境之中,将从环境中汲取到的各种信息反作用于身体,使个体获得不同的认知和情感体验。于是,身体、心智与情境中各要素交互作用,通过身体运动和情境的耦合来促进个体的认知生成。[①] 并且,情境作用的发挥,关键在于是否能够让个体生成切身的身心体验,从而使身体、心智与环境发生关联,引起个体各种感官的真实体验,以体验的情境性,强化个体的具身效应。劳

---

① 杨茂庆,杨乐笛. 回归身心一体:乡村儿童价值观教育的具身中生转向[J]. 教育研究, 2022(8): 67-76.

动教育的开展尤为重视体验的情境为个体带来的具身效应。《纲要》中对劳动教育条件保障与专业支持的论述强调要统筹规划培植劳动实践资源,满足多样化的劳动实践需求,通过丰富的劳动实践场所,为个体提供有效劳动情境,强化个体具身体验,丰富劳动认知。因此,劳动教育体验的情境性也是其重要的特征。

(六) 体验的深刻性

劳动教育离不开真实的劳动情境,学校劳动教育须努力打破时空限制,建立起与学生互动的劳动情境。既可以为学生提供真实的劳动情境,也可以让学生在类似真实的模拟劳动情境中进行体验。只有将个体置身于真实的劳动情境,面对真实的劳动问题,涉身在场参与解决,才能产生具身的劳动认知和情感。在"做中学"的身体化实践与感知运动中实现身体与劳动情境的交互,在个体原生经验与劳动情境交互中进行认知的整合,在身体、心智与真实劳动情境的交互耦合中获得具身化的劳动经验。同时,这种真实情境中的具身劳动能历练个体的劳动品质,形成个体的劳动观念,培养个体的劳动习惯。这就要求劳动教育要提供真实的情境,使学生在情境体验中淬炼劳动品质、观念、习惯,促进身心的全面发展。

总之,坪山区劳动教育具有独特的"润"特质,注重身心整全,遵循有序发展,关注个人体验,强调真实情境,落实项目切入,在实实在在的劳动教育过程中,在身心亲历中淬炼个体的劳动技能、品质、精神,在劳动教育的真实情境中激发无限的具身可能性,实现个体身心一致、知情意行的全面发展。

三 劳动教育的"润"课程

有学者认为,体力劳动与脑力劳动的割裂,劳动与闲暇的割裂,劳动的个体价值与社会价值的割裂,以及直接劳动教育与间接劳动教育的割裂是劳动教育的历史困境。随着当代劳动的变化,以融合的思维看待劳动教育具有时代意义,它有利于全面理解劳动,符合当代劳动的特征,利于提升教育的效果。基于劳动教育割裂的历史困境和融合的时代要求,当代劳动教育应该开展"体脑"融合的劳动教育,重视劳动与精神生活的互动,引导学生树立全面的职业观,提升间接劳动教育的自觉性。[①] 坪山区劳动

---

① 章乐.从割裂到融合:论当代劳动教育的时代转向[J].教育发展研究,2020,40(24):21-27.

教育"润"课程以《义务教育劳动课程标准(2022年版)》为导向,作为推动坪山区中小学劳动教育的抓手,明确了坪山区劳动教育主要以"劳动常规课程＋劳动特色课程＋劳动基地课程＋劳动融合课程"为教育内容。以"五务"为基,"六小"为途径,"四大"为行动,创新提升区域中小学劳动教育基地质量。现已形成三大特色:一是日常生活劳动项目化,二是生产劳动多样化,三是服务性劳动品牌化。一句话总结,坪山区以融合的思维看待劳动教育,实现了劳动教育之"润"的特点和风格。

(一) 抓实"五务"常规课程

"五务"是指把"内务＋家务＋班务＋校务＋社务"等劳动作为劳动教育"润"课程的基础课程,常抓不懈。"五务"覆盖家庭、学校和社区,立体发力。

所谓"内务"以个人生活起居为主要内容,指导学生完成个人物品整理、清洗、收纳等,教育学生人人需要劳动,人人都是劳动者。

所谓"家务"以家庭劳动为主要内容,开展劳动教育,注重培养劳动意识和劳动安全意识,使学生感知劳动乐趣,爱惜劳动成果。着重进行家庭清扫、美化,垃圾分类,手工制作,家常餐制作等生活劳动,树立自己的事情自己做的意识,提高生活自理能力。

所谓"班务"就是参与适当的班级集体劳动,主动维护教室内外环境卫生,班级包干区域保洁和美化等,培养集体荣誉感,固化良好劳动习惯。

所谓"校务"就是参加校园卫生保洁、垃圾分类处理、绿化美化,参与校内劳动基地开展的种植、养殖等生产劳动,初步学会与他人合作劳动,懂得生活用品、食品来之不易,珍惜劳动成果。适当体验包括金工、木工、电工、陶艺、布艺等项目在内的劳动及传统工艺制作过程,尝试家用器具、家具、电器的简单修理等生产活动,学习相关技术,获得初步的职业体验,形成初步的生涯规划意识。

所谓"社务"就是服务性劳动,如助残、敬老、扶弱等服务性劳动,初步形成对学校、社区负责任的态度和社会公德意识;如选择服务性岗位,经历真实的岗位工作过程,获得真切的职业体验,培养职业兴趣;积极参加大型赛事、社区建设、环境保护等公益活动、志愿服务,强化社会责任意识和奉献精神。

(二) 开发"六小"特色活动

"六小"是指"收纳小达人、家庭小厨师、菜园小主人、校园小导游、环保小讲师、社区小义工"等角色,立足小处,润泽品性。

劳动教育"润"课程指导学校在完成常规课程的基础上,结合自己学校优势,选择不少于一个项目打造自己学校的特色课程。鼓励学校彰显特色,为了更好地形成特色,"润"课程引导学校发展种植特色课程、手工特色课程、生活技能特色课程、生涯规划特色课程、行走特色课程、环保特色课程、科技特色课程、学科融合劳动特色课程等,要求学校两年内务必形成自己学校劳动教育"润"课程的校本特色课程。"六小"活动等特色项目成为"润"课程的发展路径。

两年来,"六小"活动在学校的普及率高达90%。坪山区劳动教育"润"课程形成各校特色,进而推动以劳树德、以劳增智、以劳强体、以劳育美和以劳创新的劳动教育综合育人功能。

(三) 开展"四大"具体行动

"四大"是指四大行动,即建设一批劳动教育基地,开发一批劳动教育基地课程,聘请一批劳动教育基地导师,搭建一个基地选课交流展示平台。

为实现了基地、学校、导师三方合力,形成坪山劳动教育名片,在坪山区教育科学研究院的推动下,2020年以来,"润"课程建成了一批劳动教育基地,开发了一批劳动教育基地课程,聘请了一批劳动教育基地导师,搭建了一个基地选课交流展示平台。

1. 建设一批劳动教育基地

劳动基地课程分为校内劳动基地课程和校外劳动基地课程。针对新建学校和场地充足的学校要求学校建立校内劳动基地。开展种植、养殖、手工制作等活动。计划通过推动"无围墙学校"和"我是菜园小主人"等区级层面的项目带动学校建立自己的校内劳动基地,学校可以通过聘请专业人员进校开展如蔬菜种植、蘑菇养殖、水稻养殖、花卉养殖等技能培训和指导,让孩子在校就能参与体验。立足深圳,扎根坪山,建设"3+5"校外劳动教育实践基地。突出区域智能车、创新药、中国芯等三大支柱产业;涉及优秀传统文化、革命传统教育、国情教育、国防科工、自然生态等五大板块,共计建立了37个劳动教育基地,为学校劳动教育大面积落实提供场地及课程的保障。

2. 开发一批劳动教育基地课程

采取教育系统提需求、EEP基地供"菜单"、学校(学生)自主选择的方式开发一批"EEP课程"。为提升课程质量,区教育局邀请专家进基地,辅导基地建课程,帮助基地"转化课程体系、转化授课模式、转化讲师身份"等,建设生本课程,秉持"目标导航、问题导学、活动导趣"三导原则,为各劳动教育基地提供了教学设计和导学案模板,目前已构建20余门劳动课程。一是基地课程：EEP基地根据自身特色，提供课程"菜单"，为提升课程质量，教科院组织"课程专家进基地，辅导基地建课程"活动，以"三转化"原则，辅导基地"转化课程体系、转化话语体系、转化讲师身份"，建设生本课程；二是导师课程：是指聘请的校外导师（大师）结合自身特长，和教科院一起开发的科普教育、劳动教育、自然教育、生涯教育、人文教育（含传统文化）及爱国主义教育等课程；三是假期课程：利用寒假、暑假和节假日统一开发区、校两级实践类课程，重点打造"寒暑假综合实践活动（含劳动教育）特色课程"；四是社区学院课程：立足学生所在的社区，以党建为引领，以科研为基础，凝聚业委会（村委会）、物业、义工队等多方力量，重点建设社区关怀、托管服务、美丽家园等综合实践类课程。

3. 聘请一批劳动教育基地导师

从开展劳动教育"润"课程以来，先后聘请了品行端正、社会影响大、立足科技前沿、善于表达的EEP导师共计20余名，包括科学家、艺术家、工程师以及社会贤达、行业精英和知名学者，并建立了导师资源库。

4. 搭建一个基地选课交流展示平台

充分利用现代信息技术手段，搭建坪山区中小学社会实践基地"选课平台"。选课平台包括"课程简介""预约选课""活动反馈"等栏目。选课平台的运用，便利了信息的沟通，加强了课程的管理，提高了活动的质量。

(四) 形成了"三大"劳动教育特色

没有现成经验，只能摸着石头过河。发掘和培育典型，通过榜样的先行先试，带动全区所有学校。经过调研发展东部湾区实验学校、坪山实验学校、星辉实验学校、东纵小学、坪山中学、坪山二小等一批学校走在全区的前列，基础好、有思路、有团队。经过多次沟通指导，坪山区"润"课程帮助学校梳理现有劳动项目，成功建构了学校的课程体系，并制定了学校课程开发、实施及评价机制，在此基础上积极开展劳动实践，已经形成了如下三大特色。

1. 日常生活劳动项目化

针对学生的成长环境和特点，经过精心设计，以项目式学习开展劳动教育，制定了学校劳动清单。每个学生都有一个劳动教育任务清单和任务完成记录本，人人要达标，激发学生主动学习、主动劳动，真正实现以劳树德、以劳增智、以劳育美、以劳创新的综合育人价值。

2. 生产劳动多样化

学校充分利用校内校外劳动教育资源，因地制宜开展生产劳动。如在校园内开辟了"劳动基地"，组织学生开展蔬菜种植活动：除草、浇水、排水、修剪、病虫害防治等；如走出校门，开设"行走的劳动课程"，走进田间地头，戴上草帽，帮助农民伯伯插秧；如学校为学生提供多样的"工作岗位"：文创市场、义卖精彩纷呈；如学校和企业合作，把学生的设想变成成品，并在学校展示，学校将学生制作的灯具上墙，学生设计的个性文具公司生产等，学生制作的窗花和凳子等已经在学校使用，等等。

3. 服务性劳动品牌化

坪山区服务性劳动起步早、参与度广：假期劳动特色作业、垃圾分类、义工服务等品牌亮点纷呈。学校积极参加假期劳动特色作业，有布置有督查，有展示有评比；积极参与在深圳市首创"蒲公英"志愿者服务项目，使之成为全区孩子向往的项目，既有学生小讲师的培训活动，还有形式多样的参访学习活动，更有蒲公英志愿者随时随地的义工服务。

学校在此基础上，已经制定了学校劳动教育特色品牌建设方案，将在生涯规划普及课和劳动教育社团两个领域打造自身特色。坪山区中小学引导学生体认劳动的社会意义，让他们在劳动的过程中感受自己的劳动对于他人和社会的意义，提升自己的精神境界，在劳动教育中积极挖掘周围生产环境中那些能够向学生展现劳动的社会意义和创造意义的因素，引导他们在实践中体会劳动是在为他人、家庭、学校、社会或国家创造价值。

第一章

生命的整全性

劳动教育的根本目的是实现"劳动化人",即通过"身心合一""身体力行"的劳动促进人的自由全面发展。人的自由全面发展是一个相互联系的、动态的、历史的过程。在儿童活动的不同领域,体力劳动与脑力劳动有不同的表现形式,但却存在着"血脉亲情"性的本质联系。强调双重劳动并存且并重,方可克服当前劳动教育实践中存在的将劳动教育孤立化、单一化的倾向所造成的弊端,方可获致儿童生命发展的整全性和和谐性。

当代哲学和教育文化研究中,身体转向是一个重要趋势。劳动是形塑身体的文化场。劳动教育对于促进人的身心解放、实现人的本质、促进人的全面发展具有重要价值。身体视域下劳动教育实践应以"劳动化人"作为出发点,在"身心合一"的劳动中培养"完整的人";在"身体力行"的劳动中树立劳动价值观;在"多维空间"的劳动中促进人的自由全面发展。①

多年来,劳动教育在实践中被忽视,是因为把劳动仅仅看成简单、重复、机械的体力劳动,从而使得劳动与知识学习相对立和脱离。体力劳动与脑力劳动的分离及其片面发展,都在一定程度上限制和破坏了人的全面发展。劳动作为人本身的存在方式,给每个人提供了发展和表现自己全部体力和脑力的机会。② 劳动教育要想在实践中真正受到重视,需要树立一种"整全的身体观",确立体力劳动与脑力劳动结合的劳动观。"整全的身体观"意味着身体既包括生物性要素,也包含精神性要素。身体教育就是为成就"完整的人"而实施的教育。③

在实践中体验生命的整全性。追求生命的整全教育可以在全面性劳动实践教育中体现。"小糕点师:'巧做花卷'项目设计与实施""小厨师:舌尖上的莲美食项目设计与实施"将人间烟火气带入学校的课堂,让学生从真实的生活情境出发,亲身体验、动手实践。这不仅让学生习得了烹饪的劳动技能,体验了烹饪美食的快乐,更落实了劳动育人理念,培育劳动精神,提高学生综合素养,落实以劳促智、以劳树德、以行铸魂。

在创造中发展生命的整全性。以实践性为导向,树立多元化的榜样,以行促知、以知促行并举等方法能在开放思维、创造性上有所裨益。"小化学家:提取芳香植物精

---

① 张磊,倪胜利.身体视域下的劳动教育:文化内涵、价值意蕴与实践路向[J].国家教育行政学院学报,2019(10):8.
② 李静.劳动教育"精神价值"的缺失与找寻[J].教育导刊(上半月),2018(9):65-68.
③ 楚江亭,郭德侠.身体教育:一个有待拓展的领域——当代学术界身体研究新进展及教育启示[J].国家教育行政学院学报,2018(7):7.

油的项目式案例""小工艺师:水晶滴胶摆件项目设计与实施"让学生直接体验和亲身参与,注重动手实践、手脑并用,知行合一、学创融通,倡导"做中学""学中做",激发学生参与劳动的主动性、积极性和创造性,享受创作的乐趣和成就感。具有创造性的实践教育能让学生在教育中回归生命的整全性的意义。

儿童的生命的发展是一个整体性、全面性的过程。如果我们只是从割裂、分离的视角来看儿童的体力劳动与脑力劳动的发展①,就会脱离儿童生命的整体性、多面性与丰富性,从而对儿童的发展无法起到应有的导向和激励作用。需要充分认识劳动的价值和意义;克服片面化的劳作带来的弊端;在实践劳动中磨砺身心的协同发展,在全面性劳动教育中体现追求生命的整全性。

(撰稿人:深圳市坪山区弘金地学校 张燕玲)

---

① 索恩-雷特尔.脑力劳动与体力劳动[M].南京:南京大学出版社,2015.

第一节　小厨师：舌尖上的莲美食项目设计与实施

"厨房小天地，人生大境界。"当一个个用心烹饪的厨师与形形色色的食材邂逅，往往能碰撞出耀眼绚丽的火花，在寻常生活中用美食抚慰世间人心。"小厨师：舌尖上的莲美食项目设计与实施"将人间烟火气带入学校的课堂中，不仅让学生习得了烹饪的劳动技能，体验了烹饪美食的快乐，更让学生学会了用美食治愈人生，用美食体验、品味人生。

一　背景与理据

《义务教育劳动课程标准（2022年版）》第二学段烹饪与营养提出"学生能用简单的烹饪器具对食材进行切配，能用简单的凉拌、蒸、煮等烹饪方法，逐步掌握简单的日常烹饪技术，满足自己基本的饮食需求。形成生活自理能力，初步建立健康饮食的观念。能正确认识烹饪劳动的价值，形成热爱劳动、尊重普通劳动者的观念。建议在真实体验的基础上，让学生交流分享经验，总结不同烹饪方法的制作要求、注意事项。"基于课标和学生生活环境、校园环境文化（深圳很多公园里，有池、有湖的地方，似乎都有莲池的影子，也能看到千姿百态的荷影，就连学校一条文化长廊，也雕刻着许多荷花，就如它那淡雅的名字"曲苑风荷"一样，古朴雅致）的背景下，及学生的生活经验（生活有许多与莲相关的家常菜，如莲子羹、莲子汤、莲藕排骨汤、藕尖炒肉、糖醋藕丁、凉拌藕片等），我们以"舌尖上的莲美食"为主题展开项目式学习，让学生通过自主体验、小组合作，探究舌尖上的莲美食，引导学生了解与莲有关的美食及其制作过程、烹饪方法，了解荷藕的烹饪和食用价值，进而了解中国的饮食文化。同时项目通过烹饪佳肴，提高学生的动手能力，让他们感受劳动和生活的乐趣，形成积极的劳动态度。

二　过程与策略

"舌尖上的莲美食"项目以劳动学科核心素养的要求为根本依据,在项目式学习过程的各个环节,从理论出发,让实践出"真知"、让学生手脑并用、让他们感受劳动和生活的乐趣,从而树立正确的劳动观、价值观,形成积极的劳动态度,养成良好的劳动习惯,学习相关的劳动技能,促进学生的全面发展。本项目在四年级的设计与实施,主要由任务驱动、知识拓展、厨艺比拼、包装设计、汇报分享五个阶段组成,具体活动如下。

(一) 任务驱动

通过小组的讨论,逐步确定核心驱动问题:莲的美食有哪些?其背后又蕴含着怎样的饮食文化?通过小组讨论、头脑风暴激发学生探索的兴趣,唤醒他们的高阶思维,以明确的结果导向刺激学生想要动手烹饪的欲望,提高学生的动手能力,提升他们问题解决的能力。

(二) 知识拓展

知识拓展部分主要分为"莲美食的分类及烹饪方法"和"莲美食的价值及饮食文化"两个活动,主要让学生初步了解莲相关美食的种类及烹饪方法、深入了解莲美食背后蕴含的饮食文化,学习烹饪方式及技能,提高动手能力,形成积极的劳动态度,感受中华饮食文化的博大精深。

学生以小组为单位,通过查阅资料、调查问卷与实地访谈等方式(见图1-1-1),了解与莲相关的美食及烹饪方法等相关理论知识,梳理分类,制定并完成莲美食烹饪计划表(见表1-1-1)的内容。

表1-1-1　莲美食烹饪计划表

莲的相关食材	莲的美食	烹饪方法	营养价值	实用价值	饮食文化
莲藕					
藕尖					

续　表

莲的相关食材	莲的美食	烹饪方法	营养价值	实用价值	饮食文化
莲叶					
莲子					

小组完成表格后,学生进行交流讨论,分享自己对不同种类莲美食的喜好,并与小组商量确定自己小组想要烹饪的莲美食的类型,然后进行烹饪方法的学习(见图1-1-2)。由于学生对烹饪法了解不多,教师需提供常见的烹饪方法的基本流程,让学生有大概的印象,在家自行进行练习,为正式烹饪预热,为成功烹饪做好充分的准备。

图1-1-1　学生查阅资料
(图片由学校提供)

图1-1-2　学生在餐馆访谈
(图片由学校提供)

(三) 厨艺比拼

学生根据自己或小组感兴趣的莲美食,根据指定的烹饪方案挑选烹饪过程所需的食材及烹饪工具,自行动手或小组合作烹饪,将理论知识转化为实实在在的美食。在烹饪过程中可根据实际情况及需要增加或删减食材、改变烹饪方式,展示自身厨艺的同时悦纳他人创意,并为他人提供力所能及的帮助。

项目式学习让学生手脑并用,通过小组梳理的烹饪步骤与方法(见表1-1-2),他们在学习烹饪的过程中,需要思考先进行哪些步骤,如何进行食材的合理搭配。经过这样的锻炼,他们的思维会越来越全面,整体规划能力也会越来越强。他们在完成自己的美食作品时获得劳动的自豪感,既可提高劳动的积极性,又可提高他们的动手能力,还可提升劳动的兴趣与自信心;而摆盘设计也可以提高他们的审美情趣及创新能力,提升他们对中华美食文化的认知。

表1-1-2 莲美食烹饪步骤与方法

莲的相关食材	莲美食	烹饪方法	烹饪工具	具体步骤	小组成员建议	摆盘设计
莲藕						
藕尖						
藕叶						
莲子						

(四) 包装设计

包装设计部分主要为"舌尖上的莲美食"外包装及广告语设计,学生在小组内集思广益,为莲藕粉、炸藕片、凉拌藕片等产品设计外包装及广告语,或展示自身及小组合作烹饪的莲美食,为自己的美食量身定做推广宣传语。这个过程是本项目很重要的一部分,可以充分发挥学生的主观能动性与创意,培养他们的高阶思维,提高他们的审美情趣,也可以锻炼他们的语言表达能力,让他们在团队合作中互相学习、共同进步、提高人际交往能力。

(五) 汇报分享

1. 小厨师的莲美食展销会

烹饪完成后,以小组为单位开展"小厨师的莲美食展销会"活动(见表1-1-3),在此环节中,学生可以尽可能地展示与推广,并通过"美食网络小主播"、现场"说法"等方式。在这个环节中,孩子们充分感受到了作为小厨师的骄傲和自豪,增强了他们劳动的荣誉感。学生通过交流烹饪方法,尽情分享烹饪美食的心路历程或发表自己的劳动感悟,推广自己烹饪的美食或自己设计的外包装,在回顾与总结中,深入体会劳动者的苦与乐,在身体力行中感到劳动的意义与价值。

表1-1-3 小厨师的莲美食展销会评选表

建议时间	40分钟	项目活动	小厨师的莲美食展销会
活动成果	好评数	材料准备	电脑、点赞贴纸、评价表
活动步骤			导、助支架
布置位置			摆放桌椅
美食展销			老师给每组提供20个点赞贴纸,学生在自己最喜欢的美食及最佳包装的桌子上贴上贴纸
统计销售量			学生统计贴纸个数得出销售量
公布"最佳厨师""最佳广告设计师"			赢得最多贴纸的小组将全员获得"最佳厨师""最佳广告设计师"称号
评选"美食推荐师"			大拇指点赞,获得最多点赞的同学将获得"美食推荐师"称号

过程性评价表

	评价指标	个人自评 ☆☆☆	小组互评 ☆☆☆	教师评价 ☆☆☆
过程性评价	活动参与程度			
	与同伴能友好地分工与合作			
	主动承担小组内活动			
	掌握莲的用途、莲文化、莲美食等知识			
	富有创意地设计莲美食的包装及广告语			
	生活中能烹饪一两道色香味俱佳的"莲"美食			
教师评语	签名:　　　　　　　　　　　　　　　　　　　年　月　日			
评价说明	3颗☆:优秀　2颗☆:良好　1颗☆:继续努力			

续 表

成果性评价表

	评价主体	评 价 内 容
成果性评价	教师、学生、家长	设"最佳厨师""美食推荐师""最佳广告设计师""莲美食最佳小主播"四种奖项,每个小组成员根据分解任务将阶段成果进行展示,老师点评,学生投票点赞,点赞最多者获得奖项

2. 莲美食品鉴会

学生通过看一看、闻一闻、尝一尝等方式,调动多种感官,品尝莲不同做法的美食,感受中华饮食文化的博大精深,争做莲"美食推荐师"。

3. 小厨师的"成果秀"

整理汇总资料,进行经验交流与反思总结,在老师的指导下共同完成探究报告,学生自主设计方案,通过网络美食小主播、照片、手抄报、日记、视频等形式,利用班级展板(见图1-1-3)向全校学生宣传,让全校学生感受到莲美食及中华饮食文化的魅力。

图1-1-3 利用班级展板宣传推广莲的美食

(图片由学校提供)

4. 活动改进与反思

家庭是孩子成长最重要的场域,学生在家学习、练习烹饪的过程中,需要家人的指导或帮助,不断提升自己的厨艺。此项活动不仅可以提高孩子的生活技能,还可以改善亲子关系和家庭关系,也加强家长对劳动教育的理解。

三 成效与反思

本次项目式学习带着学生尽情地享受了一次莲美食的饕餮大餐,让学生充分感受到了莲的魅力,被色香味俱佳、丰富多彩的莲美食所吸引,为中国博大精深的饮食文化所折服,在此过程中收获满满。

第一,极大地激发了学生的劳动热情。从确定项目伊始,学生就表现出了极大的热情与兴趣,而在烹饪的过程中,他们也学到了一些更实用、更行之有效的烹饪方法和烹饪技能,体验到了劳动的乐趣,感受到了美食能治愈生活,体会到了劳动能创造美好生活。他们也感受到烹饪美食的不易,感悟到了食物的来之不易,学会了要尊重别人的劳动成果,懂得了珍惜粮食。

第二,较大地提升了学生的劳动素养。在这次的项目化学习中,在明确的任务驱动下,学习不再是枯燥无趣的,学生充分发挥了主体作用,他们主动承担组内活动,互相帮助,合理分工,自主探究,通过查阅资料、在校个案访谈、校外访问餐馆厨师,将理论与实践相结合,回家解锁与莲相关美食的厨技等活动,学会了自己发现问题,小组内积极解决问题,并制定设计方案,统筹安排等,较大地提升了学生的劳动素养。

第三,在一定程度上提升了学生的创新思维与综合能力。在莲美食的摆盘设计、莲美食包装及广告语的设计、莲美食的推广宣传语设计等环节中,他们自主探究,充分发挥自身的主观能动性、想象力和创造力,在真实的生活情境中主动学习,突破自我,在活动中不断提升自己的创新思维与综合能力。

第四,提升了学生团队协作、沟通能力及人际交往能力。在本次的项目式学习中,学生以小组为单位合作完成任务。在完成任务的过程中,学生明白了团队的重要性,有了一定的团队意识;在分工合作的过程中,他们有了一定的协调能力和团队精神;遇到困难与问题时,他们在互相讨论的过程中,沟通能力、语言表达能力、倾听能力及人际交往能力都得到了一定的提升,为将来更好地适应社会需求,为学生未来的发展奠定了基础。

第五,极大地增强了学生的自信心。当学生通过自己努力做一做(动手烹饪莲美食),做出好吃的食物时,自信心会瞬间倍增;自己烹饪的美食成果被同学们抢着品尝、点赞时,也会骄傲倍增;在设计莲美食包装及广告语时,当他们从容大方地推广自己的美食产品时,也增强了与社会"工作"链接的"小经验"而信心满满;在进行莲美食的推广宣传中,学生的人际交往能力、口头表达能力及综合素养也得到了很大的提高,也让他们在成长中自信起来;当看到自己宣传的莲美食及饮食文化的成果被物化展示从而吸引了很多同学和他们一起探究莲的魅力、寻找莲美食时,他们也会底气大增。

(撰稿人:深圳市坪山区坪山实验学校　黄小玲)

第二节　小糕点师:"巧做花卷"项目设计与实施

佳肴是辛勤的果实,美味是汗水的结晶,烹饪是食材与味蕾碰撞的艺术,糕点师是普通却不平凡的职业。"小糕点师:'巧做花卷'项目设计与实施"将人间烟火气带进学校课堂,让学生从真实的生活情境出发,亲身体验、动手实践。落实了劳动育人理念,培育劳动精神,提高学生综合素养,落实以劳促智、以劳树德、以行铸魂。让身怀绝技的"小糕点师们"在"巧做花卷"课程中脱颖而出,让学生"一技在身胜握千金"。

一　背景与理据

"纸上得来终觉浅,绝知此事要躬行。"实践证明通过真实的情境让学生亲身去体验,才能获得更加深刻的劳动感悟,发展更多的劳动技能。

基于学校学生劳动教育现状,我们该如何调动学生的劳动积极性呢?首先我们要创设更多的劳动环境,增强学生的劳动意识和能力。然后利用课堂及周末时间,充分利用学校和家庭教育阵地对学生开展劳动教育,将劳动教育与语文、美术学科融合,让学生从小积极参加劳动实践,提高他们独立生活的能力,形成正确的劳动观,培养学生勤劳的中华民族传统美德。

本案例用项目式学习方式开展。项目式学习英文为 Project-Based—Learning,简称 PBL,"基于项目的学习",是指区别于传统依靠教师讲授的一种新型教学模式,该模式以学科课程标准为核心,学生在现实情境中对复杂、真实的问题进行探究,精心设计项目作品,完成项目任务,从而掌握所需知识和技能。具体实施流程是:确定项目——制定计划——实施计划——制作作品——展示交流——活动评价。整个学习过程以学生为中心,学生在教师的具体指导下,参与学科核心概念和原理的学习。[①]

---

① 刘景福,钟志贤.基于项目的学习(PBL)模式研究[J].外国教育研究,2002,29(11):18-22.

结合新课程标准劳动素养培养的要求,根据不同年龄段学生智力特点,以丰富开放的项目式学习活动为载体,结合 3—4 年级劳动教育教学目标:3—4 年级学会做凉拌菜、拼盘,学会蒸、煮的方法,如加热馒头、包子,煮鸡蛋、水饺等。① 把劳动教育与语文、美术学科融合。本案例开展了与生活情境紧密结合的活动,注重引导学生从现实生活的真实需求出发,亲历情境,让学生亲身体验、积极参与。

二 过程与策略

实践证明,劳动教育是落实五育并举的重要途径。要在学生中弘扬劳动精神,教育引导学生崇尚劳动、尊重劳动,懂得劳动最光荣、劳动最美丽的道理。本案例积极开展项目式学习、跨学科教学,以实现"五育融合"的目标。

本案例系列活动要实现以下目标:(1)在语文、美术学科课程中融合劳动教育,培养学生的劳动创新意识和创造能力;(2)提高学生基本的劳动技能和相互合作能力,珍惜劳动成果、热爱劳动的思想品德;(3)通过把劳动教育与生涯教育相结合,提高学生的职业意识和职业规划能力。

具体活动如图 1-2-1 所示。

图 1-2-1 "巧做花卷"项目式学习步骤图
(图片由学校提供)

---

① 中华人民共和国教育部. 义务教育劳动课程标准(2022 年版)[S]. 北京:北京师范大学出版社,2022:8.

(一) 任务驱动

依托新课标理念,劳动素养目标。确定核心驱动问题、子问题。(见表1-2-1)

表1-2-1 驱动性问题、子问题

驱动性问题	如何制作色香味俱全的花卷?
子问题	1. 劳动、语文、美术学科中收获什么知识、培养什么能力? 2. 本案例结束,孩子们将掌握什么劳动技能?

(二) 劳动教育与各学科融合的教学活动设计

活动一:设计劳动课"小糕点师:'巧做花卷'项目设计与实施"课堂活动

现在的孩子衣食无忧,父母在注重学习成绩的同时往往忽视了劳动教育,孩子们的生活自理能力欠缺,养成了对父母的依赖性。基于以上情况,也为了进一步弘扬中华饮食文化,学校陈老师设计"小糕点师:'巧做花卷'项目设计与实施"劳动实践课活动。通过本次活动,学生能掌握简单的花卷制作技巧,了解花卷的历史文化。通过自主探究、小组合作等形式,体验动手制作的创意与乐趣。培养学生的节约意识和民族自豪感。课堂上掌握制作花卷的技巧和方法、花卷的花样扭法,课后回家做给父母品尝。让孩子们在劳动中成长,在劳动中得到快乐。通过劳动教育,孩子们学会了一定的生活技能,养成热爱劳动的好习惯。

活动二:设计劳动教育与语文学科融合的活动

在记忆的长河里,无论你年幼还是年长,在母亲的眼里都是孩子,是母亲用她的一言一行教育我们,让我们懂得做人的道理。一年一度的母亲节即将来临,比起一些华丽的礼物,最贴心的莫过于亲手为妈妈做一件有意义的事,以感恩妈妈的辛苦付出,浓情五月东门小学开展"我为妈妈做早餐"母亲节主题征文活动,孩子们在家里通过做早餐,体会母亲每天为我们做早餐的辛苦。引导孩子关心母亲、理解母亲,从而教育孩子从小要有一颗感恩的心。通过劳动教育,使学生体会到劳动的艰辛,懂得劳动成果来之不易的道理,从而使学生产生热爱劳动的情感。

将劳动课程与家庭劳动相结合,让学生参与完整的劳动过程,运用所学知识解决实际问题的能力。不仅仅是直观的家庭劳动,培育的也不仅仅是学生的劳动能力,而是通过与社会生活实际联系密切的形式多样的劳动内容,着重培育学生社会责任感,从中感悟和体会劳动价值。①

活动三：设计劳动教育与美术融合的学科活动

"玩转面食——巧做花卷"美术课上开展画一画"我喜欢的早餐花卷"或用超轻粘土捏一捏"我喜欢的花卷"。一方面帮助学生学习劳动技能，提高审美能力，感受劳动是创造美好生活的源泉；另一方面探寻花卷背后的故事，激励学生探寻祖国源远流长的传统文化，树立身为华夏子孙的自豪感，激发爱国情怀。

将劳动教育融合美术学科的课程理念，能够充分发挥劳动综合育人功能，不仅有利于培育学生的劳动意识和劳动情感，进一步增强技术创新精神，更有助于提高学生的审美能力。劳动教育和美育紧密联系、互相促进，二者融合遵从"以劳育美、以美育人"的关系。学生通过劳动教育，发现美、创造美、感受美。

活动四：设计劳动教育与生涯教育融合的烹饪社团

学校开展了多彩烹饪社团，为了让学生们感受不同职业的乐趣与实践能力，多元化为学生的劳动实践教育提供丰富的场所，加强对劳动教育方式方法的具体指导。学校整合优势资源，多途径积极引导、组织学生参加劳动实践，进行项目化研究，对学生进行热爱劳动、热爱劳动人民的教育，并从劳动教育中培养学生的匠人精神，发展学生核心素养，达成育人目的。② 职业体验激发了学生规划自己未来人生的职业的兴趣，学生在动手实践的过程中增长了技能与本领，体会做好工作的责任与担当，明白了劳动最光荣、劳动创造美好生活的道理。

(三) 开展"小糕点师：'巧做花卷'项目设计与实施"系列活动

1. 问卷调查

为了更好地贯彻劳动教育的理念，2023年3月份笔者就当前学校小学生劳动教育现状，在家是否会参与劳动，会哪些劳动技能，对东门小学三至四年级学生进行了问卷调查，共收到152份有效问卷。通过问卷调查了解孩子们的劳动状况及对劳动的态度与精神，发现目前劳动教育存在哪些问题，有针对性地提出改进和完善，并为后面的活动设计做铺垫。

---

① 中华人民共和国教育部. 义务教育劳动课程标准(2022年版)[S].北京：北京师范大学出版社, 2022：10.
② 中华人民共和国教育部. 义务教育劳动课程标准(2022年版)[S].北京：北京师范大学出版社, 2022：51.

2. 教学设计和实施

（1）劳动、语文、美术学科教师撰写教学设计

结合驱动性问题：如何制作色香味俱全的花卷？各科教师认真撰写教学设计。劳动学科设计了解花卷的历史和文化，学生能掌握简单的制作花卷的技巧。语文学科设计了解妈妈每天做早餐非常辛苦，学着做、动手做早餐表达对妈妈的爱；掌握叙述、抒情写作方法描述制作花卷的过程、技巧和方法；培养学生劳动中热爱生活的思想感情。美术学科设计认识不同的花卷造型，感受色彩美、构图美；从整体和局部寻找美、体会美；培养学生发现美、创造美的能力。在语文、美术课程中渗透劳动教育，培养学生的劳动意识和养成自觉劳动习惯。学生在系列活动中获得劳动技能。

（2）学生课前准备

课前学生根据师生共同撰写的项目式学习单指导完成以下课前准备工作。① 查找花卷典故，了解花卷的历史和文化。② 小组合作完成，在父母的协助下或网上查找做花卷所需食材，做花卷的方法步骤。③ 观看视频提前了解如何扭花卷及多种花卷的扭法。

（3）开展劳动教育跨学科教学活动

第一，驱动性问题的设计。首先，孩子们在老师的引导下，讨论本项目的驱动性问题，孩子们各抒己见，最后以"如何制作色香味俱全的花卷？"作为本项目驱动性问题。接着，小组分享各自了解到的花卷的历史文化。然后，阐述做花卷所需食材和制作步骤，孩子们明确制作步骤后，跃跃欲试，积极动手制作花卷。在课堂动手操作的过程中，有些孩子发现了问题，他们通过小组讨论或请教老师，一起解决问题。此过程促进了他们高阶思维的发展，提升了问题解决的能力，收获了劳动知识、培养了劳动能力，并完成了项目式学习单。

第二，开展劳动教育融合语文学科写作课。小组讨论感知妈妈每天给我们做早餐的辛苦，学生讨论驱动性问题："如何制作色香味俱全的花卷？"激发学生想要动手操作为妈妈做早餐的兴趣，通过自主探究、小组讨论等形式，体验写作乐趣。培养学生学会关爱母亲、懂得感恩，做一个知恩图报的好孩子。

第三，开展劳动教育与美术学科融合的学科教学活动。学生在驱动性问题的指导下，认识不同的花卷造型，感受花卷的造型美、色彩美。绘画花卷让学生从整体到局部中去寻找美、体会美，并从多角度发现美。用绘画技巧体会妈妈做早餐的画面美。本节课提高孩子们的审美能力，激发孩子们做一个懂审美、勤劳动、爱生活、懂感恩的小学生。

第四，劳动教育与生涯教育融合。东门小学整合优势资源，开展烹饪社团多途径

引导，组织学生参加劳动实践，进行项目化研究，更好地让学生感受不同职业的乐趣与实践能力，多元化为学生的劳动实践教育提供丰富的场所。

第五，学校在劳动教育中发挥主导作用，劳动课堂同学们学会做花卷，美术课堂学会绘画花卷。学校与家庭教育形成教育合力，把课堂所学知识运用于劳动实践。在家长的协助下完成"巧做花卷"亲子劳动。

第六，案例采用多元评价方式。本案例评价方式多元化，将劳动素养纳入学生综合素质评价体系，结合东门小学"七彩阳光少年"评比条件制定评价标准。自我评价，开展自我反思与自我评价。同学互评，作品展示现场打分实现学生互相评价。家长评价，邀请家长参与学生劳动实践，指导劳动过程，为孩子劳动过程、劳动态度、劳动精神、劳动成果打分评价。[①] 教师评价，开展主题讨论会和成果展示会。结合日常的过程和结果进行评价。学生体验了作品被认可的喜悦，体会到劳动的乐趣。

三 成果展示

人世间的美好梦想，只有通过劳动才能实现；发展中的各种难题，只有通过劳动才能破解；生命里的一切辉煌，只有通过劳动才能铸就。以下是本课题系列活动的劳动成果展示。

（1）劳动课作品展示，见图1-2-2。

图1-2-2 劳动课作品

（图片由学校提供）

---

① 中华人民共和国教育部. 义务教育劳动课程标准(2022年版)[S]. 北京：北京师范大学出版社，2022：3.

（2）家校协作，学生在家长的辅助下做花卷，激发劳动热情，培养动手能力、劳动素养。学生完成亲子劳动项目式学习单（见表1-2-2）。

表1-2-2 亲子劳动项目式学习单

名 称	葱花卷	班 级	402班	姓 名	刘同学
制作美食过程的图片					
制作步骤可写、画思维导图或流程图	1. 水中加入盐、白糖；2. 加入酵母；3. 搅拌好；4. 加入油；5. 放入面粉；6. 揉成面团醒20分钟；7. 擀成长片；8. 刷油；9. 撒盐；10. 撒葱花；11. 从一边卷起；12. 卷到中间的样子；13. 卷成一个长条；14. 切成一段一段的；15. 用筷子按扁；16. 绕成花卷形；17. 蒸笼上涂油，放入花卷；18. 蒸15分钟，焖5分钟。				
写出食材或画出所需食材	水、面粉、油、盐、白糖10克、酵母2克、葱末				
自我评价	花卷的颜色 ★★★★★ 花卷的形状 ★★★★★ 花卷的味道 ★★★★★		同学评价	花卷的颜色 ★★★★★ 花卷的形状 ★★★★★ 花卷的味道 ★★★★★	
家长评价	花卷的色香味 ★★★★★ 动手能力 ★★★★★ 劳动态度 ★★★★★		教师评价	花卷的色香味 ★★★★★ 动手能力 ★★★★★ 劳动态度 ★★★★★	
劳动收获	妈妈每天非常忙碌，做饭、洗衣、接送我们上学放学。我感觉妈妈非常辛苦，母亲节快到了，为了感恩我的妈妈，我决定为妈妈做美味的花卷。做花卷没我想象中的那么简单，和面时水加多了稀了，于是我多加点面粉，可是又太干了。我手忙脚乱地弄得满脸都是面粉，像大花猫。妈妈笑着过来说"和面是有比例的，面粉100 g、水200 g、盐20 g、酵母10 g，按比例就能揉搓出光滑的面团。"我在妈妈的帮助下成功地做出了美味的花卷。本次活动让我掌握了做花卷的劳动技能，体验了劳动的乐趣。我和妈妈吃着自己做的花卷感觉这是世界上最好吃的食物，开心极了。				

（3）劳动教育与语文学科融合作品展示，见图1-2-3。

图1-2-3　语文学科写作
（图片由学校提供）

图1-2-4　美术学科作品
（图片由学校提供）

（4）劳动教育与美术学科融合作品展示：感受美、创造美、体验劳动乐趣（见图1-2-4）。

（5）烹饪社团作品展示："做中学""学中做"体验职业乐趣（见图1-2-5）。

图1-2-5　烹饪社团小糕点师们的作品
（图片由学校提供）

四　成效与反思

劳动，让学生习得生活技能。经过一个学期的研究，"小糕点师：'巧做花卷'项目设计与实施"遵循新课程理念，引导学生以感受、观察、体验以及收集资料等学习方法进行自主学习与合作交流，倡导学生主动参与、勇于探究、勤于动手的学习方式，让学生学到了劳动的技能，获得了收集信息的能力、分析解决问题的能力，培养了学生的实践能力与创新精神。本案例系列活动实现了多学科知识有效整合和多元综合评价方式。在案例推进过程中，学生养成珍惜劳动成果、热爱劳动的习惯，在做早餐劳动实践中学会感恩父母、感恩社会。

第一，在案例系列教学活动中完成了各学科教学目标，提高学生基本劳动技能和自理能力，增强学生相互协作能力，提高学生的职业意识和职业规划能力。形成珍惜劳动成果、热爱劳动的思想品德。

第二，在与数学学科的融合学习中，将教学内容生活化，让学生运用数学知识解决生活问题。还可以与音乐学科融合，通过创编朗朗上口儿歌的方式，让孩子们在音乐中体验劳动的乐趣。

第三，在"巧做花卷"劳动案例系列活动中，学生制作了非常丰富的作品，并成功地开展了成果展示。今后要指导学生撰写劳动心得体会与学生共同撰写案例论文并发表，要想方设法体现作品的价值，也可组织竞赛，或网络投票或抖音短视频推广等。通过设计评价和交流，让学生充分认识作品的价值，体验作品被认可的喜悦。

（撰稿人：深圳市坪山区东门小学　占丽玲）

第三节　小化学家：提取芳香植物精油的项目式案例

芳香"容"于心，"依人"觅知音。芳香精油是植物的精华，也是自然界最精致、柔润的物质。香味使人愉悦，香味也在改变着我们的生活。"小化学家：提取芳香植物精油"的项目式案例将带领大家去了解改变我们生活品质的香味，明白植物是如何一步步提炼成各种独特的精油的过程。

一　背景与理据

20世纪以后，由于天然香料精油及其衍生物的嗅感和感官特性是合成香料，人们对合成香料产生了爱。天然香料的主要加工技术为水蒸汽蒸馏法，水蒸汽蒸馏法是利用精油成分与水形成二相共沸物，以略低于水的沸点的温度将精油从原料中提取出来。适合于水蒸汽蒸馏法的原料最多，大多数原料的枝、叶、根、茎、皮、籽及部分花均可采用此法，如肉桂、柏木、八角、薄荷、薰衣草、柑橘类果皮、山苍子、菖蒲等。

水蒸气蒸馏法是分离纯化有机化合物的重要方法之一，它将水蒸气通入含有不溶或微溶于水但有一定挥发性的有机物的混合物中，并使之加热沸腾，使待提纯的有机物在低于100℃的情况下随水蒸气一起被蒸馏出来，从而达到分离提纯的目的。水蒸气蒸馏常用于蒸馏在常压下沸点较高或在沸点时易分解的物质，也常用于高沸点物质与不挥发的杂质的分离，在中药制药生产中是提取和纯化挥发油的常用方法。水蒸气蒸馏的应用只限于所得产品完全（或几乎）不与水互溶的情况，组分互不相溶的混合液，将分成两层，其中上层就是我们要提取的植物精油。

本课题中用到的水蒸气蒸馏法，涉及物理、化学、生物的相关知识。对于初中阶段的学生，本课题有助于他们更好地理解相关课程涉及的内容，并且可以把学到的知识应用到实践中，很好地实现多学科融合的理念。同时，学生也可以了解植物精油提取的工业发展历程,感受科技发展对工业的影响。

二 过程与策略

提取芳香植物精油的项目式案例以劳动学科核心素养的要求为根本依据,在项目式学习的过程中,注重理论与实践,强调多学科的融合与思考,对促进学生的全面发展有很大的好处。

(一) 课前准备:查资料

在正式上课之前,教师给学生布置前置性任务:一是上网查询资料,了解植物精油提取的历史、提取的原理以及具体的操作方法,可以适当地结合相关小视频作为辅助,每个小组选择一种精油的提取方法并向全班同学介绍。在这个查阅资料的过程中,可以培养学生收集整理资料的能力。同时植物精油的提取原理中,也涉及了物理、化学等相关学科的知识,学生在详细了解原理的时候,也可以顺便回顾课堂上学到的相关学科知识,让学生体会到在真正的工业制作过程中的多学科融合。此外,学生了解多种精油的提取方法的过程,也是了解工业发展历程的过程,学生可以结合历史知识了解工业发展的历程,同时也能感受科技发展对工业的影响。

如下是几种常见的植物精油提取方法[①]。

(1) 蒸馏法。这是一种古老的,也是使用最为广泛的方法,处理的程序包括在蒸馏容器中以水或蒸气(或是两者并用)将植物加热,使水蒸气排出,因而制造出浓缩液。用上述程序制造出来的液体混合油和水,通常油会浮在水上,因而是水重于油,如果是油重于水的情况(如丁香油),则油会沉到底下,这时候可以轻易把油和水分开。

(2) 脂吸法。脂吸法是法国南部提取芳香精油的一种很古老的方法,由于花费人力、时间甚多,所以也是最昂贵的一种方法。其大致方法是,在若干个平底的玻璃盆(或陶瓷盆)里都铺一层微温的脂肪(多用牛油或猪油),把新鲜花瓣铺在脂肪上,并将盆的外侧底面上也铺上脂肪,再把这些玻璃盆层层摞起来。这种情况下,花瓣就被压在两层脂肪之间,其油脂就可以被脂肪吸收。如此每经过一两天的时间就更换一次花

---

① 杨君,张献忠,高宏建,等.天然植物精油提取方法研究进展[J].中国食物与营养,2012,18(9):31-35.

瓣,直到脂肪达到饱和状态。最后再把脂肪分离出去,就得到了香精油。这种方法常用来提取茉莉、玫瑰、橙花等精油。

(3) 浸渍法。这种处理程序通常用在采收后,采收后的花朵被浸在热油脂中,油脂透过植物的细胞壁,吸取其精油。经过吸附的花朵以离心的方式反复做大约15次,然后就得到了饱含精油的香油脂。最后再把脂肪分离出去,就得到了精油。

(4) 榨取法。这种方法专制柑橘类属的精油如柠檬、橙、佛手柑、葡萄柚和红柑。熟练的工人懂得施加适当的压力,把精油从果皮中挤出来。这种方法看似简单,但极其耗费人工,所以成本高昂,现在大多榨取法都已交给机器处理。

(5) 浸泡法。将花朵泡在热油中分解细胞,使它们的香味释放于油中,得到了精油与油的混合物。之后,再用蒸馏的方法分离出其中的薰香分子。

(6) 压缩法。这是一种相对比较简单的方法,就是将成熟的果子削皮,再由其挤出汁水到海绵上,再通过加热蒸馏把其中的精油分离出来。比如橘子、柠檬就可以用类似方法。

(二) 实验器材的组装

经过课前的准备,每个小组展示一种精油的提取方法,介绍每种精油提取方法的发展历史,提取的原理以及操作过程。在了解、对比了多种提取植物精油的方法后,本节课的实验选择了水蒸气蒸馏法。蒸馏装置是一种常见的实验室加热器具,通常由蒸馏烧瓶、蛇形冷凝管、酒精灯、石棉网、梨形分液漏斗、烧杯、锥形瓶等组成。有些容器外壁还标有刻度,可以粗略地估计烧杯中液体的体积。此套蒸馏设备可以用于纯露制作、精油提取、蒸馏水制作等,蒸馏是一种热力学的分离工艺,它利用混合液体或液体系中沸点不同使低沸点组分蒸发,再冷凝以分离整个组分的单元操作过程,是蒸发和冷凝两种单元操作的联合。这是一种传统的提取植物精油的方法,适用范围广。

接下来向学生展示实验器材,见图1-3-1,并顺势提问每个器材的名字,以及每个器材的使用方法和注意事项。这些器材在物理和化学学科中都有用到,学生在回顾的过程中,可以复习相关的学科知识,并更深刻地了解实验仪器的使用规范和实验的操作流程。

在认识了全部器材后,按照实验原理以及图1-3-2的实验仪器组装图,教师先做简单的操作示范,并协助各个小组完成器材组装,见图1-3-3。

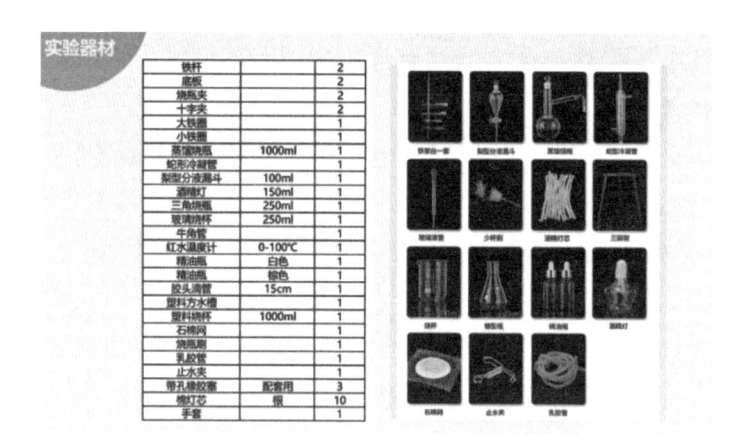

图 1-3-1　全部实验器材

（图片由学校提供）

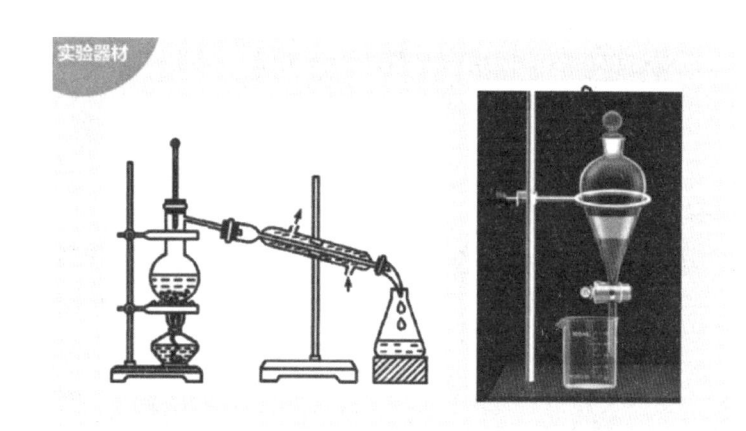

图 1-3-2　实验器材组装

（图片由学校提供）

图 1-3-3　实验操作过程

（图片由学校提供）

蒸馏装置由三个部分组成：加热汽化部分、冷凝部分、接收部分。在安装时，为避免出现故障和误差，需要注意以下事项。(1) 一般的安装顺序是自下而上，从左到右安装。先固定热源的高度，以它为基准，再顺次安装其他仪器。(2) 不允许铁夹子直接夹玻璃仪器，应在夹子上衬垫橡皮、石棉等，以防止夹破仪器。(3) 常压蒸馏装置必须与大气相通。(4) 蒸馏瓶中的物料量应占蒸馏瓶容积的三分之一至三分之二。(5) 温度计安装的标准高度是：水银球的上端应与蒸馏头支管的下沿在一条水平线上。(6) 一般蒸馏时，要加沸石。在一次持续蒸馏时，沸石一直有效；一旦中途停止沸腾或蒸馏，原有沸石即失效，再次加热蒸馏时，应补加新沸石。如果事先忘了加沸石，决不能在液体加热到沸腾时补加。因为这样会引起剧烈暴沸，使液体冲出瓶外，还容易产生着火事故。故应该在冷却一段时间后再补加。(7) 蒸馏的产品如果没彻底干燥，会有前馏分，应另瓶接收，接收产品的瓶子应事先称重。(8) 当蒸馏沸点高于140℃的物质时，应该换用空气冷凝管。

（三）提取植物精油

组装好实验器材后，教师向学生展示本节课用到的两种植物，并用向学生提问结合老师讲解的方式介绍这两种植物，见图1-3-4。让学生对本节课用到的植物有初步的了解，同时也能让学生了解植物精油的用途，对本次实验的成果有初步的预期。

图1-3-4 两种被提取植物介绍
（图片由学校提供）

每个小组选择一种植物，完成本次实验（见图1-3-5）。本次实验分为两个部分，第一部分是得到植物精油和水的混合物，第二部分是把油和水分开。把植物撕碎放入蒸馏烧瓶中，组装好冷凝管，开始加热，加热过程中会得到植物精油和水的混合物。教师引导学生仔细观察整个加热过程，结合物理知识分析其中的物态变化。

第一章 生命的整全性 / 25

图1-3-5 植物精油提取过程

(图片由学校提供)

得到油水混合物后,教师引导学生思考如何把油和水分开,并介绍分液漏斗的使用方法。分液漏斗,是一种玻璃实验仪器,包括斗体和盖在斗体上口的斗盖。斗体的下口安装一个三通结构的活塞,活塞的两通分别与两下管连接。三通活塞可使实验操作过程利于控制,减小劳动强度,当需要分离的液体量大时,只需搬动活塞的三通便可将斗体内的两种液体同时流至下管,无须更换容器便可一次完成。梨形分液漏斗使用注意事项:(1)检查分液漏斗是否漏水;(2)混合液体倒入分液漏斗,将分液漏斗置于铁圈上静置;(3)打开分液漏斗活塞,再打开旋塞使下层液体(水)从分液漏斗下端放出,待油水界面与旋塞上口相切即可关闭旋塞;(4)使用玻璃滴管取出精油。

把液体放入分液漏斗后静置一段时间,处于上层的就是植物精油,下层的是水。整个实验是以小组为单位完成的,学生在完成本实验的过程中,发展了初步筹划思维和归纳思维,培养了团队合作的精神以及互相帮助共同探究的能力。

(四)成果展示

把得到的植物精油用塑料滴管移到样品瓶中,各个小组之间相互试闻,观察各小组制作的植物精油的区别,感受提取的植物精油与植物本身味道的区别,并完成组内的自评和他评,见表1-3-1。

表 1-3-1 评价表

姓名		组别	
评 价 标 准		自 评	组 评
了解水蒸气蒸馏法(10分)			
认识实验仪器(10分)			
组装实验仪器(15分)			
安全规范操作实验仪器(10分)			
认识并了解不同的植物(10分)			
用水蒸气蒸馏法制备植物精油(15分)			
用分馏法分离植物精油(10分)			
小组合作表现(20分)			
总 分			

(五) 交流反思

植物精油在平时生活中是比较常见的,很多生活用品的配料表里都有植物精油。学生通过亲自动手提取植物精油,有利于学生了解精油提取的流程,感受工业技术给生活带来的便利,提高学生的劳动能力和意识。

除了课堂评价表,教师还利用多媒体出示以下问题,引导学生进行反思:在实验过程中,你觉得最难的是哪一个步骤?你找到了哪些好的解决方法?以小组的形式谈一谈自己在本次实验中的心得体会。

(六) 作业设计

(1) 观察:生活中哪些东西的配料表里有植物精油?

(2) 根据生活经验,并结合本次实验,粗略计算一下植物精油的出油率有多少,查阅资料进行对比。

(3) 查阅资料,了解植物精油的用处。

(4) 通过查阅资料,了解工业生产方式的进步对植物精油提取方法的影响。

三　成效与反思

植物精油提取过程的劳动项目是围绕劳动课程标准中的任务群进行开发与实施的。这个课程在设计的时候,根据学校的实际情况(如学校学生是初中阶段、学校有相关的大部分实验设备)选择了适宜的生产项目。将植物精油的制作过程分解成多个部分,让学生在完成课程的过程中,不仅可以体验植物精油制作的过程,同时还能了解精油制作的不同方法、了解植物的相关知识,从被动体验劳动转型到主动学习探索劳动、从体力劳动转型到手脑并用的综合劳动。本课题融合了物理、化学、生物学科的知识,让学生在实践的过程中,感受学科的融合。

1. 本课程需要学生通过自己的方式,了解不同的芳香植物和不同的提取植物芳香精油的方法,在这个过程中,学生提高了收集、整理信息的能力,对他们以后的学习有很好的促进作用。

2. 本课程通过有味道的植物精油提取液,极大地激发了学生参与劳动的主动性、积极性和创造性。学生在学习的过程中,了解植物芳香液的提取过程,并在实际操作过程中体会学习的乐趣。

3. 本课程注重多学科的融合,学生在完成本课题的过程中,可以了解植物精油提取的各种方法以及不同植物的特点,还可以体验用水蒸气蒸馏法制取植物精油提取液的过程,通过直接体验和亲身参与、学习与实践相结合,学生参与劳动的主动性、积极性和创造性被充分调动。

本课题充分锻炼了学生解决现实问题的实践探究能力。学生从现实中的植物精油出发,了解植物精油的提取过程并亲自体验。劳动课与一般学科课程的区别非常明显,劳动课更加注重学生的动手实践,同时也更加注重在实践过程中感受劳动的快乐和多学科之间的融合,教师在进行指导的时候要注意时间分配,把更多的时间还给学生。

（撰稿人：深圳市坪山区光祖中学　王倩婧）

第四节 小工艺师：水晶滴胶摆件项目设计与实施

水晶滴胶工艺，国外称其为圆顶工艺。因其具有高丰满度和高透明度及水晶般的质感而得名。水晶滴胶摆件是广受欢迎的工艺品。"小工艺师：水晶滴胶摆件项目设计与实施"将带领学生揭开精美工艺品神秘的面纱，让学生不仅学会滴胶的使用方法、选择材料、掌握基本的剪裁和构图等技巧，更重要的是让他们在实操过程中，运用自己的书法特长，在水晶滴胶制作实践中体验劳动的快乐与成就感，在古今技术结合的艺术品中体验劳动创作的魅力。

劳动新课标强调注重学生手脑并用和亲身体验，滴胶装裱工艺品制作经历"赏析问题驱动——工艺品构思——作品设计——动手实践——展销——总结反思"的各个环节，学生需要发挥创造力和想象力、动手能力等，将自己的想法和创意通过手工的形式表现出来。这种活动可以激发学生的创新思维，培养他们对美的追求、对生活和劳动的热爱，做到学创融通。学生深入参与劳动的各个实践环节，在解决问题中，深度探究创意性劳动的难点，手脑并用。学校充分利用现有教育资源，进行创新式、多学科融合的教育探索，把学生擅长的书法，用现代流行的滴胶装裱，把书法艺术和劳动手工艺品完美结合。

一 问题与理据

问题一：2023年6月17日，发生了一件大家都不愿意看到的事——山东省淄博市3万余字的微楷展品被一观众不小心划破，书法家王老师历经20年写的单字不足2毫米的万字心血瞬间毁于一旦。书法作品毁坏已经屡见不鲜，怎么解决书法作品易损坏的问题？

问题二：同学们都喜欢做植物标本，但是大多数植物的绿色来源于叶绿素，而叶绿素很不稳定，所以干燥过程中很容易失去颜色。另外含有较多单宁的植物干燥之后很容易就变得枯黄、发黑。怎么让植物标本保鲜？

　　让同学们从问题出发，从劳动角度思考有没有更好的办法保护书法作品和保鲜植物标本。在教育实践中，学生经过小组合作讨论、探究活动，从解决问题出发，寻找见过的材料，明确劳动实践目标，做成滴胶手工艺品。滴胶的好处不仅仅只是保护产品表面不受磨损，其晶莹剔透的外观和良好的密封性，可以解决上述问题。

　　学生通过自主体验、探究、学习滴胶的基本技法，感受了手工活动过程的乐趣和惊喜，了解了精美工艺品背后的劳动的辛苦和快乐以及战胜困难的快感、完成作品的成就感，懂得亲手劳动创造美好生活的道理，更加热爱劳动。

二　过程与策略

　　本项目在六年级的具体任务是围绕水晶滴胶工艺摆件设计与制作展开，主要由问题导入、知识融合与拓展、产品设计、制作实践、展销分享共五个阶段组成，具体见图1-4-1。

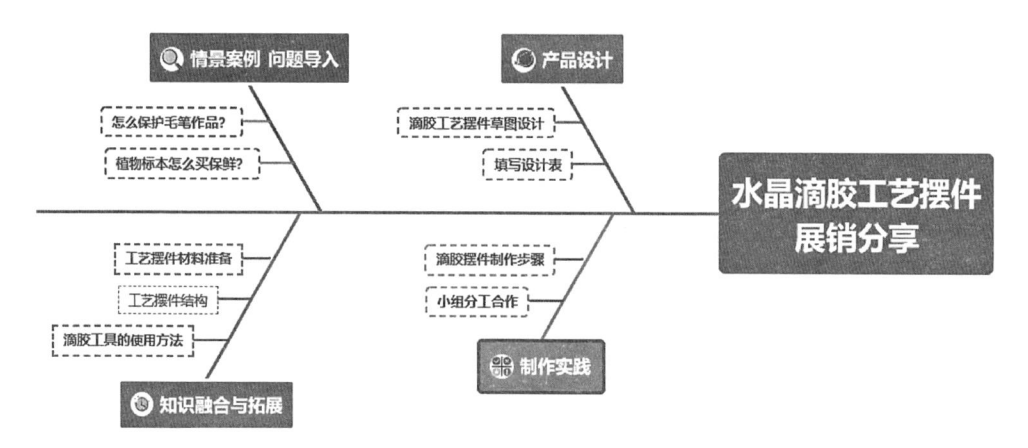

图1-4-1　滴胶工艺摆件设计与制作框架图
（图片由学校提供）

（一）情景案例　问题导入

　　通过导入某书法作品在展出时不小心破损的事件和植物标本易变色的问题，分小组讨论解决办法，逐步确定核心驱动问题：如何解决宣纸书画作品易破损和植物标本易氧化变色，见图1-4-2。学生讨论得出结果，用新型材料AB滴胶制作成工艺品。

问题导入:

问题一：怎么保护书法作品？　　问题二：植物标本怎么保鲜？

图1-4-2　核心驱动问题提出
（图片由学校提供）

水晶滴胶工艺摆件是一种常见的手工艺品，其重要性体现在以下几个方面。

(1) 艺术价值。水晶滴胶工艺摆件通过独特的制作过程和材料选择，展现出晶莹剔透、色彩斑斓的艺术效果。它们可以展现出制作者的创意和技艺，具有很高的艺术价值。

(2) 装饰作用。水晶滴胶工艺摆件通常具有精美的外观和独特的造型，可以作为室内装饰品，增添家居的美感和氛围。它们可以放置在书桌、茶几、窗台等地方，起到点缀和美化空间的作用。

(3) 纪念意义。水晶滴胶工艺摆件可以制作成各种形状和图案，如动物、植物、人物等，具有很高的纪念意义。人们可以将它们作为礼物送给亲朋好友，表达祝福和感激之情。

(4) 创意展示。水晶滴胶工艺摆件是一种充满创意和想象力的手工艺品。制作者可以根据自己的喜好和创意，设计出别具一格的摆件，展现出个人的独特魅力和风格。

(5) 商业价值。水晶滴胶工艺摆件作为一种手工艺品，具有一定的商业价值。它们可以作为文化创意产品，通过市场渠道进行销售和推广，为制作者带来经济收益。

总之，水晶滴胶工艺摆件在艺术价值、装饰作用、纪念意义、创意展示和商业价值等方面都具有重要的意义。它们不仅丰富了人们的精神文化生活，也为制作者提供了展示才华和实现价值的平台。

(二) 知识融合与拓展

知识融合与拓展部分主要分为工艺摆件材料准备、工艺摆件结构、滴胶的使用方法三个活动,主要让学生初步了解工艺摆件的结构、认识滴胶的原理,掌握滴胶使用方法,提升工艺劳动技能和实践操作能力,提升产品美观意识和勇于创造的劳动精神。

1. 工艺摆件材料准备

(1) 主体:书法作品的准备

让爱好与劳动结合,学生用自己现场书写的书法作品做素材,增加了作品的原创性及体现了他们极强的动手能力,同时更增加了他们对劳动成果的期待及自我满足感。

(2) 配件:绿色植物的选择

学生选择了繁殖比较快的观赏类绿色植物叶子做点缀,同时也为如何保鲜植物标本做实验性劳动,为以后标本可积累劳动经验。

学生以小组为单位,利用各自优势,收集整理素材,并确定书写内容和滴胶造型模具的选取等,详见表1-4-1。

表1-4-1 素材工具登记表

编号	名 称	数 量	用 途
1	书法作品	1份/组	
2	叶子	5片/组	
3	滴胶模具	1个/组	
4	滴胶	1套/组	
5	手套、滴管、搅拌棒、量杯、电子称等	1套/组	

2. 工艺摆件结构

学生根据自己准备的材料,可以在模具内尝试不同布局的效果,完成结构分析表的内容,详见表1-4-2。

表1-4-2 滴胶摆件结构分析表

建议时间	15分钟	应用描述	组评分
滴胶摆件的结构设计	材料的结构布局		
项目活动	材料准备		
结构组成	书法作品＋叶子＋滴胶		
形状	如：圆形、不规则图形等		
活动成果	分析报告		

小组完成表格后,进行交流讨论,分享各自的创意设计,最后小组讨论投票定下一个优选创意。

3. 滴胶工具的使用方法

学生接着进行滴胶原理的了解和使用方法的学习。滴胶作为学生不太熟悉的制作材料,教师需要讲解材料的特性,如滴胶凝固时长等,在此基础上,教师需展示滴胶的使用方法和步骤的基本教程。之后,学生跟着教师一起练习滴胶、电子秤、量杯等工具的使用,然后进行自评。小组间的同学需互相帮助,让每位学生都学会使用工具,并完成自评表,详见表1-4-3。

表1-4-3 工具使用自评表

组别		姓名	
工具	使用要求		自评(使用情况)
量杯	准确倒取液体		☆☆☆☆☆
滴管	精准添加液体		☆☆☆☆☆
电子秤	测量液体重量并计算对应比例		☆☆☆☆☆
一次性手套	正确戴、脱		☆☆☆☆☆
模具	正确注入、脱模等		☆☆☆☆☆

(三) 产品设计

产品设计部分主要为水晶滴胶工艺摆件构图设计,学生可以根据自己的审美,选择合适的材料、配件,发挥主观能动性,用艺术的眼光设计工艺摆件材料的布局结构。绘制简单的产品设计图样,根据模具发挥想象,并进行产品的组装、注意滴胶的比例和使用步骤。这个过程是本课程很重要的一部分,需要小组通力合作、互相帮助、协同完成。

学生根据前面学习的知识,结合本组的创意需求,完成草图设计,见表1-4-4。

表1-4-4 滴胶工艺摆件草图设计表

作品名称		设计师		所属组别	
设计方案					
设计说明					
使用材料					
设计草图					

(四) 制作实践

学生根据自己的设计方案挑选制作过程所需的材料,组内分工协作,将创意物化为实体,见图1-4-3。学生在制作过程中互相帮助,坚持本组创意的同时,学会欣赏别人的创意和想法,在互相学习和认可中完善作品。本课程注重手脑并用,将知识学习与实际操作相互融合,在理解理论的前提下深入探究实际操作的方法及材料的应用,在整个过程中实践自己的创意和想法,不仅可以在产品制作中感受满满的自豪感和成就感,而且在团队合作和协商交流的过程中,学生间增进友谊、提升人际交往能力,更好感受劳动带来的乐趣。

图1-4-3 学生制作滴胶摆件的过程图

(图片由学校提供)

(五) 展销分享

1. 产品展销会

滴胶制作完成后静待产品5小时后方可脱模,下节课脱模后布展,在教室后面拜访,组内推选发言人介绍作品创意,以小组为单位开展滴胶工艺摆件T台展示与拍卖活动,见图1-4-4。在此环节中,学生可以尽可能地展示与推销(拍卖以物换物,不涉及真实货币交易),并就设计和制作过程中的心得体会相互交流,每组完成展示,其他

图1-4-4 T台展示与拍卖

(图片由学校提供)

小组根据其表现进行评价,见表1-4-5。通过拍卖环节,让学生深刻体验劳动成果的可贵,以及被认同的欣慰感。通过评分,评选最佳产品设计奖,让同学们看到劳动成果的闪光点,增加对劳动的热爱。

表1-4-5 评价表

姓名:　　　　　　组别:

指标	评分要求	自评	小组评
劳动能力	工具使用正确程度(15分)		
	作品完整程度(15分)		
	整体布局、创意设计(10分)		
劳动观念	在活动过程中,尊重他人的劳动成果和创意(10分)		
	积极参加设计制作(10分)		
劳动习惯和品质	安全规范使用工具及操作(10分)		
	在劳动过程中,协同合作、乐于助人(10分)		
劳动精神	能坚持有始有终完成作品,不怕辛苦(10分)		
	产品展示、语言表达、形象(10分)		
	总分(100分)		

2. 产品改进与反思

产品照片发在班级群,和家长共同分享活动的成果,听取家长的建议,总结归纳,汲取本课的经验和教训,不断完善工具的使用熟练度、设计的多元性、劳动产品的多样性,让家长更了解孩子,理解劳动教育的重要性和孩子劳动技能的可塑性。

三　成效与反思

(一)激发学生的兴趣和动机

开展手工劳动实践之前,首先需要激发学生的兴趣和动机。这可以通过向学生介绍手工劳动的历史背景、文化内涵和社会价值,以及展示一些精美的手工艺品来实现。同时,也可以鼓励学生分享自己对手工劳动的看法和期待,从而增强他们的参与感和主动性。

(二) 教授基本技能和知识

在进行手工劳动实践之前,需要教授学生一些基本的技能和知识。这包括手工劳动的基本工具使用方法、材料选择和处理技巧、制作流程和安全注意事项等。通过教授这些基本技能和知识,可以帮助学生更好地理解和掌握手工劳动的实践过程。

(三) 引导学生参与实践

在掌握了基本技能和知识之后,需要引导学生参与实践。这可以通过组织一些手工劳动项目或任务来实现,例如制作手工艺品、修复旧物等。在实践过程中,教师需要密切关注学生的表现和需求,及时给予指导和帮助,确保学生能够顺利完成实践任务。

(四) 培养学生的劳动习惯和品质

在手工劳动实践中,不仅需要注重学生的技能和知识掌握情况,还需要注重培养学生的劳动习惯和品质。这包括培养学生的耐心、细心、责任心和创造力等品质,以及遵守劳动纪律、尊重劳动成果等习惯。通过培养学生的劳动习惯和品质,可以帮助学生更好地适应未来的学习和工作生活。

(五) 反思和总结实践经验

在手工劳动实践结束后,需要引导学生进行反思和总结。这可以帮助学生回顾整个实践过程,发现自己的优点和不足,以及提出改进意见和建议。同时,也可以通过分享和交流实践经验,促进同学之间的互相学习和进步。

总之,在手工劳动实践中落实劳动素养需要注重激发学生的兴趣和动机、教授基本技能和知识、引导学生参与实践、培养学生的劳动习惯和品质,以及反思和总结实践经验等。通过这些措施的有效实施,可以帮助学生更好地理解和掌握手工劳动的实践过程,提升他们的劳动素养和综合能力。

手工制作在劳动课程中对学生有着非常重要的作用。手工制作需要学生发挥创造力和想象力,将自己的想法和创意通过手工的形式表现出来。这种活动可以激发学生的创新思维,培养他们对美的追求和对生活的热爱。手工制作需要学生亲自动手,通过实际操作完成作品可以锻炼学生的手部肌肉,提高他们的动手能力和实践能力。同时,通过制作过程中的不断尝试和调整,学生可以学会解决问题的方法,培养自己的耐心和毅力。手工制作需要学生观察生活中的美,学会欣赏美、创造美。通过制作各种手工作品,学生可以培养自己的审美能力,提高自己的艺术修养。同时,制作过程中需要仔细观察材料的质地、颜色、形状等,这也可以提高学生的观察力。通过手工制作,学生可以完成一些具有挑战性的作品,从而增强自信心和成就感。这种成就感可以激励学生更加积极地参与劳动课程,形成良性循环。在手工制作过程中,学生需要与他人合作,共同完成作品。这种活动可以培养学生的合作精神和团队意识,提高他们的协作能力。

综上所述,手工制作在劳动课程中对学生的重要性不言而喻。通过手工制作活动,学生可以锻炼自己的能力,提高自己的素质,同时也可以享受到创作的乐趣和成就感。

(撰稿人:深圳市坪山区锦绣实验学校　杨艳秋)

第二章

身心的融合性

　　劳动教育是身体与心智的统一,是通过个体在劳动中身心的融合实现劳动教育的综合育人价值,具有身心融合性。在劳动教育过程中,整合家庭、学校、社会劳动实践资源,帮助学生形成正确的价值观和劳动观,促进身体及大脑发育,增强责任心和自信心,改善情绪状态,增强心理韧性和意志力。

劳动教育是培养学生实际技能、增强体质、培养良好品德和习惯的教育过程,它不仅有助于学生认识社会、理解生活,还能够促进身心健康的全面发展。在实践劳动中,劳动教育的过程可以成为一个生动实例,通过这一过程可以实现身心融合的教育目标。身心的融合性是增强学生心理素质,与同学们一起沟通、共同协作参与劳动的过程,能帮助他们建立起积极开朗的心态,进而促进学生身心健康更好地发展。[①] 身心的融合性就是要把劳动变成孩子重要的精神需求,让孩子从小会劳动、爱劳动、想劳动、能劳动,身心的融合不仅需要"身体唤醒"更需要"心灵参与",以劳健身、以劳育心,培养学生正确劳动价值观和良好劳动品质。通过有目的、有计划地组织学生参加日常生活劳动,让学生动手实践、出力流汗,接受锻炼、磨炼意志,让劳动教育始于"知"、发乎"情"、贵以"意"、重在"行",是"知情意行"的统一。因此,劳动教育的身心融合性体现在以下几个方面。

一是形成正确的价值观和劳动观。例如,"小艺术家:创意压花书签制作项目式案例"使学生树立正确的劳动观点和劳动态度,热爱劳动和劳动人民,养成劳动习惯的教育,是学生德智体美劳全面发展的主要内容之一。[②] 劳动不仅是体力上的锻炼,还可以使孩子在道德修养、智力发展、身体健康和心理健全等方面得到提升。

二是促进身体、大脑发育和成熟。例如,"小工匠:帆布袋的设计与制作"通过实践操作,培养学生的动手能力和动脑解决实际问题的能力,有助于大脑神经系统的发育。当孩子有意愿进行劳动时,家长一定要鼓励孩子,强化孩子的劳动行为,这对于学生的身心发展至关重要。

三是增强社会与家庭的责任感和服务意识。例如,"小厨神:客家让豆腐烹饪课程的设计与实施"通过参与劳动,学生能够学会承担责任,理解和尊重他人的工作,增

---

① 蔡圣平,黄以盛. 基于学生身心健康发展的中学劳动教育实施路径[J]. 才智,2022(36):95-98.
② 贾春杨. 劳动教育促进学生身心健康发展[J]. 北京教育(普教版),2022(10):70.

强社会责任感和服务社会的意识。能干的孩子在大多数情况下都不会依赖别人,自己能做的事情会自己做,有独立的生活能力,这是树立自信心的来源。此外,劳动需要付出辛勤和汗水,是脑力和体力的产物,孩子在做事情的过程中逐步增强责任心。

四是改善情绪状态,促进情绪健康。例如,"小果茶师:缤纷水果茶项目设计与实施"在劳动过程中,不仅会让学生从烦恼的事情中转移到一些简单快乐的事情中;而且可以通过劳动活动宣泄自身的不良情绪,在劳动中获得成就感和喜悦感。

五是增强心理韧性和意志力。例如,"小工匠:帆布袋的设计与制作"和"小果茶师:缤纷水果茶项目设计与实施"中,学生在劳动中坚持克服困难后的自我满足感和成就感会变成一种"心理奖赏",无形中增强了孩子的心理韧性和意志力,有助于孩子积极地应对成长过程中遇到的挫折和困难。

总的来说,劳动教育是一种重要的教育方式,在真实的劳动世界里让学生手脑并用,参与真实劳动,体验真实情境,解决实际问题,体验劳动创造美好生活的喜悦。这不仅有助于学生的身心发展,还能够培养学生的实践能力、社会责任感和创新精神,是实现人的全面发展的重要途径。

(撰稿人:深圳市坪山区东门小学　罗旭梅)

第一节　小果茶师：缤纷水果茶项目设计与实施

我们的生活就像一杯色彩缤纷的水果茶,让我们看见人生百态,尝尽人间美味。本案例通过项目式学习活动学习制作可口、多姿的水果茶,从选茶、备料、制茶、喝茶、展茶等方面,让学生了解饮食知识,习得生活技能,提升劳动本领。每一杯水果茶都蕴含着教师的期望和学生的快乐,每一杯水果茶都装着学生的智慧,每一杯水果茶都见证学生的成长!

一　背景与理据

本次缤纷水果茶的项目式学习活动的制订,既有日常劳动观念的培养,也有烹饪方法的学习指导,还让学生提升了解决问题的能力,也锻炼了学生的思维能力和探究能力;在项目活动过程中逐步建立营养膳食、科学搭配的健康生活意识。通过劳动教育、饮食教育、感恩教育等多领域目标的达成,培养学生热爱劳动、自理自立、健康生活的品质,让学生体会劳动创造美好生活。结合学校"阳光洒满校园,让每一个学生得到最好的发展"的办学理念,学校以"小果茶师:缤纷水果茶项目设计与实施"为例,设计并推行了一系列烹饪与营养劳动项目教育课程。

二　过程与策略

劳动学科乐趣多,为我们的生活增添色彩,学生通过自己的劳动,让水果茶更可口。缤纷水果茶的制作不仅让孩子们掌握了劳动的技能,而且能体会到动手的乐趣,做生活小能手的理念已在孩子们心中生根发芽,于是孩子们在教师的带领下开展了缤纷水果茶项目式学习活动(见表2-1-1)。

表 2-1-1　缤纷水果茶项目式学习设计表

项目名称	缤纷水果茶		时　长	2 个月
实施年级	五年级	班　数　6	人　数	278
所跨学科	劳动教育　综合实践　语文			
驱动问题	如何制作水果茶？			
子问题 1：	制作水果茶需要哪些材料和工具？			
子问题 2：	水果茶搭配哪些水果比较好？			
子问题 3：	喝水果茶有什么好处？			
子问题 4：	我们应该如何介绍水果茶？			
学习成果	个人成果：课堂体验及课后体验		团队成果：区劳动成果展	
展示方式	现场制作水果茶　品尝水果茶			

（一）教学背景、学情分析

本节课教学对象为五年级学生，在五月份的劳动月里，本班学生积极开展了劳动节的系列活动，积极参与劳动实践活动，如"我为爸妈做道菜""我为节日做贺卡""我为自己洗衣服""我给劳模写封信"等。在今年劳动月的活动里，学校开展的主题为"劳动润美德　实践促成长"的系列活动中，同学们对家庭烹饪十分感兴趣，他们乐于参与烹饪方面的劳动实践，积极为家人服务，具有一定协作劳动的能力。但也有部分同学缺乏简单的家庭烹饪经验和方法，尤其对烹饪工具的正确与安全使用能力有待提高。

（二）教学目标

（1）劳动观念。体验制作水果茶的乐趣，感受劳动成果来之不易，能珍惜食材，珍惜劳动成果，懂得劳动创造美好生活道理，树立劳动最美丽的劳动观念。

（2）劳动能力。基本掌握制作水果茶的一般步骤和方法，能正确使用水果刀等劳动工具，并确保劳动过程的安全。

（3）劳动习惯和品质。能积极参与小组合作动手制作水果茶，初步养成协助劳动的品质。劳动后能把桌面整理干净，并做好垃圾分类，初步养成安全规范好习惯。

（4）劳动精神。积极探索制作水果茶时不同水果的搭配效果，积极发扬创造性劳动精神。

(三) 教学重难点

教学重点：基本掌握水果茶的制作步骤和方法，按一定搭配制作水果茶。

教学难点：积极探索制作水果茶时不同水果的搭配效果，积极发扬创造性劳动精神。

(四) 实施过程

准备阶段：首先教师与学生一起确定此次活动的主题，然后讨论确定驱动问题——"如何制作水果茶？"通过"制作水果茶需要哪些材料和工具？""水果茶搭配哪些水果比较好？""喝水果茶有什么好处？"及"我们应该如何介绍水果茶？"几个子问题去激发学生想要动手操作的兴趣与探索的欲望，从而提高他们解决问题的能力。接着在班上进行分工安排(见表2-1-2)。

表2-1-2 缤纷水果茶活动实施过程设计表

实施阶段	教 师 活 动	学 生 活 动
第一阶段	1. 介绍水果茶的背景、材料和工具。 2. 简单介绍水果茶的功效。	1. 了解制作水果茶需要哪些材料、工具和知道水果茶的功效。 2. 认识健康饮食重要性。
第二阶段	1. 组织学生观看微课《制作水果茶》。 2. 组织学生观看视频后归纳出制作步骤，并板书。 3. 教师演示切水果过程。	1. 观看微课视频，了解制作步骤。 2. 小组合作回顾，明确制作水果茶步骤。 3. 观看教师演示切水果的方法。
第三阶段	1. 明确任务，指导学生完成分工。 2. 教师巡视，在操作过程中，提醒学生安全使用刀具。	1. 明确劳动任务及要求，小组讨论做好分工。 2. 根据制作步骤，选择2—3种水果，动手制作水果茶。 3. 亲历劳动实践，体验劳动的快乐和艰辛，培养热爱劳动的积极态度，在劳动实践中逐步养成安全规范劳动、协作劳动的好品质。
第四阶段	1. 组织学生展示并品尝劳动成果，并分享制作心得和劳动感受。 2. 组织学生互评。	1. 展示小组完成的水果茶，品尝后畅谈收获。 2. 回顾本节课劳动过程，互相评价。 3. 通过交流和反思，进一步掌握制作水果茶的方法和技巧，培养口头表达能力和分析能力。

续 表

实施阶段	教师活动	学生活动
第五阶段	1. 课堂小结。 2. 拓展延伸,明确课后任务:介绍缤纷多样的水果茶,课后为家人制作水果茶。	1. 总结本节课收获。 2. 明确课后实践任务。 3. 通过本节课的学习,学会将制作水果茶的方法更好地运用到生活中。动手制作更多口味水果茶,发扬创新劳动的精神。

1. 任务一:制作水果茶所需要的材料与工具

在制作水果茶之前,教师通过开展"多彩水果"主题活动,让孩子们了解了各种各样的水果。学生通过网上收集资料了解各类水果茶,并在班上分享自己了解到的水果茶,同学们利用信息差知道了更多种类的水果茶。接着,教师带领同学们走访水果茶小作坊,向专业师傅学习如何制作水果茶以及制作水果茶需要用到哪些材料与工具。最后,学生分工合作准备制作工具,有些工具可以自己动手制作,在这制作过程中锻炼学生的动手能力以及创造能力。

材料:小青桔、柠檬、百香果、橙子、葡萄等水果,话梅,蜂蜜和纯净水。工具:雪克杯、捣冰棍、水果刀、一次性手套、果茶杯和砧板。

2. 任务二:制作水果茶

活动中,各制作小组推选出小组长和观察记录员。组长将制作任务分配到个人,商定好水果茶的配料后分头行动。洗水果、切水果、捣果汁,果茶制作有条不紊地进行。教师在刀具、捣冰棍和雪克杯的使用上加以示范指导。

第一步,先将水果和工具清洗干净,然后戴上一次性手套切水果;第二步,将切好的水果放入雪克杯中拿捣冰棍捣出果汁再加入蜂蜜和纯净水;第三步,将果汁和纯净水摇匀倒入果茶杯加入话梅即可饮用,加上冰块饮用口感会更好。也可以把话梅换成其他水果,如:苹果、雪梨、葡萄……做成苹果茶、雪梨茶、葡萄茶等。并用水果或水果皮做成精美图案装饰水果茶的杯子,色香味俱全的水果茶就做成了。学生在课堂上学会制作水果茶后,回家进行水果茶制作的打卡。

3. 任务三:水果茶的好处

从网上搜索相关资料,了解水果茶是使用水果或者茶叶制成的饮品,常见水果茶中含有多种维生素和膳食纤维,能有效地补充体内的维生素,可以改善皮肤的肤质,并且还可以调节身体的酸碱平衡度,水果茶还可以起到帮助消化、消暑解暑等作用,在喝水果茶后,能够有效地促进肠胃的蠕动能力,起到生津解渴的作用,改善新陈代谢,能很好地预防便秘,还可以改善便秘症状,还具有瘦身减脂作用。水果茶中的维生素可以清除体内的自由基,对于预防心脑血管疾病能够起到很好的作用,防止皮肤老化、淡化色斑、延缓衰老等,水果茶中含有很多维生素C,可以改善身体的免疫力,增强身体的抗病能力。

4. 任务四：饮用水果茶的注意事项

饮用禁忌：冠心病、肾病患者慎食；慢性肠炎、糖尿病患者忌食；风寒咳嗽、痰饮咳嗽者不宜食用；脾虚便溏、慢性胃炎者忌食。

饮用注意：尽量不要与曼士卡威化、白鲢同食。会影响饮用疗效和营养价值。

5. 任务五：水果茶的介绍

同学们通过小组讨论"如何更好地向观众介绍水果茶？"首先,学生通过思维导图的方式写出从哪些方面介绍水果茶,比如,从制作水果茶的材料、营养价值、适合饮用的人群及饮用禁忌；其次,学生分工合作写好介绍稿,交给教师审核；接着,再次修改介绍稿；最后,呈现出一篇完整清楚的介绍稿。

6. 任务六：成果展示

安排在班级中能熟练制作水果茶的同学在"坪山区劳动成果展"的活动中进行现场操作展示,并将制作好的水果茶邀请现场的教师和嘉宾饮用并评价。

7. 任务七：评价反思

学生制作完水果茶后先自己品尝后进行评价,然后邀请同学、老师品尝并评价；最后根据大家的建议进行材料的搭配与增减(见表2-1-3)。

表2-1-3 缤纷水果茶制作评价表

任务阶段	自评	小组员评价	家长评价	教师评价
准备阶段 (材料准备、分工安排、团队合作)				
实施阶段 (制作过程、团队合作、语言表达能力)				
成果展示 (水果茶的色泽、味道、现场观众的反馈)				

三 成效与反思

水果茶的设计与制作的劳动项目是围绕劳动课程标准中的任务群进行开发与实施,在开发过程中根据学校的实际情况选择的适宜的烹饪与营养项目。将单一、窄化的劳动课以项目化的方式进行实践,转变了学生的学习方式,从被动体验劳动转型到主动学习探索劳动、从体力劳动转型到手脑并用的综合劳动,学生不断感受生活处处有知识、知识来源于生活又运用于生活这样系列化的经历,在实践中落实了劳动素养的提升。

(一) 提升了劳动知识与技能

本次活动通过项目式学习方式进行,帮助学生提升了劳动知识与技能,同时提升了学生"做中学""学中做"的探究能力,学生在本次活动中还了解了中国的茶文化,但是孩子们对于茶的了解一知半解。绿茶、白茶、红茶、黑茶等虽然在生活中比较常见,但是这些茶不适于孩子饮用,所以孩子们对于茶的了解就更少了。

(二) 激发了学习兴趣

通过学习水果茶制作活动,大部分的孩子对水果茶产生了浓厚兴趣。随着孩子们对制作水果茶的热情,刚好赶上母亲节与家长会活动,所以五年级各班的班主任老师要求班上的孩子都自制一杯水果茶给前来参加家长会的家长品尝。大家一起准备、清洗、切块、制作、分享和品尝……本次活动从整体来说,达到了理想中的效果,并得到了广大家长的支持与好评。这是一次非常有意义的体验活动,其中蕴含了丰富的教育价值,既丰富了孩子们的经验,又增进了家人与孩子间的感情,同时也让孩子们体会到了创作与成功的乐趣。

(撰稿人:深圳市坪山区东门小学 罗旭梅)

第二节　小厨神：客家让豆腐烹饪课程的设计与实施

饮食调配真滋味,文化勾芡锦添花。厨师能以佳肴开胃,厨神则能以佳肴为引,让文化润心,为品格塑形。"小厨神:客家让豆腐烹饪课程的设计与实施"将客家文化娓娓道来,融合刹、拌、让、煎、焖的手法,让学生在实践中培养个人的劳动精神和品质,成为真正的"厨神"。

一　背景与理据

坪山是客家文化的聚落,具有浓郁的客家味,不少学生是客家人,但是学生对于客家文化的了解却知之甚少,而不少外市外省来深圳就学的学生也未能很好地融入当地文化中,客家让豆腐这一名菜家喻户晓,正能成为学生与客家文化相连接的纽带,帮助学生发现身边文化之美。与此同时,学生动手做菜的能力整体较弱,做菜规范还有待指引,做菜态度还不够认真,需要教师进一步去引导。

二　过程与策略

《义务教育劳动课程标准(2022年版)》建议劳动过程分为四个阶段:情境创设——准备阶段——实施阶段——反思阶段[①]。"小厨神:客家让豆腐烹饪课程"这一课的开展也遵循了课标的指导,创设客家文化氛围,引导学生进行菜肴制作,让学生最终成为客家文化的传播者,成就劳动之美。

---

① 中华人民共和国教育部.义务教育劳动课程标准(2022年版)[S].北京:北京师范大学出版社,2022:42-43.

(一) 课前准备：备食材，查资料

在正式上课之前，教师给学生布置前置性任务：一是将食材清单发放给学生，让学生亲自去菜市场准备相关食材；二是请学生向自己的父母请教或上网查询资料，了解客家让豆腐的历史与文化。旨在通过买菜初步培养学生的日常劳动能力，让学生在与父母的交流中建立良好的亲子关系，同时，学生主动了解客家让豆腐的历史文化，有利于传承客家文化，树立文化自信，初步培养坪山主人翁意识（见图2-2-1）。

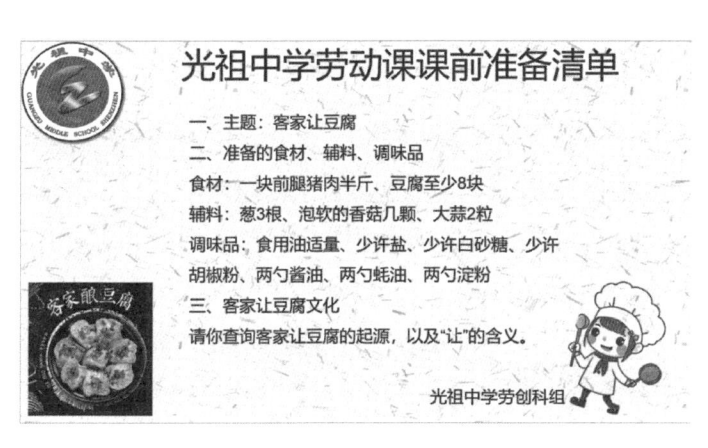

图2-2-1　光祖中学劳动课课前准备清单

（图片由学校提供）

(二) 情景导入：听音乐，明课题

在正式上课之前，教师利用多媒体播放客家音乐，为整个课堂营造客家文化氛围。待上课铃响起，教师则从客家音乐谈起，引导学生一步步关注自身所处的坪山。因坪山具有浓郁的客家文化氛围，如在建筑方面，有坪山的大万世居和坑梓的龙田世居等省市级文物保护单位（多媒体同步展示建筑图片）。由客家音乐和客家建筑可以自然向客家美食过渡，教师引导学生思考，代表客家文化的美食有哪些。学生各抒己见，说出他们所知道的客家美食，待说到"客家让豆腐"时，则多媒体出示本节课标题。

(三) 文化熏陶：话文化，知价值

在现实生活中，"客家让豆腐"和"客家酿豆腐"都作为菜品名称通行。教师从两个名异实同的名字着手，顺势提问二者之间的关系，以及学生对于客家让豆腐背后客家文化的了解。此环节是和前置性学习相联系的,因而学生能对他们所了解的客家文化进行口述,本地同学甚至还能补充独特的文化理解,在这个过程中,作为说者和听众的学生都能增强对客家文化的理解。其后,教师根据学生的回答,对"客家让豆腐"的名称由来、出现的历史原因及寓意进行小结,并介绍客家让豆腐的营养价值,让学生在传承客家文化,树立文化自觉与自信的同时,也能了解食物的营养价值,建立健康的生活观念。

(四)淬炼实践:明做法,齐操作

此环节是本节课中最重要的实操环节,需要给学生进行清晰的讲解,淬炼出关键步骤,并让学生将程序性知识转化为规范合理的烹饪行为。

教师首先讲解制作客家让豆腐所需要准备的食材、工具,并向学生强调注意劳动卫生和作业用火用电用刀安全等。之后,教师利用学生优秀视频演示客家让豆腐的规范做法,让学生在榜样激励下激发劳动制作兴趣,并在此过程中认真观察、淬炼操作。这样不仅发展了学生的初步筹划思维和归纳思维,还让学生在劳动中学会自我管理、团队协作,培养了必备的劳动能力和基本的劳动习惯(见图2-2-2)。

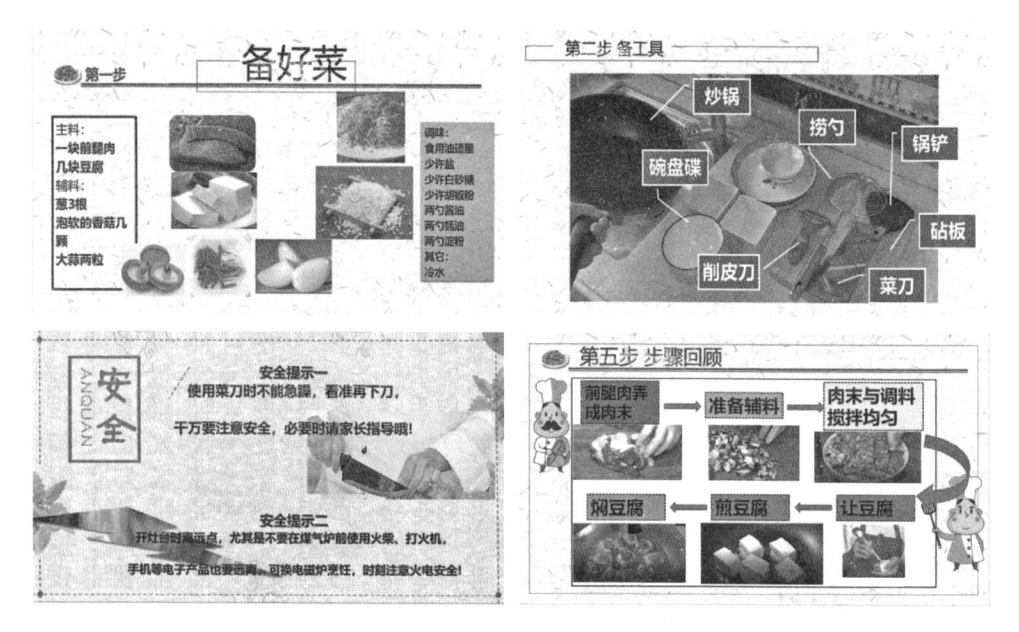

图2-2-2 客家让豆腐制作流程及操作安全提示
(图片由学校提供)

操作淬炼完毕,便是学生一起动手制作客家让豆腐的环节了。

"小厨神:客家让豆腐烹饪课程"这节课经历了线上和线下两个阶段。线上课程最需要攻克的是学生参与积极性不够高的问题,容易出现"挂机"的情况,因而在线上课程中,我们设置了"十大厨神直播"评比活动(见图2-2-3及图2-2-4):基础分为10分。分三大类计分,一是戴围裙、手套、口罩、厨师帽的,一项计1分;二是按动作麻利程度,越快打开摄像头进行直播的加1—3分;三是制作过程中有创新的加3分。直播过程中由5位裁判老师共同打分,最终取平均分最高的十位为本次"十大厨神"。

图2-2-3 十大厨神直播评选方案及评分表

(图片由学校提供)

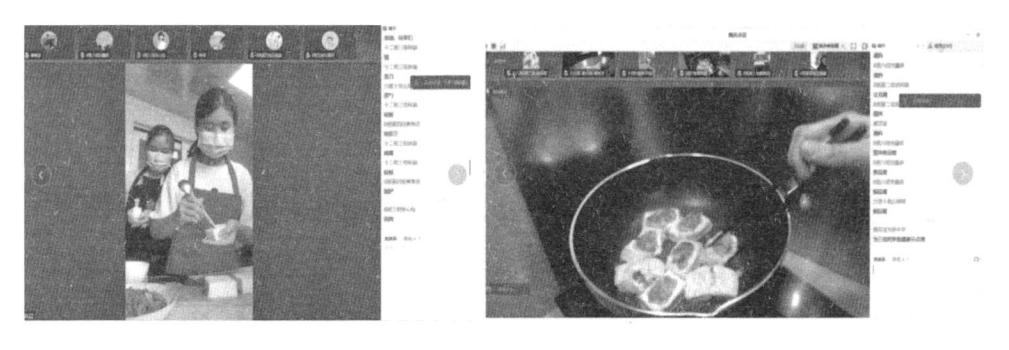

图2-2-4 十大厨神直播网红评选现场

(图片由学校提供)

针对线下教学,我们则利用课堂评价表(见表2-2-1),从劳动能力、劳动习惯和品质、劳动观念、劳动精神四个维度进行考量,涉及学生的作品制作、做菜规范和安全、做菜品质等,让学生在自我评价和他人评价中得到反馈,不断提升自己的劳动实践能力和水平。

第二章 身心的融合性 / 51

表 2-2-1 课堂评价表

评价项目	评 价 内 容	自我评价	他人评价
劳动能力	了解客家让豆腐的制作过程,并能够完成客家让豆腐的制作,做到色香味俱全。		
劳动习惯和品质	能够系好围裙,戴好厨师帽和手套进行作业。		
	注意用火用电安全和用刀安全,制作完成记得及时关火断电,放好菜刀等。		
劳动观念	能够体会到劳动的不易,增强劳动责任感。		
劳动精神	能够正确看待制作客家让豆腐过程中遇到的困难,领会劳动是一切幸福的源泉。		
	积极参与客家让豆腐的制作,具有自主探究精神。		
	理解客家让豆腐背后的客家文化,并自觉做客家文化的传承者。		

(五)反思交流:重反思,悟生活

平时疏于烹饪实践的学生对制作菜肴肯定有很多心得体会,反思更是对自己烹饪技术的"破"与"立",这有利于培养学生的劳动观念,提高学生的劳动能力和意识。

除了线上的"十大厨神网红直播"评价及线下的课堂评价表,教师还利用多媒体出示以下问题,引导学生进行反思:

(1)在制作过程中,你觉得最难的是哪一个步骤?你找到了哪些好的解决方法?

(2)制作客家让豆腐这道菜,从买菜到做完花费了多少时间?你吃掉又用了多少时间?对此你有什么感受?

(3)你平时是否有抱怨饭菜难吃?平时家里是谁做的饭?你想对 TA 说什么?

(4)生活在客家文化氛围浓郁的坪山,你觉得你会如何向外地友人介绍客家让豆腐?

学生可以选择一个或多个问题进行回答,畅谈自己制作客家酿豆腐的心得体会。这个过程能通过反思,比较有效地解决顾建军先生所言的"中小学生出现了不珍惜劳动成果、不尊重劳动和普通劳动者、不想劳动、不会劳动、忽视劳动的独特育人价值等现象"[①]的问题,培养学生吃苦耐劳的劳动精神,让他们感念父母的不容易,健全青少年人格。这也能让学生体会劳动的不容易,自觉肩负家中的劳务,增强家庭责任感,并在反思中理解传承客家文化的意义和价值,自觉做客家文化传承者和发扬者。

(六) 作业设计:争当客家文化传播使者

为了让学生巩固客家酿豆腐这一菜肴的制作方法,进一步让学生传承和弘扬客家文化,本节课将布置"争当客家文化传播使者"的作业:录制亲自动手制作客家酿豆腐的视频,并对客家酿豆腐及其背后的客家文化进行宣传推广。要求录出关键性的6个步骤,时长2—3分钟,可加片头片尾。综合家长评价和教师评价,将评选出"十大客家文化传播使者"(见表2-2-2)。

表2-2-2 "十大客家文化传播使者"评分表

评分标准	分值	家长评分	教师评分
时长:剪辑成2—3分钟	10		
全程出镜,佩戴行头	20		
色香味俱全	20		
制作手法规范	25		
积极宣传客家酿豆腐及客家文化	25		
创意加分项:加上片头片尾,标明菜名和制作人信息	10		
总分	100+10		

作业加上了家长评价的维度,让学生的整个作品的评价更为完整。

---

① 本报记者 陈鹏. 劳动课应该这样上[N]. 光明日报,2022-05-07(4).

从了解客家文化到以烹饪的方式自觉传播客家文化,学生在此过程中孕育出了劳动之花。

三　成效与反思

客家让豆腐课程是基于烹饪与营养任务群展开实施的,在开发过程中,经历了线上与线下的两个阶段,我们不断改良,始终将培养学习的劳动意识、能力、精神和品质放在第一位,让学生在做中学、在学中做,落实劳动核心素养,体会"劳动创造美好生活"的真正含义。我们取得了如下成效:

(一) 因地制宜,传承文化

中国菜系繁多,菜肴丰富,选择什么菜品进行教授,需要一定的考量。本课程充分遵循新时代劳动教育课程建构的因地制宜原则[①],挖掘了坪山的客家文化资源,选取客家让豆腐这一家喻户晓的菜品进行课堂教学,有利于拉近学生和教学内容之间的距离。同时,以此菜品为契机引导学生关注周边的传统文化,有利于学生自觉做一名客家文化的传承者和发扬者。

(二) 以生为本,实操为重

在具体的实际教学中,教师并非直接将知识灌输给学生,从前置性作业的布置开始,教师便有意识地引导学生自主去买菜、查阅有关客家让豆腐的资料,教师对客家让豆腐的历史文化和营养价值的介绍只是点拨式的小结;在讲解客家让豆腐的具体步骤时,教师不语,而是让学生观看榜样的视频,在教师的引导下淬炼操作步骤;无论是线上还是线下,都留足了时间让学生动手操作,线上更是利用直播比赛充分调动学生的积极性;最后的反思交流则以提问的方式,让学生自己思考、表达。实操外显,品格内化。

(三) 评价多元,正向引导

在课堂当中,无论是学生的发言还是学生的实操,教师都能给予正向有益的反馈,

---

① 王嵩涛.劳动教育课程的育人价值[J].教育艺术,2023(6):4-6.

学生在鼓励下也更加积极地参与客家让豆腐的制作。此外,教师还利用"十大厨神直播网红"和课堂评价表来对学生在课堂中表现出的劳动能力、劳动习惯和品质、劳动观念、劳动精神进行评价。从评价主体来看,涉及教师、学生本人、其他同学、家长等。无论是评价内容和还是评价主体都是多元的,这充分塑造了学生的劳动能力和品质。

(四) 课程思政,有益探索

教育的根本任务是立德树人,因而课程思政势在必行。客家让豆腐这一课不仅落实了劳动教育的核心素养,还是劳动课程思政的有益尝试与践行。在具体课程中,学生不仅习得了如何制作客家让豆腐,还培养了健康生活理念,树立了家庭责任感,养成了吃苦耐劳的精神,增强了文化自信。

劳动课是一门实践性课程,在课程中更加要注意提高学生的劳动积极参与性,有条件的话,教师更应该主动实操,真正做到"言传身教",学生更能心悦诚服。在分小组进行实践时,要注意提前分配好每一位学生的任务,做到人人有事做,事事有人做,这样方可让学生在实践中体会到"劳动创造美好生活"这句话的含义。

(撰稿人:深圳市坪山区光祖中学 黄翠苑)

第三节 小艺术家：创意压花书签制作项目设计与实施

品植物天然美态，留花叶秀美倩影，品味压花艺术让我们追求更有情趣的人生。创意压花书签制作项目式案例让学生在认识植物的同时，学会压花技巧，读懂古诗意境，学会色彩的搭配与图案的设计。学生通过创意地设计出美丽的古诗词书签，将自然之美留于纸上，藏在书间，体会古诗与自然色彩的结合，感受劳动的乐趣。

一 背景与理据

感受生命，接触自然，劳动是学生将自己与自然联结的纽带，他们可以在劳动中体验付出后的期待、收获的快乐。但如今的小学生面对着"内卷"的环境、学业的负担、升学的压力，家长们会把学生大量的时间安排在学业和辅导班上。加大对劳动教育学科的时间投入刻不容缓。

（一）劳动的德育性

世界著名教育家苏霍姆林斯基提出"体力劳动对小孩子来说，不仅是获得一定的技能和技巧，也不仅是进行道德教育，而且还是一个广阔无垠的、惊人的丰富的思想的世界。这个世界激发着儿童的道德的、智力的、审美的情感，如果没有这些情感，那么认识世界包括学习就是不可能的。正是在体力劳动的过程中，形成着学生极重要的智慧品质好奇心、钻研精神、思考的灵活性、鲜明的想象力等"[①]。

在素质教育的背景下，劳动教育能将各学科知识进行有机融合，在实施劳动的同时达到了德育的目标。学生亲身经历劳动，在劳动中挥洒汗水，可以感受劳动能创造

---

① 苏霍姆林斯基.给教师的建议[M].杜殿坤，编译.北京：教育科学出版社，1999：28.

美好生活、能创造幸福未来。无论社会时代如何进步,劳动中蕴含的价值永远都不会改变,在我们今天的安逸生活中,背后都是无数个劳动者的奉献,是人类辛勤劳动的结果。学生只有真正明白劳动的意义与价值,才能树立劳动的意识,逐渐养成良好的劳动习惯与能力,这对学生的生活独立性与自理能力的提升具有积极作用,能够使学生爱劳动、会劳动。①

(二) 劳动的实践性

"纸上得来终觉浅,绝知此事要躬行。"对于语数英学科的教学,大多都停留在课本的理论上,学生沉浸在教材的知识里,缺失一定的实践应用能力。注重提升学生素养的新教育,要求学生不仅会学知识,也要会用,逐渐地将前人的经验内化成自己的。学生能够在劳动实践中了解不同学科的知识,掌握更多的技能,具备更加广阔的视野。劳动的实践性,改变了学生对于劳动的认知,提高学生主动参与劳动的意识,对于学生的身体素质有一定的提高。②

压花艺术的最大特点就是源于大自然,回归大自然。压花艺术的返璞归真,与现代人的追求非常吻合。压花的材料都是来自自然界的植物,可以说所有的植物都能够作为压花材料。压花艺术能够充分利用植物材料,发挥其最大的作用,增加其附加值,所以说压花艺术是一个天然而又环保的行业。

花卉植物美丽多姿,四季盛开的鲜花,给人们带来无限的温馨和遐想,可花开花落,人们往往感叹于花好易逝。红楼梦中的"黛玉葬花",表达了女子对落花的怜惜,黛玉将凋谢的花埋葬于地里,虽留住了落花,却保不住美色,寄托一份哀思罢了;摄影作品留住的只是花卉的倩影;仿真花卉工艺虽栩栩如生,却终究不是真实的。压花艺术不仅能让鲜花短暂的美丽长驻人间,而且将植物天然的形态、自然的色泽、奇妙的纹理、巧妙的组合等自然的美恒久地定格在压花艺术作品中,演绎一种特别的意境和韵味,令人赏心悦目、爱不释手。

二 过程与策略

"小艺术家:创意压花书签制作项目设计与实施"在压花创意社团的具体任务是

---

① 李梦若. 劳动教育奠基多元发展,为学生生命成长赋能[J]. 教育家,2023(10):67.
② 韩正军. 探索促进生命成长的劳动教育[J]. 江苏教育,2022(74):65-66.

围绕"创意压花书签制作"展开,主要由任务驱动、劳动方案构思、作品原型设计、学生制作并交流展示、评价反思成果共五个阶段组成。

该项目以劳动学科核心素养的要求为根本依据,在项目式学习过程的各个环节,注重理论与实践、动脑和动手相结合,强调对学生的劳动能力、劳动观念、劳动习惯和品质、劳动精神的培养,促进学生的全面发展。

(一) 真实问题任务驱动

压花创意社团的学生喜爱花草、爱读书、爱动手制作,花草虽美但容易凋谢,他们通过讨论确定了核心的任务驱动型的问题:如何将美丽的花材与中外诗词结合制作成美丽的书签呢?

(二) 劳动方案构思

"新鲜的花材如何压制成干花?"和"怎样设计的压花书签既高雅又充满诗意?"学生以这两个子问题展开探究,学习关于压花艺术的历史,采花压花工具的认识、采花、压花制作和书签设计相关知识。在活动中增加学生对花材的认识,提高学生的动手能力,培养学生良好的劳动习惯和合作意识。

1. 认识压花艺术及采摘花

为了让学生了解压花艺术,唤起学生对压花的兴趣,教师首先向学生讲述压花的起源和欣赏压花艺术作品。学生对自然界的花草居然可以做成一幅画而感到惊讶,教师顺势鼓励学生,经过接下来的学习他们也可以做到用花草制作书签。

教师先在教室里向学生介绍采花的工具和采花的注意事项,随后分发采花的剪刀和装花的袋子(如果学生是在校外采到的花,为防止时间长花材会枯萎,可以在塑料袋内放有吸过水的卫生纸,再将塑料袋密封)。在带领学生去校园里寻找用于压花的花材时,教师务必提醒学生安全使用剪刀。学生根据自己的需要分成了以4人为一小组,有的小组寻找草,有的小组寻找树叶,有的小组寻找花材。

2. 新鲜花材制成干花

教师介绍压花的几种方法,学生小组讨论选择。如下表所示,是2种压花的方法及其优缺点。

表2-3-1 2种压花的方法及其优缺点

压花方法	步骤	所需材料	时间	优点	缺点
1. 自然重压法	将分解好的花材放于吸水纸上（卫生纸、棉纸、报纸等），几层吸水纸再一层花材，几层吸水纸再一层花材，最后用砖头等施以均衡重压即可，放于通风干燥的地方，勤换吸水纸，最好一天一次。	用砖头、石头、箱子或厚书等硬重的其他东西压制。	7—10天材料就逐渐压干了。	自然重压法方便、经济，花材数量不多时，也可直接用厚书压制花材，用重物压在书上。	由于干燥过程不是密闭式，无法与空气绝缘，处理时间太长，所以花叶颜色不够理想。如果遇到下雨或潮湿的天气，花材就更容易褪色、发霉。因此，这种方法只适合干燥的天气。
2. 常见压花器压制法	（1）将分解好的花材摆放在吸水纸上，再放一层吸水纸和一层海绵，再放吸水纸。 （2）摆放花材后又再放一层吸水纸和一层海绵，一般可重复放七层左右，再放入密封袋中。 （3）最后置于两块压花板中间，拧紧螺丝，排出密封袋中的空气后最后密封。	压花器是由压花板、海绵、干燥剂、密封袋组成。压花板是长方形的，其四周有四个孔，用四颗螺丝来固定。	一般来说，3天时间就可压干花材。	一次性压花数量比较多，压花时间短。	需要购置专业压花材料。

因坪山的春天天气暖和，空气湿度不高，两种压花方式都可以进行。小组根据自己现有的材料，有的小组选择用压花器压花，有的小组选择用厚书压花。

在不断的压花实践之后，学生逐渐发现，对于比较厚的花朵（如玫瑰、向日葵、月季等），需先把花朵表面的水吸干。在使用压花器压此类厚花时，需要每隔两天换一次吸水板,以防止吸水板和花材发霉。吸水板受潮会变软,要将吸水板进行烘干。

3. 配色原则及诗词知识储备

在干花做好之前,小组开始设计书签的样式。花卉的颜色多,种类丰富,需要了解一些颜色的搭配,才能使书签看起来美观。因此,教师向小组介绍了一些配色方面需要遵循的原则。

a. 同色系配色法;b. 邻近色配色法;c. 对比色/互补色配色法;d. 彩色与无色彩配色法;e. 三角形配色法(三和色配色法);f. 四边形配色法(见图2-3-1)。

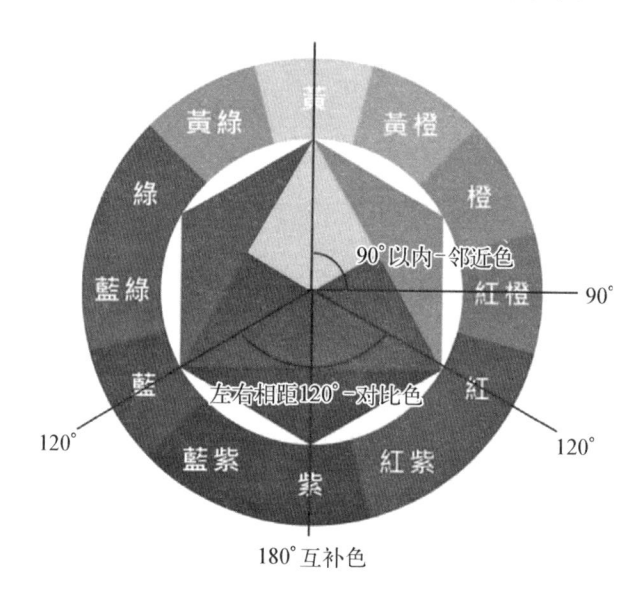

图 2-3-1 配色原则
(图片由学校提供)

学生上网搜集了一些中外名句,并进行了分类,教师协助将其做成相关电子文档。有关于友情的、关于励志读书的、关于歌颂品德的,还有一些中外名人名言,后续学生根据自己的喜好,摘录相关诗句到书签上,既可以自用,也可以赠送给亲友,提升书签的实用性。

(三) 作品原型设计

1. 教师教授制作方法

经过了一个星期,新鲜的花草已经变成了干花,学生开始设计书签。书签制作先由教师教授方法。

准备材料：冷裱膜(尺寸比书签纸稍微大一些)、书签纸、打孔器、白胶、棉签、流苏、棉签。

步骤：(1) 先用白胶粘贴枝条长一些的干花，注意枝条之间有交错，会比较有立体感，注意留白；(2) 再用白胶粘贴一枝矮一些的花；(3) 书签的空白处或者背面，抄录自己喜欢的诗句；(4) 用镊子揭开冷裱膜；(5) 覆盖上冷裱膜，并且将四周多余的冷裱膜往书签背后贴过去，完成冷裱；(6) 用打孔器给书签打孔，完成打孔；(7) 系上流苏，完成压花书签的制作。

制作要点：花朵不是贴得越多就越好看，适当的留白是必要的。同时涂抹白胶的时候不宜过多，应把白胶涂到棉签上，然后用棉签把白胶涂到花和枝叶上，这样白胶能够均匀地覆盖到花叶上，另外要等胶水干透后才能覆盖冷裱膜。

学生在多次练习、教师指导、同学互助下，不断熟悉干花粘贴技巧。另外教师利用网络资源，多展示一些压花有关作品以及构图方面的技巧，让学生在心目中有一定的构图感知。

2. 学生构思设计书签样式及摘录古诗

学生根据使用书签的书的种类、自己压的干花的种类和自身需求，制定了设计方案，并与小组组员讨论交流，用干花摆出图样。讨论后不断优化设计方案，有的组员提出组合彩笔的鲜艳颜色，可以使书签更丰富多彩。有的同学提出用塑料透明书签，做出的效果也会很棒。制作之前的构思交流优化过程，是设计制作工艺很重要的一部分，产生思维碰撞的火花，减少返工，提高制作效率。学生根据前面学习的知识，结合自身对书签的需求，完成草图设计。

(四) 学生制作并交流展示

以小组为单位，开始自行制作书签，将设计的草图转化为实物。在制作的过程中，可以寻求帮助，如果自己的花材不够可以去其他组寻求支援。制作的过程是自我悦纳的过程，提升学生生命自觉的过程，唯有"生命自觉"，人方以为"人"，培育出个体的生命自觉是劳动教育的根本目的，是全面教育的必然选择。劳动教育是使学生脱离纯粹的脑力劳动，将知识学习与动手实践结合起来，把学习的理论知识运用在实践中，在手脑并用的实践中建立劳动幸福感，在团队合作、协商交流中提升个体的社会属性和人际交往能力。

(五) 评价反思成果

1. 课后展示及反思

在劳动课程结束之后,引导学生自问"这节课我学到了什么",并与同伴交流劳动经验,体会劳动的快乐,强化学生对于自己劳动过程的反思。同时建立标准化、细致化、可操作的评价机制,对于优秀者及时正面反馈,树立典型的榜样,激发学生的劳动积极性。

在劳动之后教师根据压花设计劳动课程的特点对学生进行劳动评价,如在采花过程中,学生能否考虑到爱护花草,采摘工具是否规范使用;对压花的态度、压花过程中的主动性、小组成员的沟通与合作、劳动结束后的感悟与收获;小组成员的评价;书签的构图是否新颖美观,古诗书写是否工整,白胶的使用是否规范。同时安排生生互评、自评,对劳动优秀小组进行展示,给予优秀学生展示机会等。

2. 校外展示提升劳动体验

教授别人自己的制作技艺,将劳动成果展示给更多人,远远比自己独自劳动收获的快乐要多得多。借省级劳动展示活动,压花社团的同学推出了6位同学参与摊位压花书签设计展示,学生们带上平时课堂上制作好的干花,来到现场指导到访的师生制作压花书签、压花相框。她们在展示中学会了沟通,学会了如何用更简洁的话语教授书签设计,也学会了将书签设计得更美观。

三 成效与反思

创意压花书签制作课程深受学生欢迎,取得了一些成效,达成了以劳动促成长,以劳动健身心的目标。经过创意压花课程的学习,学生有了以下几点进步。

(一) 形成基本的劳动意识,树立正确的劳动观念

形成对劳动与人类生活、社会发展、个人成长之间关系的正确认识,懂得人人都要劳动、劳动创造财富、劳动创造美好生活等基本道理;体验劳动的艰辛和快乐,形成劳动效率意识、劳动质量意识;具有热爱劳动、热爱劳动人民、尊重普通劳动者的积极情感;树立劳动最光荣、劳动最崇高、劳动最伟大、劳动最美丽的观念。

(二) 发展初步的筹划思维,形成必备的劳动能力

能从目标和任务出发,系统分析可利用的劳动资源和约束条件,制订具体的劳动

方案,发展初步的筹划思维,发展基本的设计能力;能使用常用工具与基本设备,采用一定的技术、工艺与方法,完成劳动任务,形成基本的动手能力;能综合运用多学科知识和多方面经验解决劳动中出现的问题,发展创造性劳动的能力;在劳动过程中学会自我管理、团队合作。

(三) 养成良好的劳动习惯,塑造基本的劳动品质

能自觉自愿地劳动,养成安全规范、有始有终的劳动习惯;体悟劳动成果的来之不易,珍惜劳动成果;能辛勤劳动、诚实劳动、协作劳动和创造性劳动,养成吃苦耐劳、持之以恒、责任担当的品质。

(四) 培育积极的劳动精神,弘扬劳模精神和工匠精神

通过持续性劳动实践,培养勤俭、奋斗、创新、奉献的劳动精神;具有继承中华民族勤俭节约、敬业奉献优良传统的积极愿望;弘扬爱岗敬业、甘于奉献的劳模精神和精益求精、追求卓越的工匠精神。

劳动教育是将学生的生命体验相结合,促使学生在劳动中成长,在劳动中进步,在劳动中体验生命的自觉。刻不容缓的学生劳动现状,要求教师跟紧时代,努力学习,为学生设计更多的有新意的劳动课程。

(撰稿人:深圳市坪山区坪山中心小学　黄美霞)

第四节　小工匠：帆布包的设计与制作

以手造物，以物润心。帆布包的设计与制作不仅是一项实用的手工技能活动，更是一次深入体验生活、发挥创意的机会。"小工匠：帆布包的设计与制作"通过学习如何使用工具、选择合适的材料，掌握基本的缝纫技巧，体验劳动的艰辛与快乐，发现自己的创造力和潜能。让我们一起在这堂充满创意的劳动课中，感受创作的魅力吧！

一　背景与理据

2020 年，我国塑料用量为 9 087.7 万吨，废弃量约为 6 000 万吨。其中，40% 是一次性塑料制品，如塑料袋、农业塑料薄膜等。[①] 塑料制品残留在农田里，会影响农作物对水分、养分的吸收，抑制农作物的生长发育，造成农作物的减产。大量填埋塑料垃圾会污染地下水，填埋场由于地基松软，垃圾中的细菌、病毒等有害物质很容易渗入地下，污染地下水，危及到周围环境。大量的塑料垃圾占用了宝贵的土地资源，对农业生产和生态环境的可持续发展造成了不良影响。我们美丽的地球现在正在被塑料吞噬，作为中学生的我们该如何缓解塑料污染问题呢？学生提出自己在缓解塑料污染问题上一些力所能及的措施，如尽量避免使用一次性塑料制品，如塑料袋、餐具、吸管等，购买可重复使用的环保产品，如布袋、玻璃瓶；将可回收的塑料制品（如聚乙烯、聚丙烯等）送到回收点进行处理；发挥创新思维，开发可替代传统塑料的产品和解决方案等。教师借助学生的回答，引出：为什么我们都知道使用环保袋、帆布袋替代塑料袋，但在日常生活中总是做不到呢？学生以小组为单位，集思广益，将所有想法写下来，例如：平时的环保袋不好看，不喜欢用；塑料袋往往更加轻便、易于携带，帆布袋去超市的时候总忘记带上；环保袋和帆布袋通常比塑料袋更昂贵；有些环保袋不耐

---

① 张治国. 水环境中微塑料的污染及防治措施[J]. 塑料助剂，2021(1)：18-22.

用,容易裂开,并且有些袋子的材料也是不环保的等。在教育实践中,学生经过小组合作探究活动,可以明确劳动实践目标,即自制环保、耐用、美观的帆布包来解决上述问题。

二 过程与策略

"小工匠:帆布包的设计与制作"项目以劳动学科核心素养的要求为根本依据,在项目式学习过程的各个环节,注重理论与实践、动脑和动手相结合,强调对学生的劳动能力、劳动观念、劳动习惯和品质、劳动精神的培养,促进学生的全面发展。本项目在八年级的具体任务是围绕"帆布包的设计与制作"展开,主要由情景案例、知识拓展、产品设计、制作实践、汇报分享共五个阶段组成,具体活动见2-4-1。

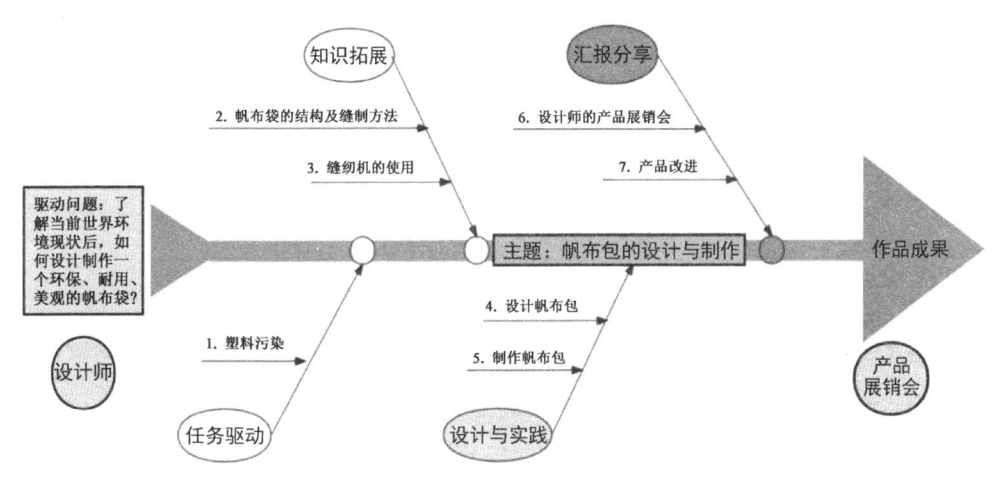

图2-4-1 帆布包的设计与制作鱼骨图
(图片由学校提供)

(一) 任务驱动

学生通过小组讨论塑料污染的来源、如何缓解塑料污染等问题,逐步确定核心驱动问题:如何设计并制作一个环保、耐用、美观的帆布包,见2-4-2。如何去设计制作帆布包是一个模糊的任务路径,它给予了学生更大的灵活性和适应性,可以在执行过程中根据实际情况调整任务策略和执行方法,从而更好地应对变化和不确定性。它还可以激发学生的创新思维和解决问题的能力,因为需要在完成任务的过程中进行探索和尝试,寻找最佳的任务解决方案。而制作一个环保、耐用、美观的帆布包是该项目的明确结果,它使学生能够清晰地了解任务的目标和预期结果,从而能够更好地把握任务的方向和重点。通过"模糊的任务路径、明确的结果"激发学生想要动手操作的兴趣及探索的欲望,提供了自主探索和解决问题的空间,促进他们高阶思维的发展。

图 2-4-2 核心驱动问题提出图
(图片由学校提供)

(二) 知识拓展

知识拓展部分主要分为"帆布包的结构及缝制方法"和"缝纫机的使用"两个活动,主要让学生初步了解帆布包的结构、缝制帆布包的基本缝合针法,熟悉缝纫机的工作原理和使用方法,提升家政技能和实践操作能力,提升产品质量意识和精益求精的劳动精神。

1. 帆布包的结构及缝制方法

通过展示真实帆布包样品或图片,让学生观察不同类型的帆布包的外观、结构、材料等特征,并讲解帆布包的缝制基本方法、步骤和技巧。然后学生以小组为单位借助信息技术手段收集现有的不同类型的帆布包,逐一分析袋子的结构,对比分析它们的优缺点,完成结构分析表的内容,见表 2-4-1。

表 2-4-1 帆布包结构分析表

建议时间	15 分钟	项目活动	帆布包的结构设计
活动成果	分析报告	材料准备	互联网设备、Word、评价表
类型	如:手提式	结构组成	
优点			
缺点			

小组完成表格后,学生进行交流讨论,分享自己对不同类型帆布包的看法,并与小组商量确定自己小组的帆布包类型。接着进行手缝针法的学习。由于学生对缝制针法了解不多,教师需提供常见的缝合针法的基本教程,让学生跟着练习,然后进行自评,自评表见表2-4-2。

表2-4-2 缝合针法自评表

缝合针法	步　　骤	自评(缝制情况)
平针缝		
包边缝		
回针缝		
……	……	……

2. 缝纫机的使用

相对于手缝,缝纫机的使用会大大增加缝纫的效率和美观度。同时,通过缝纫机与手缝的对比,学生懂得技术改变生活,工具能大大提高生产效率。由于很多同学在这之前是没有使用过缝纫机的,因此会通过实物展示缝纫机的基本构造、功能和使用方法,让学生了解缝纫机的操作步骤、调节参数的方法和注意事项。再借助多媒体课件或视频,展示缝纫机的操作过程和方法,引导学生自主探究和学习。此外还安排实践环节,让学生亲自操作缝纫机,完成一些简单的缝制任务,例如拼接布片、缝制口袋等,加深对缝纫机使用的理解和掌握。

在实践过程中,教师统一讲解共性问题并进行个性化辅导。同时设置小助教即比较熟悉缝纫机的同学,在不同小组之间巡视,帮助其他遇到问题的同学。小组间的同学需互相帮助,让每位学生都学会使用缝纫机,并完成评分表,见表2-4-3。

表2-4-3 缝纫机操作评分表

组别	姓名	纪律	缝纫机穿线	缝纫机的手动操作	缝纫机的电动操作	是否帮助他人	总分	签名

(三) 产品设计

产品设计部分主要为"设计帆布包",学生可以通过调查和研究,了解不同学生对帆布包的需求和偏好,例如不同年龄、性别、文化背景的学生对帆布包的使用场景、功能需求、外观风格等方面的要求。根据需求,学生可以确定帆布包的设计风格,例如简约、时尚、实用、环保等。同时,需要考虑帆布包的材质、颜色、图案等因素,以满足个性化需求。他们需要绘制简单的产品技术图样,例如尺寸、容量、口袋、背带等方面的设计,根据图样制作产品模型或原型,并进行产品组装、测试和优化。这个过程是本项目很重要的一部分,可以使学生理解工业生产劳动对人类生活、生产的重要性。学生根据前面学习的知识,结合自身对帆布包的需求,完成活动方案及草图设计,见表2-4-4。

表2-4-4 活动方案及草图设计表

作品名称		设计师		所属组别	
项目问题分解					
基本问题		方 案			
选择的缝合针法					
帆布包的封口方式					

续 表

基本问题	方　　案
使用材料	
设计草图 （正视图、侧视图、俯视图）	

（四）制作实践

学生根据自己的设计方案挑选制作过程所需的材料（布料需自行裁剪，独立完成有困难时可找人协助）自行制作帆布包，将创意物化为实体。在实践中，不断根据需求对作品进行反复修改和优化，在欣赏和认可自己作品的同时，积极悦纳他人创意，保持开放和尊重的态度，认真倾听他人的想法和建议，并尝试将它们融入自己的作品中。此外，可以为他人提供力所能及的帮助，帮助他人实现他们的创意，建立良好的人际关系和团队合作精神。"帆布包的设计与制作"项目式学习使学生脱离纯粹的脑力劳动，将知识学习与实际操作相互融合，把学习的理论知识用在实践中，在手脑并用的过程中感受劳动带来的满足感和成就感。在团队合作和协商交流的过程中，学生可以提升人际交往能力，更好地适应社会生活。

（五）汇报分享

1. 设计师的产品展销会

制作完成后根据活动方案，见表2-4-5，以小组为单位开展帆布包T台展示与拍卖活动，在此环节中，学生可以尽可能地展示与推销（拍卖所用的是"鲁班币"，不涉及真实货币交易），并就设计和制作过程中的心得体会相互交流。每组完成展示后，其他小组根据其表现进行评价，见表2-4-6。通过这个环节，孩子们可以充分表达自己的设计理念和劳动感悟，教师可引导他们深入思考自己的作品和劳动，例如思考作品的设计、制作过程、应用场景等方面的问题。只有通过总结和表述，他们的感受才能最大程度的内化，才能更好地理解自己的作品和劳动的意义和价值，从而深化他们对于劳动的兴趣！

表 2-4-5　产品展销会方案表

建议时间	40 分钟	项目活动	设计师的产品展销会
活动成果	销售量	材料准备	电脑、鲁班币、评价表
活动步骤	导、助支架		
布置展位	摆放桌椅		
产品展销	教师给每组提供十个鲁班币,学生使用鲁班币购买自己喜欢的帆布包		
统计销售量	学生统计鲁班币个数得出销售量		
公布"最佳设计师"	赢得最多鲁班币的小组且全员获得"最佳设计师"称号		

表 2-4-6　评价表

姓名：　　　　　组别：

指　标	评 分 要 求	自　评	小组评
劳动能力	缝制的针脚整齐程度(15 分)		
	帆布包的牢固程度(15 分)		
	整体设计美观、友好,色彩搭配运用得当(10 分)		
劳动观念	在活动过程中,尊重他人的劳动成果,悦纳他人创意(10 分)		
	积极参加设计制作帆布包项目(10 分)		
劳动习惯和品质	安全规范使用缝纫机,并熟练操作(10 分)		
	在劳动过程中,能团结协作,帮助他人解决问题(10 分)		
劳动精神	能完整完成从设计到物化产品的全过程,不畏惧困难(10 分)		
	展示汇报时精神风貌好,仪表整洁大方,表现得体(10 分)		
总　　分			

2. 产品改进与反思

家庭是孩子成长最重要的场域,学生课后可以将作品带回家,通过与家人分享自己的作品,不仅可以增强与家人的联系和沟通,还能增进亲子之间的理解和感情。家长可以提供对作品的宝贵反馈和建议,帮助孩子更好地认识自己作品的优点和不足,孩子可以学会分析和评价自己的作品,培养批判性思维和自我反思能力。在家人的鼓励和建议下,孩子可能会受到启发,进一步激发创新精神,对作品进行最后的优化。如果家中没有工具,可以带到学校来进行优化升级。通过此项活动,让学生有机会向家长学习,达到"亲子共成长"的目的,也促进家长对劳动教育的理解。

三 成效与反思

"帆布包的设计与制作"的劳动项目是围绕劳动课程标准中的任务群进行开发与实施的。在开发过程中根据学校的实际情况(如学校有工艺坊、缝纫机等基础设施设备,学生相关发展需求大,学生兴趣高等)选择适宜的生产项目。

(一) 极大地激发了学生参与劳动的主动性、积极性和创造性

通过问题驱动到任务解决,学生能够充分体验到学习的乐趣和实用性,从而更加积极地参与学习过程。在这种学习方式下,学生不再是被动接受知识,而是成为学习的主体,主动参与其中,他们会积极思考、主动探索、解决问题并完成任务。

(二) 充分锻炼了学生解决现实问题的实践探究能力

课程的起点是世界环境恶化,这是一个非常有意义且具有挑战性的方向。从现实生活的真实需求出发,学生需要面对的是真实而复杂的情境,学生将经历完整的"真实问题驱动——劳动方案构思——作品原型设计——开展劳动实践——劳动项目路演——评价反思成果"闭环,而不是进行单一、机械的劳动技能训练或简单的劳动知识讲解,学生不仅能够学习到解决环境问题的理论知识,更能够培养出对现实问题的敏锐洞察力和解决问题的实践能力,从而在未来的学习和职业生涯中更好地发挥主观能动性。

(三) 积极引导学生深入体会设计和制作的乐趣

帆布包的缝纫只是一种技术,学生在熟练掌握这门技术后可以进行天马行空的设计与创造。在本项目的教学框架下,学生的劳动没有过多的形式限制,这给了学生很大的自由度和发挥空间。学生可以自由地选择材料、颜色、款式等,进行个性化的设计和制作。完成初始目标后,学生亦可以根据自身需求进行任务拓展、技能迁移,如服装设计、家居装饰等,从而不断提高自己的综合素质和创新能力。

　　劳动课与一般学科课程的区别非常明显,劳动课更加注重学生动手实践并在实践过程中感受劳动的快乐和设计的成就感,教师在进行指导的时候要注意时间分配,把更多的时间还给学生。同时,教师要及时对小组合作时学生提出的问题进行手把手地辅导,帮助学生尽快解决问题,进入课程的下一个环节。除了教师的个人辅导外,课堂实践要特别注意加强组间互助,有部分同学有缝纫的基础和较先进的理论知识,教师要注意充分发挥这部分学生的带头作用,让组间异质充分发挥效果,适当加强练习,为后续独立制作打好基础。当然,目前的练习主要是以小组为单位,存在部分学生练习时间少的情况,教师要注意提醒学生组间操作轮换,尽可能让所有学生都有机会进行实操,从而亲身体会缝纫的快乐。

(撰稿人:深圳市坪山区东部湾区实验学校　朱伟丽)

第三章

持续的生长性

通过连续性的劳动教育内容,实现劳动观念、能力、情感及习惯的逐步培养与深化,凸显小切口劳动教育特色,播下一粒种子并不是为了看到花开,也许只是因为想看看它生命的可持续性,了解春耕秋收的自然节律,才能更好地认识生命、理解生命、尊重生命,在一颗种子发芽中体会生命成长之美。

劳动教育作为培养全面发展的社会主义建设者和接班人的重要途径,需要遵循教育规律和人的身心发展规律,体现出连续性与持续性的特点。正如《中国教育现代化2035》所指出的"全面贯彻党的教育方针,坚持马克思主义指导地位,坚持中国特色社会主义教育发展道路,坚持社会主义办学方向,立足基本国情,遵循教育规律,坚持改革创新,以凝聚人心、完善人格、开发人力、培育人才、造福人民为工作目标,培养德智体美劳全面发展的社会主义建设者和接班人。"[1]这为新时代劳动教育的开展指明了方向。

从人的身心发展规律来看,身心是一个有机的整体,处于持续动态变化之中。皮亚杰指出,儿童的认知发展是一个连续不断的过程,经历了感知运动阶段、前运算阶段、具体运算阶段和形式运算阶段。[2] 可见,个体的身心发展是一个循序渐进、由低级向高级不断发展的过程。劳动教育要遵循这一规律,根据不同年龄阶段学生的身心发展水平,以旋涡式上升的方式设计教育内容,前后衔接、环环相扣,使学生的劳动素养得到持续提升。

从劳动能力的形成来看,它不是一蹴而就的,而是一个连续积累、不断发展的过程。正如陶行知先生所言,"生活即教育"[3]。劳动教育要渗透到学生的日常生活和学习中,通过持续不断的实践,使学生形成劳动的意识和习惯,掌握必要的劳动知识和技能。马克思也指出"劳动是一切人类生活的第一个基本条件,而且达到这样的程度,以致我们在某种意义上不得不说:劳动创造了人本身。"[4]只有通过长期的、系统的劳动

---

[1] 范微微,王晓琳.劳动教育中身体的价值意蕴与回归[J].教育理论与实践,2024,44(10):3-9.
[2] 王金玉,吴婧.马克思劳动观视角下劳动教育的哲学阐释[J].北京教育学院学报,2024,38(2):44-50.
[3] 庄乙花,唐笏锋.初中语文融合劳动素养教育的实践路向[J].教育科学论坛,2024(11):37-39.
[4] 谭启鹏."至善教化"劳动教育模式建构及其实施[J].教育科学论坛,2024(11):69-71.

实践，劳动才能内化为学生的一种素养。

劳动价值观念的建立是在持续的劳动实践中形成的。因此，学校要高度重视劳动实践活动，把劳动教育融入学校教育教学的全过程，与德育、智育、体育、美育相结合，使学生在系统的劳动实践中，逐步确立正确的劳动价值观，形成良好的劳动品质。

综上所述，劳动教育必须坚持连续性、持续性，这是遵循教育规律和人的身心发展规律的必然要求，是培养德智体美劳全面发展的社会主义建设者和接班人的必由之路。新时代推进劳动教育，既要遵循规律，又要结合实际，在广度、深度、难度、持续时间等方面做出整体规划和系统设计，形成一个螺旋上升、有机衔接、持续发展的劳动育人体系，使劳动教育真正落细落实，让每个学生在耳濡目染、潜移默化中汲取劳动教育的养分，以新时代劳动者的崭新面貌成长成才，肩负起民族复兴的时代重任。

(撰稿人：深圳市坪山区坪山第二小学　孙圆圆)

第一节　小木匠：巧手制作木工小物件
设计与实施

"如切如磋,如琢如磨;去粗取精,精益求精"是我们崇尚的工匠精神。一块小木片可以成为一张精美的木制小书签,几根小木头可以成为一个可爱的木制小玩具。在课堂上,打造出各种木工主题游戏,把知识和技能融入宽松、愉快的环境中,享受学习的过程,慢慢发展出自己独立、自信、专注、创造等能力,使学生去感知、去实践、学会生活、热爱生活。

《义务教育劳动课程标准(2022年版)》在第三学段"工业生产劳动"提出:学生选择1—2项工业生产项目,如木工等进行简单产品模型或原型的加工,初步体验工业生产劳动过程。熟悉所选项目的工具特点、设备特点。识读简单的产品技术图样,根据图样制作产品的模型或原型,完成产品模型或原型的组装、测试。体验工业生产劳动创造物质财富的喜悦和成就感。学校在此背景下开设木工坊制作。

马峦小学开设木工劳动课程旨在培养学生的动手操作能力和创造力,使学生学会生活、热爱生活。在课堂上,打造出各种木工主题游戏,给学生提供他们需要探索的材料,让他们去感知、去实践。把知识和技能藏在宽松、愉快的环境中,享受学习的过程,慢慢发展出自己独立、自信、专注、创造等能力,这无疑是他们获得成长的最佳途径。

一　过程与策略

"小木匠:巧手制作木工小物件"旨在对木质材料进行图形的加工和设计,让马峦小学五到六年级学生体验木工劳动的过程,熟悉木工机器的工具特点、设备特点、加工要求;能依据简单技术图样,规范使用木工工具、木工设备加工制作的原理和模型;理解木质工业用品的来之不易,懂得爱惜木制小摆件,初步形成安全规范地进行木工小物件制作的意识;注重对学生理论结合实践,手脑并用,劳动品质和劳动精神的培养,全面促进学生的发展。主要包括:任务驱动、知识拓展、产品设计、制作实践、汇报分享五个阶段。

(一) 任务驱动

开设木工坊,每个年级都有具体的任务实施。每个年级根据木工课程由浅入深展开系列活动。在这里主要讲述五到六年级学生木工主题任务"小木板制作小物件"。先在班级创设任务情景:如何制作一个漂亮、有创意的木质书签?通过任务驱动问题让班级中的学生分成小组进行讨论,学生自己设计样图,绘制图纸。预设目标,来激发学生想要动手制作一个漂亮书签的兴趣,识读并绘制书签样例,根据图样加工制作木制书签,完成书签的绘制、切割、打磨,精细化加工,让它最终成为学生手中完美的作品。在木工坊中,马峦小学的"小木匠们"要学习机器的熟练操作,要积蓄耐心对自己的作品进行打磨,更要沉淀制作过程中的工匠精神。以此,让学生理解工业劳动对人类生活、生产的重要作用,同时促进学生思维能力的提升和跨学科融合思维的发展。

(二) 知识拓展

知识拓展部分主要包括:木工坊设备安装的培训和木工坊设备性能培训,让学生了解机器的操作特点和使用方法。教师要培养学生能根据需求设计和制作、加工简单的木制工艺品,养成安全、规范地进行工业生产劳动的良好劳动习惯。在设计和制作的过程中,学生要逐步养成最大限度合理利用材料、环保节约的劳动意识,提升产品质量的意识和精益求精的劳动精神。

1. 了解木工坊里的基本设备

对机器设备的了解,是安全操作的准备阶段。在开展劳动之前,先了解工具的性能特点,培养学生安全劳动的意识。木工坊基本操作设备有锯床、磨床、钻床这三种小功率机器。

锯床:用来切割木材的机器,通过小刀片可以直线、曲线任意切割,经过特殊设计,刀片安全不伤手,就算锯齿碰到皮肤,也只会引起轻微的振动,不会割伤学生。

磨床:用来抛光、打磨木材的机器,可以手持进行各种角度的研磨,操作起来简单、安全,在打磨的过程中会产生细小的木屑,但不会造成大量的污染。

钻床：用来钻孔的机器，操作灵活、简便，可改装成手钻或手磨等，倾斜滑块，还可以调整钻孔角度，配合分度盘使用，可以根据不同的需求在工件上钻出等分的孔。

这三种小功率机器，学生平时接触比较少，对它们有强烈的好奇心，在操作的过程中如果使用不当，也会存在一定的安全隐患。因此在正式操作之前，教师要对每一次进木工坊的学生进行设备的安全使用培训。

2. 劳动科组教师进行木工设备性能的培训

马峦小学劳动科组邀请专业的技工师傅来对劳动科组教师进行机器设备使用的培训。教师们自己先进行木制书签的设计和制作，教师组通过绘图、小木板的切割、书签边沿的打磨、穿透模板钻孔来对机器设备的性能进行调试。

3. 学生进行木工设备安全培训

学生进行分组合作，提前进入木工坊，对工具的操作进行试用，了解基本性能，包括木工机器电源的开关、功率大小的识别、刀片的正确安装等。

（三）产品设计

产品设计部分主要为设计小书签、小钟表等简单且容易操作的木制手工小物件。比如小书签的制作：劳动科组学生先根据书签的要求，选择合适的木质材料并制定符合自身需求的小图样；再让学生小组进行探讨，优化图样设计，推荐出小组内最值得推广的"创意小书签"，再在小木板上进行图形的绘制，然后按照制作顺序依次进行木片的切割、木片图形的裁剪和木片图样的打磨；完成上述的步骤，再进行艺术加工（包括小书签的涂色、小书签的雕刻、小书签外形的装饰）。

（四）制作实践

"纸上得来终觉浅，绝知此事要躬行。"马峦小学的学生根据前面小组内推荐的设计方案来进行小书签的实践制作。

1. 分组

班级学生先分成6人一小组。每组任命小组长、安全管理员、绘图员、策划员、操作员（小组人人有分工）。

2. 教师对学生进行活动前的安全培训及具体活动过程

活动目标：自制木质小书签。

活动过程：学生以小组为单位，现场进行木质书签的设计和制作。

学生先明确任务,小组原材料分工,机器设备的分配,小组讨论每个人的具体职责,安全用具的发放,小组成员按任务开展活动。分工如下:生 1 进行版面图纸的设计;生 2 进行机器、设备的调试;生 3 准备好辅助材料美术颜料用来涂色;生 4 进行耗材的回收和整理。

学生开始进行操作。教师提供参考建议。例如:书签的外形设计,先在纸上画出草图,小组组内经过全部认可以后,再在木板上画草图。

(1)学生进行锯床的切割。在书签样式画好以后,学生进行锯床的切割。切割的时候,教师应关注学生的切割线条,尽量指导学生对机器的逐渐适应过程。最初的切割,学生只能进行直线的切割,要想把书签制作精美的前提是先熟悉切割。教师建议学生:先利用废旧材料进行线条的切割练习,等线条的切割练习可以熟练到任意线条的切割的时候,再在小书签板上进行切割。

(2)切割完以后,各小组进行比较模型的比较,分享好的模型作品。

(3)学生进行磨床的研磨。在学生初步切割出书签的外形以后,学生在书签边沿进行研磨。尽量将木书签的边缘研磨得平顺,有线条。

(4)学生进行书签的钻孔。书签想要制作精美,就需要不断去优化。把小书签钻几个小孔,就是装饰之一。在小书签平面钻孔以方便系上装饰的小珠子和小穗子。

(5)美化书签。在小木书签完成外形切割、研磨、钻孔以后,开始对书签整体进行美化加工。画上花样图,并用调色盘进行调色,既可以在外观上画上简单的图画,也可以涂上自己喜欢的颜色,更可以在上面写上两句诗句,让书签更添韵味。

(6)书签评比。班级同学对木质小书签进行展示,评比出优秀作品。班级内评选出"能工巧匠"颁发"鲁班奖"。

(五)汇报分享

一份耕耘一份收获!马峦小学自开设木工课以来,学生在木工坊制作出许多精美的小摆件,这些小摆件不仅激发了学生的创造兴趣,也是对学生工业生产劳动制作的认可。学生将这些小摆件进行拍卖,参加各种展示活动,同时也进行了产品的改进和反思。

1. 参加活动

2023 年深圳市义务教育阶段劳动教育现场观摩研讨会暨广东省劳动教育学科教研基地(深圳)研修活动暨坪山区劳动教育大会。在长达 200 米的劳动街市上,马峦小学展示了劳动教育特色课程之木工制作;马峦学子化作小工匠现场为在场的嘉宾和老师,展示自己在学校学到的劳动技能。

2. 产品改进与反思

在木工坊木工小制作的过程中,学生真实地获得工业劳动的体验,同时也切身体会工匠的不易。学生在木工课结束以后会将自己的木工作品带回家中,和家人一起探讨和交流,并借助家人的帮助将作品进行最大的优化。有了木工制作的经验,学生更能理解工业生产劳动对人类生活、生产的重要作用。

现有的小木板是学校购买的成品,在实际的操作中会出现:木片厚薄不能满足小摆件制作的要求,存在一定的浪费性。在经过上述实践操作以后,有部分学生想尝试自己利用机器来切割小木片,做出更多的成品小木片以此来最大限度利用资源,做到不浪费耗材。

小书签的制作除了利用上述的机器设备,还需要利用传统工艺制作:篆刻、烙画等。这促进了工业生产劳动和传统工艺制作的有机结合,提升了学生的团队合作意识。

二 成效与反思

深圳市坪山区马峦小学木工坊自开设以来,一直深受学生们的喜爱。学生每次去木工坊上课,积极性都非常高。本学期学校还专门开设了"木工坊"社团,参加人数满额。小木工制作是围绕劳动课程中的任务群进行开发和实施的。在开发的过程中,学校结合具体实际情况开设"童梦木工坊"。木工制作从课程的设计到具体的实施,我们看到了学生由单一劳动体验转化为手脑并用的综合劳动的转变。同时,也让我们将单一、窄化的劳动课转化为丰富多彩的劳动实践。学生从被动体验劳动转变为主动探究劳动,从体力劳动转化为手脑并用的综合劳动,教师和学生在不断的劳动体验中感受到了生活的各种滋味,同时也提升了教师和学生各方面的素养。主要表现在如下方面。

(一)提升教师教育教学的内涵

1. 教师创设教学情境

乐教,是马峦小学教育者的基本要求,热爱教育、热爱学生,愿意为人民的教育事业无私奉献;善导,是教学风格的重要追求,具有打破陈规的勇气和实力,具有创新精神,能走在时代前列,引领时代潮流;赋能,是我们追求的成果,因材施教、有教无类、激活潜能、适性扬才,让教育成为孩子生命最重要的能量源。在马峦小学里,教师创设情境,用主题和文案带领学生进入木工坊进行实践操作。例如母亲节,教师安排学生在劳动坊进行主题为"感恩母亲巧手制作美书签"活动;数学周,教师带领学生进入劳动木工坊"巧手制作小学具"。

2. 情境创设凸显教育的意义

情境的创设有利于学生理解劳动的任务价值。例如:木工坊在深圳市坪山区马峦小学低年级学生中开展"巧手制作认读棒",由学生自己亲自制作小木棒,让制作变得特别有意义,也适合低年级学生老师带读时运用。

(二)增强家校互动和沟通

1. 木工坊设备三方协调

学校、家庭、社区参与起来,共同协作。如木工坊的操作,就需要学校先建立木工基地,购买木工设备,才能开展①。

2. 木工制作安全教育深入人心

每一项劳动课开展之前,需要进行安全教育,学生要做到对设备的安全隐患铭记于心。有基本的安全常识,了解安全防护用品如何去佩戴,如何回收,做到心中明确。

(三)培养学生木工劳动创造性

1. 指导学生提升劳动技能

乐学,是我们倡导的学习理念,激发学生强大的学习动力和自主性,发扬团队协作精神,在群体中碰撞出智慧的火花,在快乐学习中掌握知识;善思,是提升学习品质,善于思考问题、分析问题、解决问题;灵动,是鼓励学生富有创意地思考并善于付诸行动,能动地利用各种资源和技术,灵活掌握各种学习技巧,成为智慧学习者;逐梦,也是追逐梦想的意思,但侧重逐步实现梦想!我们鼓励学生每学期树立一个小梦想,通过努力去实现!一年一个小梦想,加倍努力去实现!在实施木工劳动阶段,教师主要进行学生木工操作技能的淬炼,培养学生劳动的习惯和塑造学生劳动的品质。这个阶段是

---

① 黄爱芬,王丽娜. PBL 在家庭劳动教育中的应用[J]. 基础教育论坛,2021(3):40-42.

劳动实践的核心环节。例如：在制作书签的过程中，很多同学一开始不能做到熟练进行直线切割，书签切割出来既不美观也浪费原材料。这时候教师就要指导学生掌握正确的方法：切割面保持水平，切割时不能晃动，全神贯注，一气呵成。对于不敢切割的同学，要循循善诱，让学生大胆去尝试，不怕弄错。

在木工坊中，教师看到了学生的主观创造性，他们在制作时遇到困难会想到去积极克服。同时，也提升了他们在工业生产中的创造性。例如：护目镜、防护手套的有效佩戴。有个同学还设计出木工坊迷你吸尘器用来吸取木工制作的过程中产生的小木屑。[1]

2. 培养学生工匠精神

在操作机器的过程中，教师要指导学生在学做作品时精益求精，不能敷衍了事完成任务。例如：有的学生切割一半，看到其他同学在打磨，就去做打磨的工作。这时候教师就要以点带面教育一个学生让全班学生意识到：做好自己手中的事的重要性，不能半途而废，应该注重培养学生的规范意识、质量意识、专注品质和合作精神。同时，选取切割好的半成品进行正面示范。

（四）提升教师的育人观

1. 关注学生的发展

兴趣是最好的老师，所以我们教师要尊重学生的发展兴趣并要创造条件给予学生更多展示的机会和空间。教师要关注作品从无到有的过程中学生的参与度。例如自制小书签的活动，五年级 3 班的学生全班参与。有些学生在班级中，很胆小，很多活动不敢参加。但是在劳动课上，他可以做到反复去练习，大胆去尝试，积极去改进。学生的细心与耐心得到老师和同学的认可。

2. 关注学生的生成

木工坊劳动课，让学生在木工实践中收获了很多生活的体验，为今后他们尝试进行其他劳动或发挥自身的优势进行小发明、小创造积累经验；并打破了学科界限，促进劳动课与其他学科相互融合。

教师开展作品展示课，让学生在相互评价的过程中，进一步提升自己的劳动技能，尽管有些作品看着没那么美观，但是学生因为是自己制作的，所以非常喜欢。在木工

---

[1] 于慧颖. 劳动教育教学应引导从"动手做"到"动脑做"是大脑调控下手脑协调动作的创造性实践能力[J]. 中国教育学刊，2004(12)：25 - 28.

坊作品展示中,每个班级都有作品展示。学生的相互评价很丰富。学生们的积极评价促进了后续劳动课程的有效开展。

全班全员参与,人人有分工。这提升了班级的凝聚力,让学生的主人公意识得到增强。

3. 关注学生劳动感悟

劳动的感悟既可以为科学积累常识,也为语文学科的习作教学积累生活的素材,促进学生的全面发展。教师可以根据学生的劳动体验来布置学生日记。鼓励学生在日记中记录自己参与劳动的过程,记录实施各个步骤时的真实体会。创作来源于生活,有自己的亲身体验,能感受到工业生产中劳动创造的艰辛和产品的来之不易,以此来积累学生的体验,培养吃苦耐劳、持之以恒的劳动品质。

(撰稿人:深圳市坪山区马峦小学 艾琴琴)

第二节　小神农：走进中草药的项目设计与实施

依托劳动实践基地,本项目案例从认识山苏——体验种植——山苏成长记——山苏与茶文化——草药的搭配——山苏美食烹饪——百草诗词文化七个方面进行尝试、探索、实践。以"劳"养德,悦"动"成长,本项目让学生在劳动中体验,在体验中收获,在收获中成长,在成长中享受劳动带来的喜悦,使学生树立正确的劳动观念,培育积极的劳动精神,培养必备的劳动能力,养成良好的劳动习惯和品质。

一　背景与理据

童耕农场,让每一个你都精彩。坪山第二小学占地面积 65 335 平方米,有得天独厚的劳动实践基地建设条件,校园环境优美,绿化率达 88%,被评为深圳市"园林式花园单位"。学校打造"悦动"劳动课程,创建"童耕农场"劳动研学基地,整体布局,细致谋划,规划了四园"百花园""百草园""百蔬园""百果园"。骨干团队围绕日常生活劳动、生产劳动、服务性劳动和"我们的节日"传统文化劳动特色课程,展开多学科融合体验探究。如:山苏故事馆、植物的秘密、一花一世界、蔬香飘满园、果园趣味多、春节欢乐多、浓浓端午情、中秋月儿圆、童心寄清明、二十四节气等体验课程。

本案例根据《义务教育劳动课程标准(2022年版)》中的农业生产劳动展开探究,根据学校"走进百草园"之山苏故事馆课程,围绕认识山苏——种植山苏——山苏成长记——山苏与茶文化——草药的搭配——山苏美食烹饪——百草诗词文化,通过观察日记、思维导图、美术作品、活动实践、居家体验等,开展各类中草药相关主题活动和系列化衍生课程,通过多次的实践、体验、探究、学习等进一步了解来自远古恐龙时期的鸟巢蕨铁角蕨科类植物。

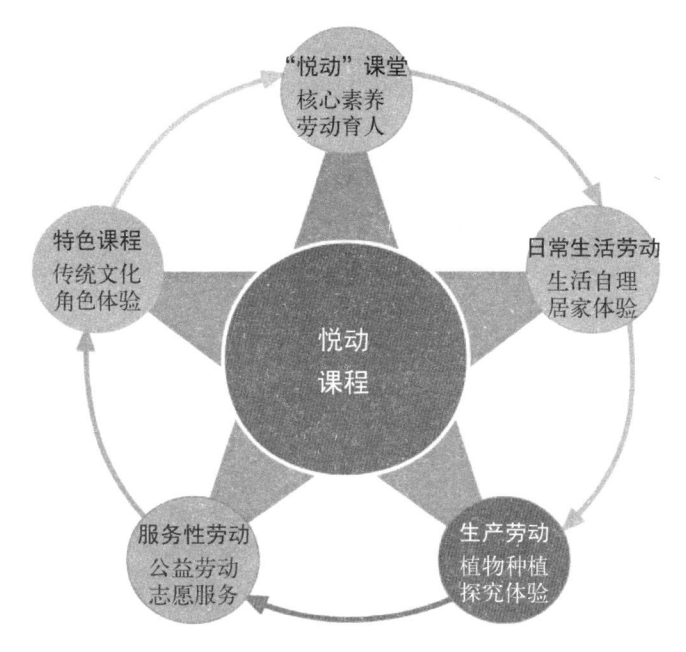

图 3-2-1 "悦动"课程
（图片由学校提供）

图 3-2-2 山苏故事馆
（图片由学校提供）

第三章 持续的生长性 / 85

二 过程与策略

结合学校"童耕农场"劳动研学基地,走进中草药之"山苏故事馆"的探索与实施,围绕农业生产劳动,展开多学科融合体验探究,根据学生经验基础和发展需要,以劳动项目为载体,以劳动任务群为基本单元,以学生经历体验劳动过程为基本要求,学段进阶安排有所侧重的课程结构。

实施策略以丰富开放的劳动项目为载体,有目的、有计划地组织学生参加日常生活劳动、生产劳动和服务性劳动体验,利用骨干团队、专业引领、学科教师、学生探究、家长资源、社会资源等,共同参与、共同体验、共同挖掘,以点带面、突出主题特色,将劳动教育与国家课程、学校活动、校本课程、家庭劳动、社会实践有机融合贯通,探索"劳动教育＆学科＋"融合创新课程教学模式,展开"1＋N"个项目式学习探究小课题。将劳动教育植入思想道德教育、文化知识教育、传统文化教育、社会实践教育各环节,形成健全的劳动体系,转化为劳动教育成果,实现知行合一,促进学生形成正确的世界观、人生观、价值观,从而让学生从小埋下热爱劳动的种子。

(一) 任务驱动

通过小组讨论,依托劳动实践基地考察探究,确定核心驱动问题:山苏有什么特点?生长在什么样的环境下?山苏是哪一科的植物?山苏有什么功效?山苏的生长过程是怎样的?需要怎样养护?它还可以有哪些用途?山苏美食探究等。由此,项目小组设计了以下七个任务:围绕认识山苏——种植山苏——山苏成长记——山苏与茶文化——草药的搭配——山苏美食烹饪——百草诗词文化,通过观察日记、思维导图、美术作品、活动实践、居家体验等,开展各类中草药相关主题活动和系列化衍生课程(见表3-2-1)。

表3-2-1 山苏故事馆

序号	活动主题	研 究 内 容	活动形式	学科融合
1	认识山苏	了解生长习性、形态特征、主要价值、思维导图识草药。	课堂教学	语文 科学

续　表

序号	活动主题	研 究 内 容	活动形式	学科融合
2	种植山苏	实践体验,探究学习,植土——浇水——松土——播种——施肥——养护。	实践体验 PBL(问题驱动教学法)	劳动教育 综合实践 科学
3	山苏成长记	探索草药的生长过程,记录草药的变化,感受种植体验中带来的乐趣,呈现劳动成果。	课堂教学 社团活动 实践体验 PBL	语文 美术 综合实践 科学
4	山苏与茶文化	通过实践体验,了解制茶的全过程,并亲手制作凉茶,了解功效及用途。	社团活动 实践体验	美术 劳动教育
5	草药的搭配	制作草药香囊、草药标本、药草书签等实践体验,进一步了解草药文化。	实践体验	美术 综合实践
6	山苏美食烹饪	结合丰收节,收获成果,利用中草药食材制作一道美食,和家人一起分享。	实践体验	劳动教育 综合实践
7	百草诗词文化	结合语文学科,通过诗配画的形式,探索有关草药的诗词,进一步了解草药的奥秘。	课堂教学 社团活动	语文 美术

(二) 实施过程

实施过程依托课堂教学(劳动课)、社团活动、观察日记、社会实践、项目式学习、日常生活体验等,进行有目的、有计划地组织学生参加农业生产劳动,从认识山苏——体验种植——山苏成长记——山苏与茶文化——草药的搭配——山苏美食烹饪——百草诗词文化七个方面进行体验探究,具体如下。

1. 认识山苏

任务一:山苏有什么特点?分布在哪里?山苏是哪一科的植物?山苏有什么功效?

通过利用主题班会、科学课、思维导图识草药等方式,小组从中讨论了解山苏的主要价值、形态特征、生长习性、草药功效。从中了解山苏的功效,可以改善肠胃功能,有助于消化,补充蛋白质(见表 3-2-2)。

表3-2-2　认识山苏

原产地	非洲至波利尼西亚一带、澳大利亚、亚洲热带区、东南亚。
分布	中国台湾境内2 500米以下中低海拔山区森林内,着生为主,偶岩生,数量非常多。
用途	1. 盆栽、寄植观赏等。其叶片为优良花材。山地同胞取其芽捣碎敷创伤,而且卷曲嫩叶可炒、煮食,亦可以煮稀饭和做泡菜。 2. 药用:微苦、凉。效用:清热解毒。 山苏具有天然秋水仙碱,食用可降尿酸、达到改善痛风的食疗作用,其低糖、低粗纤维的特性提供了爽口性口感。蛋白质含量高达36.30%,有着较其他蔬菜更高的营养价值,含有大量的矿物质。报告显示,山苏是一种高钾低盐食物,有显著降低高血压的功能。而内含高锌则可以提供生命更多的活力。
茎	根茎短而粗,缘叶自地下茎丛生,由中心向四方伸展而成巢状。
叶	叶序为丛生(簇生),叶端渐尖为阔披针形,叶脉仅中肋有明显突出,叶背其叶色正面翠绿,叶柄短而多肉,黑色基部被有黑褐色线形鳞片。叶柄短,叶片披针形,全缘些微呈波浪形,间有小缺刻,全长约70厘米,宽约10厘米。
花	蕨类无花。
果实	孢子囊群线形,位于中肋和叶缘之间,由中肋延侧脉着生。
特性	原生种,中低海拔原始森林内,附生于树干、岩壁的蕨类,基部常堆积许多其他树种的落叶而形似于鸟巢,故而得名。多年生常绿草本蕨类。冬季生育缓慢,夏秋发育快速,喜好温度介于20—30度之间,若低于15度的话则有黄化、坏疽等寒害现象。栽植则有板植、盆栽、寄植观赏等。
各种山苏花	叶片较狭长,叶片先端较突,叶缘呈波状,叶背孢子囊线形,长于叶片上半叶两侧中央,中肋较粗,作为蔬菜生产时产量较高。 圆叶山苏花:叶形较宽阔,呈长椭圆形,边缘较平整,作蔬菜生产时产量稍低,但烹调时,由于绿色叶片面积较多,颜色较为美观。 大波浪山苏花:叶缘波浪起伏更大,呈深浅不同的波浪,少作蔬菜生产。 裂叶山苏花:叶片呈波浪形,先端开裂,成不同长形态,少作蔬菜生产。

2. 体验种植

任务二:山苏在什么样的环境下适合种植?气候是怎样的?生长适宜温度是多少?种植的最佳时间?

通过利用劳动课、综合实践课等方式,实践种植体验,植土——浇水——松土——播种——施肥——养护等,从中了解到山苏喜温暖环境,生长适宜温度为20℃—25℃,在高温多湿的条件下,全年均可生长。山苏不耐寒,冬季要求温度不低于5℃。

山苏喜半阴,夏季除可接收早晨与傍晚的柔和阳光外,忌阳光直射,过强的光照会使叶片受灼伤而变黄,甚至枯焦。

3. 山苏成长记

任务三:山苏的生长过程是怎样的?需要如何养护?

通过利用劳动实践课、科学课、美术写生课、劳动社团等方式,孩子在观察过程中,记录山苏的生长过程,并从中探索山苏形态特征、生长习性、草药功效等,进一步了解山苏成长过程。

4. 山苏与茶文化

任务四:进一步体验山苏与茶文化的融合探究。

学校充分利用劳动课、综合实践课、特色社团课、学科融合等方式,探索山苏制茶的工艺全过程,通过教师讲解、小组实践,体验剪——烘——碾——制——冲——泡——品七个环节制茶过程。

(1)剪:取外围山苏叶老叶,用剪刀剪下,洗净,再用剪刀分剪成小片。

(2)烘:放入专用烤箱或空气炸锅,高温烘焙脱水。

(3)碾:烘焙脱水后的干叶片放入碾碎机碾碎。

(4)制:采用精密托盘秤,称量分组,用环保包装袋进行封口密封。

(5)冲:将山苏叶制成的茶包放进煮茶器,沸水倒入湖中。

(6)泡:根据山苏茶叶特点,选择冲泡时间,泡出茶香味。

(7)品:将泡好的山苏茶倒入茶杯中,品茶。

5. 草药的搭配

任务五:进一步体验山苏草药的搭配有何功效。

利用劳动课、社团活动、居家劳动等方式,实践体验,查阅资料,讨论所需材料,制作草药小香囊,从中了解草药的搭配、用途及功效,提升学生的劳动素养。

6. 山苏美食烹饪

任务六:进一步体验山苏美食烹饪的实践探究。

通过查阅资料、小组合作,发现农科院检测分析报告显示:山苏具有天然秋水仙碱,食用可降尿酸,达到改善痛风的食疗作用,其低糖、低粗纤维的特性提供了爽口性口感。蛋白质含量高达36.30%,有着较其他蔬菜更高的营养价值,含有大量的矿物质。

利用居家体验的方式,探索饮食中的山苏,从中学会简单的烹饪技术,煲——炒——烘——拌,了解饮食中的山苏功效及用途。比如:山苏美食烹饪、山苏奶昔制作、山苏凉菜制作等。

7. 百草诗词文化

任务七：寻找中草药与诗词文化的融合探究。

小组合作，实践体验，利用主题班会、语文课等方式，通过诗—词—吟—画的方式进行诗配画和古诗吟诵，带领同学们走进文人墨客的古诗词文化的魅力，感受草药与文化的融合探究。

三 项目评价

学校修订了《学生成长记录（素质评价）手册》，将劳动素养纳入学生综合素质评价体系，制定客观评价标准，建立激励机制，组织开展劳动技能、劳动成果展示、劳动竞赛等系列活动，全面客观记录课内、课外劳动实践成果，每项劳动体验都是根据劳动子项目的各项指标为依据，树立劳动榜样，综合评价表彰"劳动小能手"荣誉称号若干名，把学生劳动素养作为考核的重要指标，纳入学生综合素质档案、成长档案（见表3-2-3）。

表3-2-3 "我是小神农"劳动评价

项目类别	劳动称号	学生评价	家长评价	老师评价
山苏故事馆	种植小能手	☆☆☆☆☆	☆☆☆☆☆	☆☆☆☆☆
	小小护绿员	☆☆☆☆☆	☆☆☆☆☆	☆☆☆☆☆
	小小观察员	☆☆☆☆☆	☆☆☆☆☆	☆☆☆☆☆
	小小讲解员	☆☆☆☆☆	☆☆☆☆☆	☆☆☆☆☆
	小小制茶师	☆☆☆☆☆	☆☆☆☆☆	☆☆☆☆☆
	小小烹饪师	☆☆☆☆☆	☆☆☆☆☆	☆☆☆☆☆
	小小甜品师	☆☆☆☆☆	☆☆☆☆☆	☆☆☆☆☆
	小小创意家	☆☆☆☆☆	☆☆☆☆☆	☆☆☆☆☆
	我是小神农	☆☆☆☆☆	☆☆☆☆☆	☆☆☆☆☆
以上劳动称号是根据子活动的各项指标，综合评价评选得出。				

四 成效与反思

(一) 主要成效

走进中草药的项目设计与实施有健全的课程体系,循序渐进的进阶安排;有开放的劳动项目,提升学生解决问题、动手操作的能力;多学科的融合策略,注重学生主体参与实践过程;多元的评价体系,彰显劳动课程的综合育人价值。

1. 健全的课程体系,循序渐进的进阶安排

山苏故事馆的设计与制作的劳动项目是围绕劳动课程标准中农业生产劳动任务群进项开发与实施的。结合学校"童耕农场"劳动研学基地,学生亲身感受,以劳动项目为载体,以劳动任务群为基本单元,以学生经历体验劳动过程为基本要求,进阶安排。

2. 开放的劳动项目,提升学生解决问题、动手操作的能力

以丰富开放的劳动项目为载体,扩宽学生视野,丰富课程内容,走进百草园之"山苏故事馆",从认识山苏——种植山苏——山苏成长记——山苏与茶文化——草药的搭配——山苏美食烹饪——百草诗词文化等进行多次实践、体验、探究、学习,进一步了解来自远古恐龙时期的鸟巢蕨铁角蕨科类植物。

3. 多学科的融合策略,注重学生主体参与实践过程

根据农业生产劳动,学生探索"劳动教育 & 学科+"多学科融合课程探究,展开"1+N"个项目式学习探究小课题,通过课程体系,全面客观记录课内外劳动过程和结果,学生逐渐形成基本的劳动意识,树立正确的劳动观念,形成必备的劳动能力,养成良好的劳动习惯,塑造基本的劳动品质,实现知行合一,促进学生形成正确的世界观、人生观、价值观。

4. 多元的评价体系,彰显劳动课程的综合育人价值

运用 PBL 学习理念,学生根据感兴趣的内容来探索学习,注重学生主体参与实践过程及在这一过程中所表现出来的积极性、合作性、操作能力和创新的意识。每项活动都是根据子活动的各项指标,综合评价评选得出。表彰"劳动小能手"若干名,树立劳动榜样,教育影响全体学生。

(二) 案例反思

1. 劳动课程目标要聚焦育人目标

要在全面发展与个性发展之间寻找平衡点。按照年级和学期推进学程设计,实现课程内容的完整联结和内在贯通。

2. 课程实施要激活课程实施的多元路径

要由符号学习向实践学习、交往学习和体验学习等具身学习方式转变,提升学校课程实施活跃度和学习者课程参与性。

3. 课程衔接要立足核心素养发展

建构起结构完整、方向一致、目标聚焦的一体化课程体系,实现前继课程与后续课程彼此关照、融合和印证,更好地服务课程育人价值的实现。

(撰稿人:深圳市坪山区坪山第二小学　孙圆圆)

第三节　小布袋：环保布袋的项目设计与实施

布艺是我国民间工艺中的一朵瑰丽的奇葩。一块简单的布,在经过各种巧妙的裁剪、缝制、涂鸦等过程后,变身为实用又美观的布袋、围裙等。将环保、手工制作的理念带入学校的课堂中,不仅让学生学习手工制作的劳动技能,更将"保护生态环境从我做起"的生态意识在每个孩子的心中扎下了种子,并通过"小手拉大手"的形式,将简约适度、绿色低碳的生活理念带入家庭。

一　背景与理据

在生活中,小布袋便于携带、用途广泛,可以购物或出行时放置物品,也可以收纳归类玩具、学习用品等。学生通过参与手缝劳动,自己设计制作精致的小布袋,深化劳动意识,在学习与劳动实践过程中逐步形成适应个人终身发展和社会发展需要的正确价值观、必备品格和关键能力。学校开展了"校园标识牌我设计"的项目活动。

二　过程与策略

本项目在四年级的具体任务是围绕帆布袋的设计与制作展开,主要由任务驱动、知识拓展、产品设计、制作实践、汇报分享共五个阶段组成。

(一) 任务驱动

明确需求,通过小组的讨论,逐步确定核心驱动问题：如何设计并制作一个环保、耐用、美观的帆布袋？布袋有什么作用？怎样根据不同的需求,设计不同的布袋呢？

以此促进他们高阶思维的发展,提升问题解决的能力。

(二) 知识拓展

知识拓展部分主要为帆布袋的结构及缝制方法,让学生初步了解帆布袋的结构、缝制帆布袋的基本缝合针法,提升家政技能和实践操作能力,培养提升产品质量的意识和精益求精的劳动精神。

1. 明确不同布袋的用途

学生以小组为单位,说一说各种布袋分别适合在什么情况下使用。逐一分析袋子的结构,对比分析它们的优缺点,明确不同布袋的用途,完成下表的内容(见表3-3-1)。

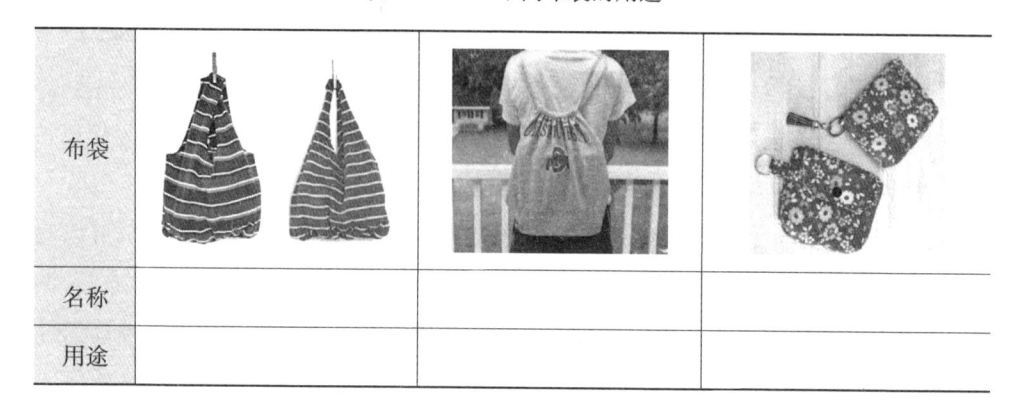

表3-3-1 不同布袋的用途

布袋			
名称			
用途			

小组完成表格后,进行交流讨论,分享自己对不同类型帆布袋的看法,并与小组商量确定自己小组的帆布袋类型。引导学生找一找生活中的布袋,说说它们各有哪些有创意的设计。

2. 确定布料,巧设功能

帆布袋的布料通常是由帆布制成,这种材料有很好的耐磨性和耐用性,可以经受长时间的使用。在设计帆布袋的功能时,可以考虑以下几点。大容量设计:帆布袋可以设计成大容量的款式,可以容纳更多的物品,比如书籍、文件、衣物等,方便日常使用。多口袋设计:在帆布袋的设计中可以增加多个口袋,方便分类存放物品,如手机、钥匙、笔记本等,让使用者更加便捷地找到需要的物品。防水设计:可以在帆布袋的内部或外部加上防水涂层,保护物品不被雨水浸湿,适合外出使用。肩带设计:设计帆布袋时可以加上可调节的肩带,方便携带,减轻肩部负担。内衬设计:可以在帆布袋内部加上柔软舒适的内衬,保护物品不受划伤,增加使用舒适度。帆布袋的设计功能可以根据不同的需求进行巧妙设置。

(1)学生讨论如何根据布料进行设计,如何设计布袋造型,设置布袋功能。

(2)得出结论:可利用生活中闲置的衣物制作创意布袋。根据需求设计不同形状、不同提手、不同封口方式的布袋。根据不同用途设计不同功能的布袋。

3. 帆布袋的缝制方法

小组进行交流讨论,分享自己对不同类型帆布袋的看法,并与小组商量确定自己小组的帆布袋类型。然后进行手缝针法的学习。由于学生对缝制针法了解不多,教师需提供常见的缝合针法的基本教程,让学生跟着练习,然后进行自评。

帆布袋的缝制方法一般分为以下几个步骤。

准备工作:准备好帆布面料、针线、裁剪工具以及其他所需的辅助材料。设计与裁剪:根据需要设计好帆布袋的样式和尺寸,然后将面料裁剪成合适的大小。缝制底部:将面料两侧对折,用针线将底部封口缝合。缝制侧面:将底部缝合好的帆布面料展开,依次将两侧对折,用针线沿着边缘缝合侧面。添加口袋:根据需要在帆布袋的内侧或外侧缝制口袋,并将口袋固定在合适的位置。定制细节:根据喜好可以在帆布袋上添加拉链、扣子、装饰等细节。整理收尾:最后将帆布袋的线头剪除,将未缝合部分的线头用针线缝合好,确保布袋结实牢固。

表 3-3-2 缝制方法

缝合针法	步 骤	自评(缝制情况)
平针缝		
包边缝		

续 表

缝合针法	步 骤	自评(缝制情况)
回针缝		
……		

(三) 产品设计

产品设计部分主要为学生根据帆布袋的使用要求、场景选择材料并制订符合自身需求的创意设计方案,并绘制简单的产品技术图样,根据图样加工制作产品模型或原型,完成产品组装、测试、优化。这个过程是本项目很重要的一部分,可以使其理解工业生产劳动对人类生活、生产的重要作用。设计小布袋,不仅要根据它的用途来设计造型,还要选择合适的布料、缝线和针法,才能使布袋美观又实用。

1. 仿照下面的示例,进行小布袋的设计(见表 3-3-3)。

表 3-3-3 小布袋的设计

折叠式布袋的设计	
设计者姓名	明明
主要功能、用途	购物、收纳
工具和材料	针、线、剪刀、布、纽扣、橡皮筋
设计图	
设计说明	给布袋设计了提手、橡皮筋和纽扣,让妈妈可以在购物前把布袋卷起来,购物后扣上纽扣就不怕东西掉出来了。

根据自己的需求,设计一个布袋。设计完成后,和同学交流设计思路,修改方案。

表 3-3-4 小布袋的设计

材 料	旧衣料
工 具	针、线、剪刀、布、纽扣、橡皮筋
我的设计图	
我的设计说明	1. 鲜艳天蓝色 2. 有长长的背带 3. 有小爱心纽扣 4. 大容量布袋 5. 可放下五本书 6. 结构简约

2. 活动总结,评价分析

(1) 总结小布袋设计过程中的心得,并将探究过程进行填写(见表 3-3-5)。

(2) 完成下面的活动评价表,对此次合作时间进行反思。

表 3-3-5 活动评价表

评 价 项 目	自我评价	小组互评	教师评价
能根据需求设计布袋缝制方案	♡♡♡	♡♡♡	♡♡♡
设计方案有创意	♡♡♡	♡♡♡	♡♡♡

续 表

评 价 项 目	自我评价	小组互评	教师评价
能绘制设计图,准确地表达创意	♡♡♡	♡♡♡	♡♡♡
体验设计创作的乐趣	♡♡♡	♡♡♡	♡♡♡

(四) 制作实践

学生根据自己的设计方案挑选制作过程所需的材料,同时思考制作标识牌时使用工具有什么注意事项,自行制作帆布袋,将创意物化为实体。在实践操作过程中,学生根据需要反复修改作品,肯定自身作品的同时悦纳他人建议,并为他人提供力所能及的帮助。在过程中教师引导学生学会使用工具,并强调注意事项,制作过程中教师监护学生避免危险事故的发生,使学生体验劳动的艰辛和快乐,形成劳动效率意识、劳动质量意识,养成热爱劳动的积极情感。

1. 填写完成下面的操作步骤表(见表 3-3-6)。

表 3-3-6 操作步骤表

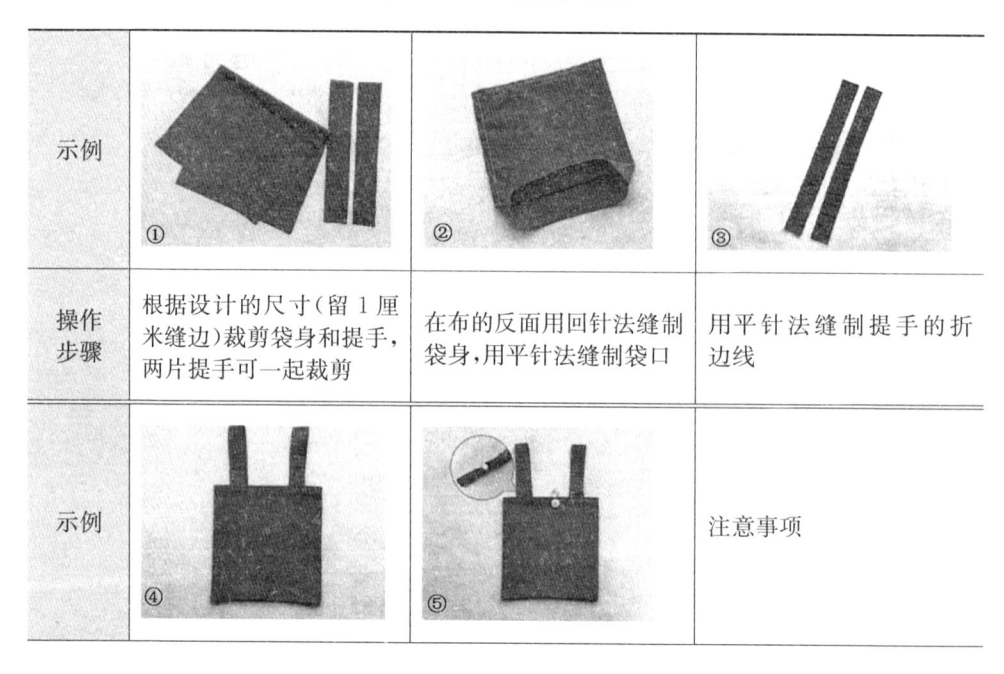

示例	①	②	③
操作步骤	根据设计的尺寸(留1厘米缝边)裁剪袋身和提手,两片提手可一起裁剪	在布的反面用回针法缝制袋身,用平针法缝制袋口	用平针法缝制提手的折边线
示例	④	⑤	注意事项

续 表

操作步骤	用回针法在袋口折边处缝上提手	翻出正面,在袋口中间位置缝上扣子和橡皮筋;把布袋折叠后卷起来,扣上纽扣以便收纳	用回针法在袋口折边处缝上提手,可以让提手更牢固

2. 规范操作,组内成员进行记录(见表3-3-7)。

表3-3-7 设计记录表

设计图				
解说	① 根据设计的尺寸对布料进行裁剪	② 在布的反面,用回针法缝制	③ 翻出正面,用平针法缝袋口	④ 缝上花边、扣环、纽扣、小花

(五) 汇报分享

学生完成布袋的设计与制作等一系列活动中,通过层层挑战,最终完成劳动成果,注重细节的重要性,在展示劳动成果的过程中,真切感受劳动对于自己今后的个人生活和家庭幸福的意义,懂得劳动创造美好生活的道理,树立劳动最光荣、劳动最美丽的观念。

(1) 制作完成后,以小组为单位总结学习制作小布袋过程中的心得,并将制作过程中拍摄的视频录像等一一展示,通过这个环节,学生能体会到设计的乐趣和劳动的收获,增加学生的成就感。

(2) 完成下面的活动评价表,对此次合作实践进行反思(见表3-3-8)。

表 3-3-8　活动评价表

评 价 项 目	自我评价	小组互评	教师评价
能根据设计方案缝制布袋	♡♡♡	♡♡♡	♡♡♡
能选择合适的手缝针法缝制	♡♡♡	♡♡♡	♡♡♡
缝制时能遵守安全规范	♡♡♡	♡♡♡	♡♡♡
缝制时能专心致志	♡♡♡	♡♡♡	♡♡♡

三　成效与反思

经过学生的精心协作,一个个美观精致的手提袋成功完成了。缝制小布袋的过程让学生充分发挥想象,展开想象的翅膀。有的小朋友给小布袋缝上花边,有的把小布袋做成了简单的几何形状,有的还给小布袋做了个小内袋,有的同学贴上了可爱的卡通人物;还有的同学绣上了漂亮的小花朵。学生做的布袋有大有小、千姿百态、各有特色,都有成功之处。小朋友们纷纷表示,以后出门可以带上自己绘制的帆布袋,减少使用塑料袋,为环保事业尽自己的一份力量。

"小布袋:环保布袋的项目设计与实施"是围绕劳动课程标准中的任务群进行开发与实施的。在开发过程中根据学校的实际情况(学生相关发展需求大,学生兴趣高等)选择的适宜的生产项目。本项目将单一、窄化的劳动课以项目化的方式进行实践,转变了学生的学习方式,从被动体验劳动转型到主动学习探索劳动、从体力劳动转型到手脑并用的综合劳动,学生在不断感受生活处处有知识、知识来源于生活又运用于生活这样系列化的经历,在实践中落实了劳动素养的提升。让学生在具体实践探究的项目中养成热爱劳动、脚踏实地、不怕困难的好习惯。劳动教育是素质教育的重要因素,没有劳动教育是不完整的教育。教学是一种特殊的交往实践。[①] 通过实施劳动教育课程,目的是提高学生的劳动技能和改变劳动行为的习惯,尤其是形成劳动意志和品质以及通过劳动改变不利处境的志向和信心。生产劳动是教育学生热爱劳动和道

---

① 李森.现代教学论纲要[M].北京:人民教育出版社,2018:71.

德上成熟起来的重要途径,劳动教育是对年轻一代参加社会生产的实际训练,同时也是德育、智育和美育的重要因素。① 素质教育应该"以劳育人,以劳促体,以劳促智,以劳促素"。所以,让劳动教育回归,培养学生正确的劳动观念与素养,形成劳动习惯,并使学生掌握一定的劳动技能是素质教育的重点。

(一) 极大地激发了学生参与劳动的主动性、积极性和创造性

本课程能够很好地激发学生的表现欲望,树立学生的自信心,在传授缝布袋的每个步骤时,引导学生说、看、练。既充分调动了学生课堂互动参与的积极性,又帮助学生在活动中掌握缝纽扣的技能,对学生的日常劳动具有真正落地的指导意义,在活动中使学生学会与他人合作劳动,珍惜劳动成果。学生在缝布袋的过程中,不仅提高了学生操作能力,体会到劳动成果的来之不易,而且深化成学生内心的一种潜意识。

(二) 体现"双减"的指导精神

在课程穿插一些简单载有知识性的游戏,使学生做到在玩中学,积极引导学生深入体会设计和制作的乐趣。学生可以进行天马行空的设计与创造,这也就意味着本课程教学框架下学生的劳动是没有过多的形式限制。完成初始目标后,学生亦可以根据自身需求进行任务拓展、技能迁移。

(三) 教学设计思路非常出彩

本案例依据课标要求进行设计,又贴合最近的劳动热潮,面面俱到,使学生在劳动方面能做到内外兼修,有利于激发学生的想象力,提高学生创造力,发散学生的创新思维。

(四) 评价反馈是贯穿整节课的重要环节

课程评价分为形成性评价和总结性评价,既肯定学生的阶段性学习成果,又根据学生的回答进行精准性点评。其实在学生展示评价的同时,也是自我反思和改进的一个过程。每个小任务后有相应的评价,根据每个任务的完成情况计算所得"爱心"个数。根据自己每个任务的完成情况,在小组内分享,推选出优秀学员在班级内分享。

---

① 苏霍姆林斯基.苏霍姆林斯基论劳动教育[M].北京:教育科学出版社,2019.

并将劳动素养纳入学生综合素质评价体系,制定评价标准建立激励机制,建立公示、审核制度,确保记录真实可靠,把劳动素养评价结果作为衡量学生全面发展情况的重要内容。

(五) 生活即教育,劳动即生活

俗话说:没有搬过重物就难以思考省力的方法,未亲手制作过物品就难以理解物品的珍贵,未亲自创作过就难以理解艺术的价值。很多技术的难题源自日常生活劳动,其解决的方法也可能受益于劳动中蕴涵的知识。此次活动让学生在实践中体验,不仅激活学生创造力,还唤醒学生的生命力,真正潜移默化地促进学生重智崇劳、全面发展,树时代新人。

在今后设计劳动活动的过程中,教师要为促进学生思维发展而教,为核心素养的形成和发展而教,劳动既是方法也是载体。劳动课与一般学科课程的区别非常明显,劳动课更加注重学生动手实践并在实践过程中感受劳动的快乐和设计的成就感。学生年龄较小,教师要注意设计活动的可行性和趣味性,更加注重学生动手实践并在实践过程中感受劳动的快乐和设计的成就感。同时教师要注意给学生创设自由交流的空间,在本课程中给予学生实践时间太短了一点,没有给学生试错的机会,试错的过程中也是一种学习,能够激发学生对于遇到的问题的好奇心、探究欲望,课程深度方面需要更加细致地挖掘。项目实践要注重引导学生通过探究、设计、制作等方式获得丰富的劳动体验,习得劳动知识与技能,感悟和体认劳动价值,培育劳动精神。

(撰稿人:深圳市坪山区正阳小学　刘慧敏)

第四节　小种植：五彩园活动设计与实施

卢梭说:"所有孩子的早期教育应该在大自然中进行。"只有孩子知道了自然中的运作规律,了解了春耕秋收的自然节律,他们才能更好地尊重生命,懂得感恩以及热爱当下的生活,也才能摆脱或者避免沦为五谷不分的"生活盲者"。"小种植:五彩园活动"案例使学生在实践中体验劳动的快乐,感受丰收的喜悦,感慨收获的不易。一分耕耘、一分收获,成功无捷径,只有辛勤的汗水才能培育出丰硕的果实。

一　背景与理据

劳动,让生活更美好。如今,随着人们生活水平的日益提高,有些学生可谓是"五谷不分"。他们一直生活在父母的庇护之下,很少有学生能真正地体会到劳动的乐趣。[1] 记得在科学课上种植凤仙花,同学们不时地向我汇报他们的发现,也引来其他同学羡慕的目光,很多同学都来问我:"老师,我们也能种植凤仙花吗?""凤仙花有什么用啊?"……在孩子们眼里,植物的根、茎、叶、花、果实、种子,都有一个个讲不完的故事,深深地吸引着他们的兴趣。看着他们期望的目光,我怎么忍心拒绝呢?于是我一个个地耐心讲解,同学们听得津津有味,看着同学们一双双渴望知识的大眼睛,我的脑海中突然闪过一个念头,为何不让学生自己来种植呢?让学生既在劳动中学习科学、生物、化学等多学科的知识,也在劳动中获得劳动技能,开阔视野,从而培养学生细致观察、积极探索、相互协助、大胆表达等多方面的能力,还收获了快乐。同时,在各种实践活动中,他们也能够掌握自主学习的方法,形成良好的探索习惯,为其终身发展奠定基础,这不也能更好地践行我们新课标的精神吗?

---

[1] 何云峰,宗爱东.中小学劳动教育的现状、问题及对策[J].教育伦理研究,2020(6):34-39.

二 过程与策略

（一）活动内容

"小种植：五彩园活动设计与实施"以蔬菜种植为主题，包括课堂教学、种植实践两个模块，课程主要内容包括认识蔬菜和蔬菜生长的环境条件、蔬菜的种子和播种、蔬菜的定植与管理、蔬菜的收获、蔬菜的分类、蔬菜的营养与保健、现代蔬菜栽培技术等，结合课程内容开展课堂教学和种植实践，并设计实践安排表、"我的发现"记录问题卡和种植日志，让学生记录自己的学习和种植历程。

"小种植：五彩园活动设计与实施"注重综合性和实践性[1]，强调与学生身边的文化生活实际相联系，积极有效地倡导主动学习、积极参与、勤于探索动脑动手、善于合作的新型学习方法，鼓励和促进合作学习，尤其注重学生的实践能力与探究能力的培养，主要通过课堂教学、种植实践两个相互联系的模块来进行课程的实施。

课堂教学是课程教学的重要途径。在课堂教学中，根据课程的内容，采用传授、问题解决、合作探究等多种教学方法，侧重于让学生主动学习、自主探究，发现知识、建构知识，通过课堂学习，学生认识蔬菜并了解蔬菜生长的环境条件、蔬菜的种子和播种、蔬菜的定植与管理、蔬菜的收获等蔬菜种植的基本理论知识，深入了解蔬菜的分类、蔬菜的营养与保健等知识，最后展示了现代蔬菜栽培技术，并将蔬菜种植落实到生活中，探索家庭和阳台种菜的相关知识。

种植实践是"小种植：五彩园活动设计与实施"的核心环节。[2] 为了让学生更好地消化和吸收课堂学习到的理论知识，我们将学生带到种植园，让学生在自己的"责任地"中进行实践和探究，每一个学生都亲身体验从整地做畦、施基肥、播种、定植、施肥、浇水、松土、植株调整、病虫害防治到收获的所有种植环节，并把自己亲手种植的蔬菜带回家里与家人共同分享。此外，我们还设计了实践安排表、"我的发现"问题卡和种植日志，学生每周通过对其的填写并结合绘画、摄影等多种形式来积累材料，记录自己的种植历程。与此同时，还将蔬菜种植延伸到家庭，鼓励学生尝试在家中阳台上用花盆种植蔬菜。

---

[1] 葛微萍.小学综合实践活动中学生实践能力的培养[J].宁波大学学报（教育科学版），2015（2）：128-129.
[2] 蔡其勇.综合实践活动理论与实施[M].成都：电子科技大学出版社，2005：9.

1. 活动目标

(1) 通过种植活动,使学生了解这些植物各部分的组成及作用,如:种子的内部结构、花的结构特征、根茎的作用。

(2) 经过种植的"翻土——整地——施肥——播种——管理"等环节,通过写观察日记、拍照、录视频等多种方式,记录植物在不同时期的生长特点,同时了解不同植物的不同种植方法。

(3) 通过蔬菜种植活动,树立正确的劳动观念,端正劳动态度,养成良好的劳动习惯,并培养良好的道德品质。

(4) 通过小组活动,使学生学会分享共同的劳动成果,学会相互合作。

(5) 培养学生的劳动观念,激发学生劳动的热情,体会劳动人民劳动的艰辛,从而达到珍惜和分享劳动成果的教育目的。

2. 活动安排

(1) 活动方法:把学校种植基地划分成多块8小片区,每片区由5个学生负责。

(2) 活动形式:实行小组负责制。每个小组自己所属的方块实行"四包":包种植、包培育、包管理、包收获。

3. 活动计划

通过小组讨论,确定核心驱动问题:根据种植的安全性和种植环境,怎样选择合适的种植位置?想种植什么植物?如何进行植物的播种与护理?花授粉的方法有哪些?果实如何进行护理?通过观察日记、思维导图、活动实践、居家体验等,开展各类相关主题活动和系列化衍生课程(见表3-4-1)。

表3-4-1 "五彩园"种植活动

序号	活动主题	活动内容
1	选址	分析种植地址安全性和种植环境是否适宜
2	整地	清除杂草,翻土整地,划分区域
3	设计	制定种植方案
4	选种	知道选种正确方法,解剖了解种子内部结构
5	播种	指导所选种子的种植方法,育苗,抛种

续 表

序号	活动主题	活动内容
6	栽培	统计种子成活率,挑选优苗
7	管理	认识肥料种类,施肥的合适时间,虫害的处理办法
8	藤架搭建	准备搭建材料,分析搭建方法,小组动手搭建
9	花授粉	认识花的结构,传播花粉的途径,人工授粉
10	果实护理	认识果实的种类,知道保护果实的方法
11	收获	分析果实的成熟度和采摘方法,小组进行采摘
12	分享品尝	分析果实的贮存方法,小组分享品尝
13	园区整理	了解生物堆肥的方法,利用残枝落叶进行堆肥
14	成果展示	观察日记、照片、视频、实物

4. 成果展示

(1) 展示学生的观察日记,照片墙和视频集放在平板电脑上供学校学生浏览。

(2) 开展美食分享会,分享种植基地植物的丰收成果。

(二) 实施过程

知行合一,感受成长。春暖花开,新的学期已悄然而至,根据活动实施计划,我们齐力共建"五彩园"。具体如下。

1. 种植园选址、整地

(1) 活动目标

学生通过网上查阅资料、图书馆查阅、询问他人的方式,了解植物的品种、特点、生活习性等,分析种植地址安全性和种植环境是否适宜,最终确定种植园的位置。学生分小组清除杂草、翻土整地、划分区域。

(2) 学生活动

① 课前活动:学生通过网上查阅资料、图书馆查阅、询问他人的方式,了解植物的品种、特点、生活习性等,初步了解选择种植植物的位置的方法。

② 室内活动:通过课前的任务安排,小组合作分析种植地址安全性和种植环境是

否适宜,通过小组汇报总结,最终确定选址的条件。学生观看视频,了解整地的方法,学会使用锄头、镰刀、铁铲等整地工具。

(3) 室外活动

学生走出教室,到达植物园,根据选址方法最终确定种植的区域。学生分小组到各自的区域除杂草,翻土整地。分工合作,互帮互助。

2. 制定种植方案

(1) 活动目标

成立研究小组,结合季节以及儿童的实际情况,制定切实可行的活动计划,确定了种植的方案。

(2) 学生活动

研究小组合作的方式,组内讨论这学期的种植计划;开展组间分享会,共同商量填写种植计划表。

3. 选择种子播种

(1) 活动目标

学生知道选种的正确方法,通过解剖种子了解所选种子内部结构;画出种子内部结构图。教师指导所选种子的种植方法、育苗、抛种等知识。

(2) 学生活动

① 室内活动:学生用多种方法去选择颗粒饱满,没有受到损伤的种子;知道解剖种子的方法和步骤,动手解剖种子,并画出种子内部的结构图。

② 室外活动:学生到种植园分区域进行播种。

4. 幼苗栽培,幼苗养护

(1) 活动目标

统计种子成活率,挑选幼苗;认识肥料种类,施肥的合适时间,虫害的处理办法。

(2) 学生活动

① 室内活动:学生通过视频和文本资料了解判断优苗的标准;学习统计种子成活率的方法;学生通过视频和资料了解幼苗养护的方法:认识肥料种类,施肥的合适时间,虫害的处理办法。

② 室外活动:学生到种植园管理幼苗,去掉一些病虫害的幼苗;然后统计幼苗,计算种子的成活率;学生进行幼苗移栽。

5. 藤架搭建

(1) 活动目标

准备搭建材料,分析搭建方法,小组动手搭建。

(2) 学生活动

① 室内活动:分析哪种植物需要进行藤架的搭建;通过查阅资料后,讨论合适的搭建材料和方法。

② 室外活动:学生到种植园动手搭建藤架,分工合作,互帮互助。

6. 花授粉

(1) 活动目标

认识花的结构,了解传播花粉的途径,如人工授粉。

(2) 学生活动

① 室内活动:对花进行解剖,认识花的构造,画出花的结构图;通过查阅资料了解花粉传播的多种途径;遇到没有自然授粉的花,进行人工授粉。

② 室外活动:学生到种植园观察花的构造,分析花的授粉情况,必要时进行人工授粉。

7. 果实护理

(1) 活动目标

认识果实种类,知道保护果实的方法。

(2) 学生活动

① 室内活动:通过查阅资料了解植物果实的类型;不同类型果实的不同护理方法;解剖植物的果实,并画出果实的构造图。

② 室外活动:学生到种植园对果实进行护理。

8. 果实采摘

(1) 活动目标

分析果实的成熟度,果实的采摘方法,小组采摘。

(2) 学生活动

① 室内活动:学生学会辨别果实的成熟度;了解果实的采摘方法。

② 室外活动:学生到种植园观察果实,小组采摘成熟的果实。

9. 分享品尝会

(1) 活动目标

分析果实的贮存方法,小组分享品尝。

(2) 学生活动

小组讨论分析果实的储存方法;学生装扮教室,开展美食分享会,各组成员把小组采摘的果实在分享会上分享品尝,体会收获的喜悦。

10. 园区整理

(1) 活动目标

了解生物堆肥的方法,利用残枝落叶进行堆肥。

(2) 学生活动

① 室内活动:通过查阅资料或者观看视频了解生物堆肥的方法;小组合作用不同的方式(韦恩图/流程图)画出生物堆肥的步骤和方法。

② 室外活动:学生到种植园进行残枝落叶的整理,小组合作进行生物堆肥。

11. 成果展示

(1) 活动目标

课程成果展示:观察日记、照片、视频、实物。

(2) 学生活动

① 室内活动:整理材料,如观察日记、照片、视频、实物等,分类整理成册。

② 室外活动:在一楼长廊布展,进行成果展示。

(三) 活动评价

通过建立学生学习过程档案和收集学生学习成果的方法,以定性为主、量化为辅、自评与他评相结合的多维评价方式,对学生参与综合实践活动过程中的学习态度、合作精神、探究精神、学习能力、收获与反思进行评价。

表 3-4-2 评价表

评价标准	评价等级		
	自 评	师 评	自 评
我在劳动过程中学到了很多知识和方法	☆☆☆☆☆	☆☆☆☆☆	☆☆☆☆☆
劳动让我感到快乐	☆☆☆☆☆	☆☆☆☆☆	☆☆☆☆☆
我自觉并认真地完成任务,有始有终	☆☆☆☆☆	☆☆☆☆☆	☆☆☆☆☆

续 表

评价标准	评价等级		
	自 评	师 评	自 评
我能够积极参与小组合作,互帮互助	☆☆☆☆☆	☆☆☆☆☆	☆☆☆☆☆
我能熟练使用工具	☆☆☆☆☆	☆☆☆☆☆	☆☆☆☆☆
劳动中我能发现问题、思考问题、解决问题	☆☆☆☆☆	☆☆☆☆☆	☆☆☆☆☆

四 成效与反思

"五彩园"种植活动实施以来,以活动为载体,学生见证了一粒种子的成长过程,体会到了从种子变成美味蔬果的过程中农民付出的辛苦,懂得了尊重劳动者与奉献者,而这正是劳动本身带给学生的成长。与此同时,丰富多彩的活动为学生间互相交流学习创造了机会,从播种时的翻土整地到育苗管理,再到展示种植记录和感受果实成熟时的喜悦,每名学生的合作意识与分享意识在活动中都潜移默化地提高了,事实上学生最大的收获不是蔬菜,而是成长。种植课程为久居都市、过着"饭来张口,衣来伸手"生活的孩子们带来了亲近泥土的机会,活动开展既有教师的讲授又有学生的自学,是理论与实践的激情嫁接,也是知与行的完美结合。

(一) 利用社会实践活动,培养学生热爱劳动

生活即教育,劳动伴成长。劳动不是仪式和口号,而是一种赋予孩子们幸福生活能力的教育。学校开展"五彩园"劳动课,弘金地学校的学子们通过亲身实践、出力流汗,呵护每一株小苗的生根、发芽、开花、结果,很多孩子不禁感慨"吃到一棵自己种的菜可真不容易啊""真的是'谁知盘中餐、粒粒皆辛苦'呀"……活动让同学们学会了感恩,懂得珍爱劳动成果,以实际行动让"做中学""学中做"生根、发芽、开花、结果。

(二) 利用校园种植基地,培养学生种植技能

利用校园种植基地,教师进行指导、学生亲自动手实践,使学生掌握简单的栽培技

术。这些实践活动,提高了学生自主参与活动的灵活性,使学生更熟练地掌握劳动方面的技能。

(三) 开展"五彩园"种植活动,拓展学生种植空间

学校开发的校本课程"小种植:五彩园活动设计与实施",不仅向学生传授蔬菜瓜果知识、种植方法,而且组织开展实践活动,充分引导学生通过蔬菜花盆种植,让学生在亲自种植中发现种植问题,并思考解决方法,培养学生自主学习和协作解决实际问题的能力,引导学生研究蔬菜种植的常见问题,形成科学种植蔬菜的思路。

(四) 培养合作互助精神,完善学生健全人格

作为一切教育过程基础的应该是学生通过与他人的共同活动而形成的积极自主的个人独立的活动,而一切教育的科学与艺术都应该为互相合作激发、引导和调节学生的自主活动提供支持。在蔬菜种植过程中,学生主动地跟他人合作,跟环境互动,体现了合作互动精神。

弘金地学校将进一步探索劳动教育新模式,提升劳动教师专业素养,搭建劳动教育新平台,让劳动之风吹拂在每一位学子心中,助力他们成长为德智体美劳全面发展的时代新人。

(撰稿人:深圳市坪山区弘金地学校　张燕玲)

第四章

发生的融合性

教育是有目的、有意识、有计划地培养人的活动,教育以人的发展为前提,这种发展是个体身心一体化的发展,也是个体德智体美劳的全面发展。本章设计四篇劳动育人实践活动案例,形成学——思——行——评——用的动态劳动育人过程,构建五育融合、身心一体全面发展的内容形态和结构体系。

"不惰者,众善之师也。"劳动创造美好生活,寓教于劳,育才于勤,劳动是学生身心健全发展的一堂必修课,也是五育融合的重要突破口,我们该如何上好这堂课?

"五育"融合是实现全面发展育人的基本途径。具身认知理论认为身体和心智是统一的,即心智化的身体和身体化的心智,身体及其活动方式与认知和情绪等心智过程相互影响。① 我们的认识和学习活动,形成于身体,由身体建构,心智植根于身体,身体植根于环境。② "五育"要坚守育人本质,就要注重身体和心智的统一,因此,教育活动中要以身心一体的整全的人的发展来融合德育、智育、体育、美育和劳动教育。关于"五育"融合的探讨,马克思主义教育学也对其进行了详细而独到的阐释,该理论将德育、智育、体育、美育和劳动教育看作有机统一的整体,意味着每一种教育活动都作用于人发展的诸多方面,包含着生命、知识、道德和审美四个维度的发展。在复杂的劳动活动中,人需要调动关于生命、知识、道德、审美等诸多素养共同参与,通过身体活动促成认知生成,通过劳动情境增强情感体验,在身心一体与环境的互动和影响中完成复杂的劳动活动。因此,劳动教育活动不仅包含了四个维度的发展,因其综合性和实践性,还实现了德育、智育、体育、美育和劳动教育的融合。在劳动教育活动过程中人对生命、知识、道德、审美的认知得到了增强,"五育"实现了融合,人得到了全面发展。从人的全面发展角度出发,马克思主义教育学"五育"融合理论与具身认知所倡导的身心一体论不谋而合,具身认知所倡导的身心一体为其提供了理论支撑。

各育和身心的分而育之,是阻碍人全面发展的重要成因。教育在本质上是一种不断赋予和发展个体的自然人以人类本质属性的过程,亦即使人成为人的过程。③ 教育的成效最终也是发生于人本身的实践活动,而"实践,首先是指劳动。"④因此,如何将

---

① 叶浩生.身体与学习:具身认知及其对传统教育观的挑战[J].教育研究,2015,36(4):111.
② 叶浩生.身体与学习:具身认知及其对传统教育观的挑战[J].教育研究,2015,36(4):114.
③ 项贤明."五育"何以"融合"[J].教育研究,2024,45(1):41-51.
④ 常卫国.劳动论.《马克思恩格斯全集》探义[M].沈阳:辽宁人民出版社,2005:210.

人身心一体的"五育"融合落到实处,在人本身的活动中发生教育实效——人的全面发展,是本章劳动教育活动尝试探讨的问题。本章设计四篇劳动育人实践活动案例,重视劳动教育的情境性、劳动教育内容的丰富性、强调过程体验、注重方法多元、强化和升华劳动成果的意义,在全身心的参与中获得实践经验,在真实的情境中破除身心限制,培养完整的、实践的、主体的和自由的人。[1] 从课堂育人走向实践活动育人,形成学——思——行——评——用的动态劳动育人过程,构建"五育"融合、身心一体全面发展的内容形态和结构体系。

真实的劳动问题是本章劳动实践活动的打开方式,有从环保问题打开的"小布袋:DIY环保袋的设计与实施"案例,有从"孝"文化打开的"小花匠:玫瑰花折纸项目设计与实施"案例,还有从个人劳动问题打开的"小帮厨:简易蛋炒饭的项目设计与实施"案例和"小收纳'整理课桌'劳动项目设计与实施"案例。小学是学生价值观形成的初期,根据小学生身心发展规律,案例设计发现问题——示范学习——观察思考——动手实践——互动评价——回归生活五个环节,在孩子们心中播撒劳动的种子,让他们懂得物力维艰,学会自立自强,树立正确的三观。逐步实现小学生劳动观念、劳动能力、劳动习惯和品质及劳动精神的纵向进阶,从问题解决上升到价值引领,无声无息地影响学生人格的形成,力争实现学生身心一体化的"五育"全面发展。劳动勤于手,美德践于行。

(撰稿人:深圳市坪山区碧岭实验学校 秦 臻)

---

[1] 周召婷,阎亚军.具身劳动教育:学校劳动教育的一种样态[J].教育学术月刊,2021(12):106-107.

第一节　小环保家：DIY 环保袋的设计与实施

洁白的帆布袋是最好的画板，一盒颜料、几支画笔，描绘出美好心情，勾勒出精彩想象，每一笔线条、每一抹色彩，都是对环保的期许。经过大家的奇思妙想焕发出别样的生命力，在一双双巧手中"秀"出百变造型。"小环保家：DIY 环保袋的设计与实施"将带入学校课堂中，将"低碳生活，绿色环保"的理念传递给校园内的每一位同学，更好地宣传环保思想，传递环保理念。

一　背景与理据

劳动教育，是中小学生健康成长和全面成才的迫切需要。

步入 21 世纪以来，"知识经济的崛起，更加开放的市场经济，更加完善的政府治理结构，更加先进的科学技术，更加多元的社会文化，以及更加丰富、快捷的生活方式，成为劳动教育的社会背景"。

首先，"以技换劳"更宽广和深刻。正像恩格斯所指出的"劳动本身一代一代地变得更加不同、更加完善和更加多方面。"①当代人面临着与以往迥然不同的劳动环境，以替代人的重复性体力劳动、提高生产效率为目标的技术变革对生产劳动和日常生活劳动的形态与方式产生了广泛的影响，不仅工农业生产的技术集约化、高度机械化、智能化水平快速发展，而且日常生活中的诸多体力劳动也日益被机器和智能设备所取代，以至于洗衣、洗碗、扫地、扔垃圾、削带皮水果等简单劳动都有相应的机器或机器人"帮忙"，这种常态的社会环境下人们在日常生活中进行体力劳动的时间也已经越来越少。

---

① 社会主义思想宝库编委会编；范桥，姚鹏主编；林灵，陶建平副主编. 社会主义思想宝库[M]. 北京：中国广播电视出版社，1991.

其次,"以钱买劳"更加丰富和方便。包含了个性化制造、快递服务、家庭服务等在内的高速增长的社会服务业,极大便利了我们生活中的"劳动服务购买",如购物、餐饮、维护,乃至家庭清理和打扫等,都可以通过购买服务来实现,而不再需要本人付出"活的劳动"。

再次,"长辈代劳"也较为多见。独生子女家庭的父母、祖母等也往往出于对孩子们的重视和爱护,也包揽甚至替代了家务劳作等日常生活琐事,而即便是在多子女家庭里,也因为中国人任劳任怨的传统道德、家庭对孩子学习工作的重要性,以及对孩子们劳动经验而形成的"越帮越忙"等,也使得他们更多地承包了"家务劳动",更不用说让孩子参加生产劳动了。"有教无劳""有教少劳"的成长环境和成长经验,也造成了部分青少年缺乏艰苦劳作的人生经验,又或者缺乏对学习劳作的积极认识,再加上一些错误思想的作用,部分孩子也出现了不注重家庭劳动结构、不想劳作,或者不尊敬长辈的状况。

二 过程与策略

"制作DIY环保袋"项目通过旧物改造制作环保袋,进一步减少生活中塑料袋的使用。我们共同完成了环保袋的设计与制作等一系列活动,让学生在劳动中正确认识专心致志出精品的重要性,达到劳动课程总目标,逐步形成学科核心素养,主要由查找资料、知识拓展、产品设计、制作实践、汇报分享共五个阶段组成。

(一) 查找资料

劳动课后,展开一次研讨活动,班上学生陆续报名参加,推选出6个环保小组,环保小组长带领组员开始查找大量资料。通过书籍、网络和实地考察,小组成员了解了塑料袋是发明出来为人们的生活提供便利的,但是随着适用范围越来越广,白色污染也随之而来。接着有3组同学到自己家楼下的市场,在观察大人们在买菜的过程中,发现大家基本上都是用塑料袋来装买好的蔬菜,每个摊位旁边都挂着一连串的塑料袋,售卖水产品的摊位往往会因为容易漏水还会多用两个袋子装好鱼、虾和贝类等等。大家都习惯了用塑料袋来装东西,用布袋和菜篮子买菜的人寥寥无几。所以同学们就开始行动,用环保袋代替塑料袋。何谓环保袋?这是个非常广泛的概念,因为环保袋包含了很多种类。另外就是,使用天然材料进行生产的产品可以重复使用;并且坏了以后并不会在自然环境中产生固体垃圾,进而对自然环境造成危害。而从中也可以看出,环保袋还有很多优点是需要借鉴的。以下向大家推荐几款环保袋。

1. 无纺布环保袋

无纺布环保袋的主体材质是无纺布,这是一种新的环保型全新材质,具备了保温、透气、柔韧、质轻、不助燃、易分解吸收、安全无刺激性、色彩多变、价格低廉、可回收再使用等的特性。这种无纺布的打包袋的种类很多,而且使用范围也非常广泛,既可以用来装书本等东西,又经久耐用,而且物美价廉,很容易使用,携带方便。

2. 帆布袋

帆布袋的主体材质是帆布,而帆布与油毡的主体材质一样也是由棉取之于天然,这样制造出来的帆布袋也是很环保的物品,并且也更加时尚耐用。特别是对于我们两天外出旅游的时候,可以装一些自己的贴身衣物,学生装较重的物品书本和用品就派上用场了。人们越来越崇尚环保,帆布袋也慢慢走入生活,而设计师们也在里面添加了时尚元素,也使得帆布袋市场慢慢地红火了起来。

3. 涤纶布背心袋

涤纶布,类似于现在人们所使用的雨伞的布匹,或是服装外用的里布,不过因为使用了这些布而制作的环保袋通常是背心式的,又称为背心袋。

4. 绒布袋

绒布袋的主要生产材料有尼龙底平绒、针织底平绒、棉布底平绒、双面绒、长毛绒等。与无纺布袋、帆布袋等一样,绒布袋也属环卫塑料袋的范畴,是国家在"限塑令"的推行后,替代塑胶袋的另一种环卫产品形式。近几年来,绒布袋的供应量和使用范围也越来越大。

5. 工字型帆布袋

工字型帆布袋是一款简洁大方的款式,做法很简单,首先将面料剪成工字形再往两边缝合上布条并留出穿绳的位置,将做好的布料三口缝合并按照同样的剪裁和缝合做一个里布,将里布缝进去并进行缝合。这种帆布袋可以放同学们的饭盒和小物品。

6. 旧衣物环保袋

旧衣物环保袋是通过用旧的背心和衣服制作而成,也是重新利用的环保袋之一,纯手工 DIY,学生操作起来也比较简便,同学们拿出自己带来的旧衣服以及制作环保袋所需要的工具,在网上搜索制作环保袋的教程后,小组长对组员进行分工。然后按照分工进行合作,他们有条不紊地先将旧衣服用剪刀剪成日常生活中所使用的塑料袋的模样,其次拿出针线对旧衣进行缝合,最后将缝合好的旧衣翻一个面,就制作好了一个可反复利用又好看的环保袋。制作完后可以作为班级展示,同时也呼吁学生养成环保意识。

(二) 知识拓展

在这个环节中,我们向参与制作的学生提出两个简单的问题。第一个问题是在日常生活中超市购物会选择自己带布料购物袋,还是直接在超市购买塑料袋;第二个问题是对塑料袋的危害有没有相关了解。在这个交流过程中,大多数同学都会选择直接在超市购买一次性的塑料袋,因为携带布袋有时不太方便。我们针对同学们对两个问题的答案进行环保袋的宣传。环保袋的制作分为手动DIY和机器制作,考虑到是小组在校完成,这次活动采取手动为主,缝纫机操作可留给回家后有条件的家庭完成。各小组成员先在表格上填写好相关信息(见表4-1-1)。

表4-1-1 各小组环保袋信息表

第　　小组环保袋设计信息			
环保袋类型	工具和材料	用　　途	需要改进的方面
如:旧衣物环保袋	针、线、剪刀、布、纽扣、粉笔、绘画颜料		

由小组长带领小组成员设计出属于他们小组的环保袋(见图4-1-1和图4-1-2)。

图4-1-1 小组成员合作构图
(图片由学校提供)

图4-1-2 小组成员制作图
(图片由学校提供)

学生在校内制作环保袋时,需要准备的工具和具体方法如下(见表4-1-2)。

表4-1-2 自制环保袋的方法表

准备工具:无纺布、剪刀、针线、颜料。
自制的环保袋,具体方法如下:

1. 准备一把剪刀、针线。

2. 准备一件旧背心。

3. 对折好,用粉笔画出线条。

4. 开始裁剪成一块有梯度的布料。

5. 在布料反面的左右边缘缝线。

6. 在底表面的边缘上缝线。

7. 从里面返回前部之后,以色带为提手,然后从袋子内部缝制到袋子开口的两侧。

8. 画出喜欢的图案或在环保袋上写下喜欢的文字,环保袋就做好了。

当然,在学生制作环保袋前,教师的示范作用是必不可少的。为了让环保袋做得比较规范和美观,教师可以先示范制作出一个比较简单的环保袋(见图4-1-3)。

图4-1-3 劳动课上教师示范制作环保袋的步骤图
(图片由学校提供)

(三) 产品设计

有了教师的示范后,学生们也纷纷寻找合适的材料,并设计出合适的环保袋。

1. 三种布袋的推荐对比情况

材料一：无纺布

推荐指数：3颗星

推荐理由：无纺布不防水，开始很好用，但是装蔬菜会湿掉。

材料二：牛仔布

推荐指数：4颗星

推荐理由：牛仔布很牢固，非常结实，但是太厚了，我们做袋子不方便。

材料三：废旧小衣服

推荐指数：5颗星

推荐理由：好裁剪，方便制作，牢固性也比较好。

2. 主要制作步骤

（1）一片式剪裁包边；

（2）对折车缝购物袋竖边；

（3）处理提手。

步骤中有以下三点要注意。

① 制图。如果你想要购物袋可以单肩背，注意画图的时候，提手长度要高于袖窿深（就是胳膊纵切面的高度再多一点）。

② 包边。方法：对于购物袋提手U形部分用的是2厘米宽的薄织带，这种包边方法是将薄织带对折（对折后推荐用熨斗熨一下中线，这样包边整齐，也可以用指甲刮一下，有个折痕），让织带中线尽量贴合购物袋完成线，最后三层一起车缝。

③ 提手的处理。第一步：提手要向里对折，对应的底部也要往里折，往里对折的重叠部分是要车缝定型的，完成图参考塑料袋侧面。

第二步：车缝两片提手连接处，需要翻转一下，在反面车缝后翻回正面没有缝纫痕迹的一面，这样操作后提手的表面和背面都很整齐。

（四）制作实践

为让这个实验项目进行得生动有趣，在宣传教育环节，首先我们开展了"环保袋"自制实验项目开始仪式，在班会课时对孩子进行宣传教育，针对他们的不同特征帮助他们自制环保袋。首先为同学们讲解了什么是"白色污染",以及保护环境对于我们生活的重要性,提倡大家爱护环境,拒绝塑料袋,从使用环保布袋开始。根据组内自带的材料,分工合作。边实践、边记录本次环保袋中出现的问题,记录在表格上,后期进行修改再加强(见表4-1-3)。

表4-1-3　6组学生制作环保袋过程表

地点	学校阶梯教室大舞台
参与人员	601班6组学生
材料	旧布料、旧衣物等
工具	针、线、剪刀、布、纽扣、粉笔、绘画颜料
六个小组分工合作	
设计成果	
小组设计说明	随后,大家在老师的带领下,开始了环保布袋制作活动,同学们跟着视频边看边学,认真领会,在各小组长的帮助下,一个个做工精美的环保布袋完成了。

(五) 汇报分享

环保袋制作完成后,第二天,环保组成员利用课余时间做了PPT,进行班上汇报。6个环保组在班上进行环保袋推荐,说一说环保袋的制作、所需要的材料、工具。在汇报的过程中,看出了团队的力量,各个环保组先说了他们的设计意图,组内成员分工明确,仅仅用了一节课时间就把环保袋设计了出来(见表4-1-4)。

表 4-1-4　汇报分享表格表

	环保袋名称	环保袋材料	环保袋用途	环保袋不足
第一小组	斑马环保袋			
第二小组	光滑环保袋			
第三小组	蕾丝环保袋			
第四小组	麻皮环保袋			
第五小组	水桶环保袋			
第六小组	简易环保袋			

在这次汇报中,有 4 组学生代表在做汇报时各自举例说明了环保袋的好处并呼吁大家多使用环保袋,少用一次性塑料袋。第一小组总结了使用 DIY 环保袋起到了绿色环保的作用,如果大家都使用环保袋可以大量减少塑料袋的使用,大幅减少白色污染的泛滥。第二小组总结出了环保袋的优良性能,环保袋严格遵照国家相关环保标准,利用环保加工材料制作而成,其降解能力相对其他材料还要好,而且这种环保袋的使用寿命要比纸袋长得多。第三小组则说出了环保袋的循环利用,DIY 环保袋具有柔软、耐磨的特点,既可以折叠成各种各样的形态,又可以循环利用,正常使用次数在 1 万次以上。第四小组认为环保袋既精美又多能,DIY 环保袋布料精美、大小适中、功能多样。这种环保袋可以装的东西很多,例如生鲜食物、衣物、玩具、文件等,都可以装。汇报后,小组成员与环保袋合影,记录他们第一次手工 DIY 环保袋,并深刻认识到环保从我做起,同时锻炼了他们的动手能力(见图 4-1-4)。

601 班本次环保袋评比结果如下。

一等奖：蕾丝环保袋、麻皮环保袋、水桶环保袋

二等奖：斑马环保袋、光滑环保袋、简易环保袋

最后把本次获奖的环保袋在班上进行布展,一个小小的环保袋,承载的是同学们对环境的呵护,对低碳的渴望。此次环保袋活动,不仅增强了大家动手能力,也提升了同学们的环保意识,以自身行动践行"布"一样的环保力量。

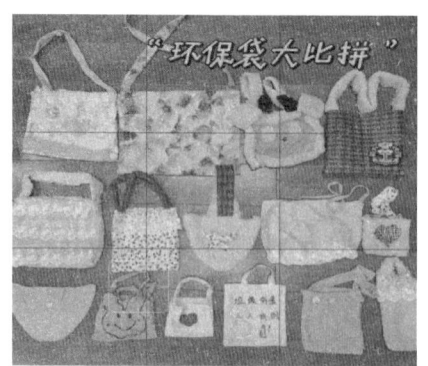

图4-1-4　6个小组的环保袋大合影图

(图片由学校提供)

三　成效与反思

通过实践活动,学生直观地知道了塑料袋的危害性。

如今,经过全市及各地政府各部门和单位持续的宣传推广和努力,塑胶袋制品在我们日常生活中的"出镜率"正在逐渐降低。如,在全国"无废城市"深圳,一次性发泡类的塑胶餐具、一次性塑胶棉签等制品已基本停止了生产,本市目前并无废弃的塑制件产品,大型商超也已停止使用一次性塑料购物袋。不难看到的是,也正是在中国政府这种普遍的努力与带动之下,帆布环保袋商品在如今中国已经进行了由儿童、中小学生所带动到全社会的广泛应用,并且变成了普通老百姓们经常外出购买中的基本生活必需品。这也从一个侧面折射出,我国减塑限塑的整治措施也取得了实打实的成果。

"DIY环保袋"活动中,我们通过实践活动,让孩子们直观地了解塑料袋的危害性,提倡多用自己DIY的环保袋购物,更让孩子们知道了"减少白色污染"的重要意义,进而萌发了环境保护的意识。本次活动既是一次由学生自发生成的活动,又是一次很有教育价值的教学活动。

(一) 真实情境,促进学生可持续发展

本项目中,教师基于真实问题为学生创设教学情境、引导学生设计多功能环保袋,最终服务社会。可谓价值观与现实生活紧密联系,具有现实意义的人文情怀,有效促

进学生的可持续发展。

(二) 重视过程,培养学生的动手操作能力

他们在设计制作过程中领悟制作产品要经过反复研究改进,提高了逻辑思维能力。学生从查找资料、知识拓展、产品设计、制作实践、汇报分享五个阶段高效地完成一个环保袋制作项目,在制作的过程中,不仅培养了合作精神还锻炼了动手能力。

(三) 升华情感,激发学生的环保意识

学生认识了许多常用的环境物质,并形成了相应的环境认知,在行动过程中,由于积极参与,学生也越来越领悟了绿化环境的重要意义,从而大幅提升了在实际生活中所践行对环保活动行为的认识,并努力地将思想变成行动、将行为变成良好习惯、将良好习惯形成了品德,从而为创建美丽家乡作出了自身的努力。

学校将利用"劳动＋校园""劳动＋家庭",不断地丰富儿童的劳动经验。家长明显感受到孩子自理能力变强了,家庭亲子关系更融洽了,孩子也变得喜爱劳动,更勤俭节约了。劳动教育改变了家长的课程观和学习观,原来学校不仅仅是学习知识的场所,也是学习生活、学习劳动的场所,更是"五育"并举的好地方。

（撰稿人：深圳市坪山区精致实验学校　梁爱秋）

第二节　小收纳师：整理课桌劳动项目设计与实施

少年的征途是星辰大海,书桌便是扬帆起航之地。置身书桌旁便不惧岁月冗长。求学路坎坷,但总能微笑拼搏。书桌,见证孩子们的每个光辉时刻。几案洁,笔砚正。一张整洁的书桌,带给我们一道靓丽的风景,收获一份美好的心情,养成一个良好的习惯。整理课桌劳动项目培养学生一份责任担当和一种独立自主的能力,孩子们用专属的风格展示着心灵的丰富,收获属于自己的成长快乐!

以整理课桌为例,如何引导孩子在发现、体验与探索的过程中,掌握整理课桌的重要性与方法、学会与课桌"和谐相处"成了本次劳动实践教育课程"小收纳"劳动项目的设计初衷。

一　背景与理据

在小学低学段教学中经常会看到这样的现象:上课铃响起,走进教室,还有学生弯腰在抽屉中寻找课本;老师在讲课时,某学生一脸焦急地找着练习本;从教室后面向前方望去,抽屉中书本的摆放颇为凌乱,大书压小书,大本摞小本,可谓"你中有我,我中有你,纵横交错,杂乱无章";有的抽屉里赫然还塞着啃了一半的苹果、放过期的牛奶……学生书本大多有卷曲、折角、不平展现象。不少小学生的课桌经常是乱糟糟的,书本乱放,书桌抽屉里更是一团糟,除了课本之外还塞满了各种东西。以至于当教师开始上课的时候,学生总是需要在杂乱的课桌上和抽屉里寻找本节课要用到的书籍和文具,且在短时间内不一定能找到。这种情况的存在,严重影响了课堂的效率不说,更影响了学生良好整理习惯的形成,使小学生在未来工作和生活中都可能继续保持这种坏习惯。少若成天性,习惯成自然。小学低学段正是各种习惯养成的最佳阶段,因此,很有必要采取一定的措施,唤起低段小学生的整理意识,帮助小学生从低段起就具备良好的整理习惯和一定的整理能力。

本次劳动项目"整理课桌"属于日常生活劳动这一任务群下的具体项目,面向二年级学生,以"我和课桌做朋友"为主题,结合新课标中对第一学段生活劳动任务群的内容要求以及学生的身心发展特点,设计若干子问题,将劳动、美术和语文学科紧密地联结,使学生成为探究的主导者,在解决问题的过程中逐步养成爱整洁、善归纳的好习惯。

二 过程与策略

本次劳动教育课程分为两个阶段。第一阶段为"整理我的小课桌",由教师带领,学生在课堂内进行整理课桌的技巧习得和实践操作,并进行表彰和总结,课程于2023年2月7日开展,共计2课时。第二阶段为课后劳动打卡,活动时间从2月7日至2月28日结束,历时21天,在此期间,学生以书桌作伴,打卡并拍照记录自己在家整理收纳、与书桌相处的美好时光。具体活动流程见图4-2-1。

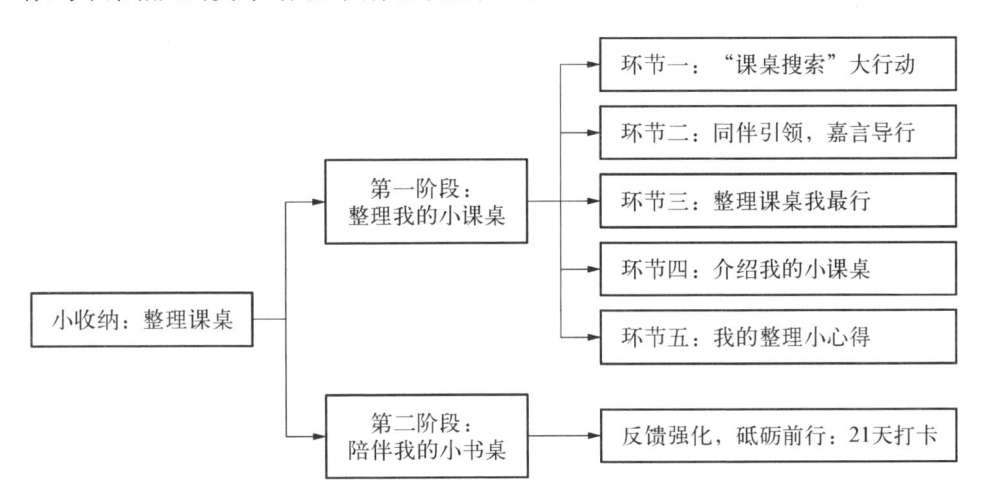

图4-2-1 "整理课桌"活动实施流程图
(图片由学校提供)

(一)第一阶段——整理我的小课桌

1. "课桌搜索"大行动

"'课桌搜索'大行动"作为课前热身小游戏,目的在于让学生有意识地关注自己的课桌,为接下来的课堂做好准备。在这一环节中,教师先让学生把课桌桌面清空,请全班学生维持课桌现状,迅速找出《新华字典》,再迅速找出田字拼音本,再找出橡皮、尺片等文具,比比谁找得最快,再请找得快的同学介绍经验,请找不到的同学说一说为什么找不到。通过"'课桌搜索'大行动",学生的兴趣被瞬间点燃,争先恐后地表达自己的看法。

接下来,教师向学生展示提前拍好的班里孩子整洁的课桌和混乱的课桌的图片,引导学生仔细观察并思考:你认为哪样的课桌是美观的?在对于课桌的整洁度和美观度有了初步的感受后,教师展示如何整理课桌、收纳学习用品的短视频,引导学生仔细观看并学习。看完后小组思考、讨论总结方法:视频中是怎样整理我们的课桌的?并派代表说一说。学生结合视频以及平时生活中的整理、收纳经验,畅所欲言后,教师根据小组代表的回答,补充总结出整理课桌的步骤。

2. 同伴引领,嘉言导行

劳动实践课是需要学生自己去真正自主、合作、探究,强调学生自己的体验学习。在这一环节,可采取"鲶鱼效应"来使学生具备整理的意识。"鲶鱼效应"在小学低段整理习惯培养中的应用,指的是通过树立榜样和监督的方式,同伴引领,使小学生初步形成整理意识。

教师通过平时的观察,在班级内寻找那些课桌整理习惯较好的学生,通过表扬和刺激的方式,使其他学生意识到课桌本来应该是一个整齐整洁的地方,自己需要和他们一样将自己的课桌收拾干净。之后再进行分组,由这些学生负责监督其他学生的课桌整理情况,并有权利对学生整理情况进行扣分。在学生实践时,教师进行巡视指导。在尊重学生想法的同时,教师适时给出合理整理建议,对于动手能力差的同学,需进行面对面的指导,并鼓励使其增强自信心,及时解决学生在整理过程中遇到的问题。

在小组成员的集体观摩下,小组中的课桌整理"能手"也纷纷介绍经验:"把最有用的放到最前面,把那些一时用不到的放到桌洞里或课桌下,这样既能减轻课桌的负担,也能减少自己翻找某些课本的难度。"

教师因势利导,引导学生意识到这不仅是整理课桌的过程,也是整理自己思想、无意识地锻炼自己条理性的方法。课桌的整洁程度在很大程度上反映了学生的学习态度。比如,一名在生活中十分有条理、课桌十分整洁有序的学生,他的学习成绩可能不是最优秀的,但他一定具备了厚积薄发的实力和能力。整理好自己的课桌,从现在开始,举手之间,受益匪浅。经过同伴和教师的多方引导,学生纷纷开始整理起自己的课桌,凌乱的课桌不见了,取而代之的是整齐的课桌。当一切都变得井然有序,生活的仪式感也随之提升。

3. 整理课桌我最行

学生们在老师的带领下完成集体的初次实践后,请出实践环节表现突出的学生进行"整理课桌我最行"比赛,同学们根据规则,在一定时间内整理好被打乱的桌面、抽屉以及书包。台下的学生则根据整理用时和桌面整洁等维度进行打分(见表4-2-1),一起评选出心目中的"最佳课桌"和"整理小能手"。

表4-2-1 课桌整理评价表

姓名:	用时:		
指标	评分要求	自评	小组评
劳动能力	课桌内外环境的整洁度(15分)		
	物品归整,划分整齐(15分)		
	物品放置到位、摆放位置合理(10分)		
劳动观念	具有主动性和积极性(10分)		
	尊重他人的劳动成果(10分)		
劳动习惯和品质	自理能力和动手能力的提升(10分)		
	团队合作精神(10分)		
劳动精神	能完整完成整理课桌的全过程,不畏惧困难(10分)		
	展示汇报时精神风貌好,仪表整洁大方,表现得体(10分)		
总 分			

"整理课桌我最行"比赛结束后,比赛获胜的同学向老师和同学们介绍自己整理课桌的经验,教师向其颁发"整理之星"奖状,同时也让观赛的同学在认真观看后说一说同学整理课桌的过程,其他同学则可进行点评,交流哪些地方整理得好,哪些还可以改进。在这一过程中,不同方式的收纳方法体现了学生多样的整理智慧。学生在相互交

流中体会劳动果实的甜美,培养了学生动手能力的同时,也增强了他们的语言表达能力。教师对学生本堂课的劳动表现予以充分的鼓励与肯定,并采用师生共同总结的方式,回顾了本节课整理课桌的要点。

在整理课桌游戏的比拼中,学生不仅收获了一份美好的心情,"勤整理、爱整洁"的理念也在学生的心中悄然播种,"尊重生活"不再只是一句口号,良好的习惯也即将融进学生的日常行为。

4. 介绍我的课桌朋友

第二节课上,教师通过指导创意化的课桌设计,检验上节课的教学成果,让学生从视觉、色彩的感受观察朝夕相伴的课桌"伙伴",能够结合收纳整理的规律,用图画和文字介绍自己的课桌朋友,达到提升整理动力、绘画表现力与动手能力,感受艺术创作的魅力,从而真正意义上理解美来自生活,生活中处处有美的事物。学生笔下一位位美丽的课桌"朋友",就是源于其内心对美好生活的向往。

整齐罗列的文件袋、分类有序的学习用品、缤纷的色彩搭配……我们的"课桌朋友"跃然纸上,无一不体现了小朋友们的聪明与智慧。在艺术创作的过程中,不少学生相互学习合作、共同分享、互帮互助,在交流中形成对此次活动的心得体会,归纳总结成自己的整理小妙招,让整理课桌不仅体现在手的勤劳,更是美的熏陶。

5. 汇报展示:我的整理小心得

在之后的课堂中,教师展示了学生绘制的心爱课桌,又邀请学生上台给同学介绍自己课桌里都有什么,并且说一说自己通过这次活动获得的整理小心得,分享学生和课桌"做朋友"的体会。

"整理书本时,小的放前,大的放后,文具盒等小物件放在最前面,这样上课的时候,什么东西该放哪,什么东西该往哪拿,就一目了然了。"

"不管用来放置什么物品,课桌每隔一段时间都会变脏,所以定期整理和清洁是非常必要的。否则垃圾和污垢越积攒越多,就会散发异味。小朋友产生的垃圾,尽量在第一时间扔进垃圾桶,不要想着'等会儿''先放着',放着放着就忘了。"

还有同学编起了顺口溜:"小课桌,真神奇,装了书本装文具。各类物品分类放,取用方便好学习。"

通过画一画、写一写、说一说,"整理课桌"这样一件小事给学生们留下了深刻、难忘的印象,每位孩子都能积极参与进来,课堂氛围热烈活跃,良好习惯的种子从此破土而出。

(二) 第二阶段:陪伴我的小书桌——反馈强化,砥节砺行

为了让此次劳动课程能真正在孩子们日常生活中发挥作用,强化学生的整理收纳意识,还需要课后日复一日地坚持与实践。在课后教师安排一名同学担任"课桌整理检查员",负责评选出每周的"整理之星",并用手机拍下其照片,在班级电脑上展示,还将"整理之星"的名单发在班级微信群里进行表扬,让家长协助参与其中,鼓励孩子进行力所能及的家庭整理收纳活动。

除了在学校整理课桌以外,此次活动还从校园延伸至整理家中书桌,历时21天的时间,通过21天效应培养低段学生长久的整理习惯。在这21天时间里,教师组织了名为"陪伴我的小书桌"整理习惯养成的打卡活动,学生每天整理完书桌之后,可以在监督人处进行报备,之后由监督者进行检查。教师则根据学生的整理情况进行评分,如没有达到标准,则要求学生继续整理好。当学生坚持到固定的天数后,比如7天、10天、15天的时候,可以获得一些坚持奖励,以激励学生坚持整理的习惯。教师提前和家长沟通好,让家长也配合教师在家里鼓励学生自己整理书桌和房间,或陪伴学生一起整理,让学生感受将杂乱房间整理成整齐房间的幸福感。经过21天的坚持之后,班里大部分孩子都能养成回到家在学习前后主动收拾、整理书桌的好习惯,并且越来越得心应手,一寸寸地褪去心浮气躁,静下心来。个别学生效果不理想,教师则针对其适当延长时间,强化激励或针对个别学生进行个性化培养。

劳动勤于手,美德践于行。同学的率先垂范,老师适时、合理的引导、监督不仅培养了孩子们整理、收拾生活和学习用品的好习惯,还让孩子们知道了做事情要讲究方法、自己力所能及的事情要自己做的道理。学生在实践活动中的收获、体验,使其变成著名教育家杜威所说的"经验的课程",在这个过程中,学生重新认识自己、完善自己,从而最终成就美好人生。

三 成效与反思

劳动实践课是紧密联系学生生活、强调学生动手实践的课程。整理与收纳劳动任务群是一项有益于培养学生实践能力、动手能力和责任感的实践性活动。"整理课桌"看似是一项微不足道的劳动项目,但学生在这一活动中不仅锻炼出实践能力和动手能力,而且还培养了团队合作和集体意识,加强了学生对公共环境的珍视和爱护。整理课桌,看似简单的动作,实则是一种生活的仪式感。每一次整齐划一的课桌,都是对学

习环境的尊重,也是对自己的尊重。这是一种无声的教育,却能深刻影响学生的人格形成。因此,该项目应该得到适当的推广和实施,以进一步提高劳动教育质量。

(一)本课教学是在整理意识的培养背景下,全面科学介绍整理桌子方法技巧,旨在提高学生的废弃物管理、自我管理能力,培育良好的习惯,构建更高层次、更有内涵的人生观。在教学过程中,教师采取了许多实用的技能和策略,如游戏激发兴趣、名人名言引导学习,让学生从多方面感知整理桌子的重要性。在教学结束之后,教师通过考核打卡、问卷调查和实地观察等多种途径来检查学生掌握整理桌子的技能和意识的提高程度。同时,教师也将从自身教学经验中总结教学过程中的得与失,来调整自身的教学策略,以打造更好的教学效果。

(二)学生在小学阶段动手实践能力还有待提高。对于部分孩子来说,涉及复杂的整理收纳活动的主题时,学生独立完成是有一定困难的,有些学生在劳动中表现出懈怠、敷衍的态度,因此需要借助家长的力量来监督、协助完成。家庭教育是学生获得的教育中的重要部分,内容上可以选择家庭整理收纳有关的主题,可以让学生课后回家和家长合作完成,不仅能增进家长和学生之间的情感交流,使家长加深对整理收纳的理解,而且家长的帮助也能提高课程的实施效率。

(三)学生在本课中各方面素质出现了积极的转变,如合作能力、动手实践能力、表达能力得到提高,甚至在心理素质健康方面,教师认为学生更自信了,更乐于展示自我了等等,学生的变化受到了教师高度评价。而学生对自己的自评中,也有更多的同学认为自己通过综合实践活动课提高了合作交流能力。在创意物化方面,学生认为自己的动手实践能力得到了增强。总之,在劳动实践活动课的目标中,无论是价值体认、责任担当、问题解决还是创意物化,都在学生身上看到了积极的变化。

(四)教育需要重新认识劳动的作用与价值。首先,劳动教学的时间安排不合理,往往被挤压在课程的边缘,导致学生的体验感不强。其次,劳动教学的内容过于单一,缺乏创新和挑战性,无法激发学生的学习兴趣。最后,劳动教学的评价体系不完善,往往以完成任务为主,忽视了对学生劳动态度和技能的培养。因此,我们应该重新认识劳动的价值,将其提升到与知识教育同等的地位。并且,我们应该丰富劳动教学的内容,增加实践性和创新性,让学生在劳动中体验到乐趣和挑战。与此同时,我们应该建立完善的评价体系,注重对学生劳动态度和技能的培养。

教学既应该从学生的经验开始,也要为学生创设满足经验生长的环境,在真实的生活中,人的个性才能自由、真实地展现出来,即"教育即生活"。让学生动手尝试、自主实践,在这样的过程中获得直接的体验,同时将自己间接的经验运用在课堂情境中,实现经验的改造、生长。总的来说,整理课桌的劳动教学是一种无声的教育,它教会了学生如何尊重他人,如何爱护公共物品,如何维护良好的学习环境。然而,我们也需要反思和改革劳动教学,让其更好地发挥教育价值。

(撰稿人:深圳市坪山区锦龙小学　唐超然)

第三节　小帮厨：简易蛋炒饭的项目设计与实施

一粥一饭，当思来之不易；半丝半缕，恒念物力维艰。民以食为天，我们的生活离不开食物。美味可口的菜肴，不仅可以带给我们美好的味觉盛宴，还能拉近与家人的关系。"小帮厨：简易蛋炒饭的项目设计与实施"由广受孩子欢迎的翻滚蛋炒饭引入，引导学生学习帮厨劳动，从力所能及地选购食材、择菜、洗菜，再到复杂的食物营养搭配、烹调，学生亲历全过程。在学生的亲手操作中，跟家人一起做出美味可口的佳肴，增进学生与家人的情感，明白了美好的生活靠自己的双手创造的道理。

一　背景与理据

走进厨房，学生学到的不仅仅是劳动技能，更重要的是劳动的情感体验，其收获远远大于一道菜或一碗汤。做饭是一项基本的生活技能，可以培养学生照顾自己、照料家人的能力。从跟随爸妈一起选购食材、择菜、洗菜，到搭配、烹调，亲历买菜做饭的全过程，让学生明白做饭虽是一件烦琐的小事，但一日三餐不是凭空变出来的，其中有辛苦的付出，蕴藏着对家人的关爱和牵挂。当他们参与厨房劳动，为家人进行帮厨，到端上热气腾腾的饭菜，得到家人的肯定、鼓励和夸奖，饭菜被家人一扫而光时，其辛劳被成就感所取代，自信心和家庭责任感油然而生。学生由此能体会到身为家庭一份子的美好感觉。学生在帮厨劳动过程中，不知不觉也学会了爱父母、感恩家人，能自觉地分担一些家务，珍惜自己和家人的劳动。

同时，在厨房劳动的过程，也是加强安全教育和环保教育的好时机。通过帮厨劳动，向学生讲解厨房的安全注意事项和操作规范，动作示范讲解向学生展示主要厨具的用途和用法，提醒学生注意保持餐具的整洁，切生食和熟食应使用不同的刀，做到生熟分开等。在洗菜过程中，让学生尝试二次回收利用洗菜水，增强绿色环保意识。通过体验与实践,润物细无声地让孩子们参与到实际的家务劳动中来,动手帮厨的同时,感受快乐,获得成长。

对于低年级学生,劳动课程以初步实现生活自理、学会为家人和他人服务的家务劳动为主,要求学生要参与简单的家庭烹饪劳动,如择菜、洗菜等。[①] 本课内容涵盖生活技能培养、学习习惯培养、手工制作等方面,以学生操作性学习为主,层层递进,符合小学低年级学生认知发展规律。针对小学低年级学生的学习特点,以择菜、洗菜、清理厨房、拓展延伸为活动主线,参与简单的家庭烹饪,发展学生动手能力,形成"自己的事情自己做"的意识,培养学生作为家庭成员的责任感和热爱劳动的意识。

二　过程与策略

本次"小帮厨"课程项目重点学习择菜、洗菜和收拾厨房三项劳动技能,层层递进(关注身心成长的阶段性和连续性特点,帮助学生在真实的劳动情境中,逐步实现学生劳动观念、劳动能力、劳动习惯和品质及劳动精神的纵向进阶。通过本章活动由内而外地促进学生综合发展,让劳动教育浸润学生的身心,影响学生的认知和行为,充分发挥劳动的综合育人功能),锻炼学生的劳动能力。在活动主线中,通过创设生活情境——确立任务驱动——学生课堂探究思考——教师课堂动作示范讲解——学生动作实操练习——学生展示成果自评互评——课后生活实践相联系,巧妙实现师生互动和生生互动,构建起课堂的"三点一线"(见图4-3-1)。通过课程学习,鼓励学生积极参与家务劳动,培养学生作为家庭成员的责任感和热爱劳动的意识,树立劳动最光荣、劳动最崇高、劳动最伟大、劳动最美丽的信念。

(一) 生活情境导入,确立任务驱动

首先,课程导入以《翻滚蛋炒饭》视频的形式呈现,用生活中的美食吸引学生的注意,激发学生的学习兴趣,并引导学生思考——香喷喷的蛋炒饭从哪来?制作蛋炒饭需要哪些厨房劳动准备工作?请学生结合日常生活经验进行思考,进行3分钟的小组讨论并在班级内分享。在这一环节,有的学生能说出一些蔬菜名称,有的学生有做家务经验经历,能够说出两三个简单的家务劳动。教师可灵活结合学生的回答,在此基

---

① 中华人民共和国教育部. 义务教育劳动课程标准(2022年版)[S]. 北京:北京师范大学出版社,2022.

小帮厨 · 项目流程图

任务驱动
创设生活情境,从"蛋炒饭"导入,确立本课的任务驱动:以帮忙制作蛋炒饭为例子,学习简易家庭烹饪技能。

劳动技能训练
学生观察思考,尝试提出解决问题的方法,教师适时引导并做动作示范,增强安全教育。

劳动实践
在劳动实践过程中,以学生为主体,渐进式学习掌握劳动知识与技能:择菜、洗菜和收拾厨房。

展示与评价
小组展示劳动成果,分享劳动感想和收获,完成劳动评价单,进行多维度、多主体、形成性与结果性评价。

图 4-3-1 "小帮厨"项目流程图
(图片由学校提供)

础上引出本课的主题,学做厨房小帮手,参与简易家庭烹饪,并由此确立本课的任务驱动:以帮忙制作蛋炒饭为例子,学习简易家庭烹饪技能。

设计意图:创设生活情境,从"蛋炒饭"导入,激发学生学习兴趣,启发学生思考家庭烹饪所需的劳动准备工作,并由此引入课题"厨房小帮手",确立任务驱动,为后续学习作铺垫。

(二) 学生学习实践,锻炼劳动技能

1. 择菜

(1) 观察蔬菜

展示蛋炒饭图片,请学生观察、讨论并回答蛋炒饭所需要用到的蔬菜(如玉米、豌豆、萝卜等)。教师给小组分发蔬菜,请学生观察并对比:蛋炒饭里的蔬菜和拿到手里的常见蔬菜有什么区别?

生:平时我们见到的蔬菜是原始完整的样子,比如一根胡萝卜、一根玉米和一条豌豆。而蛋炒饭里面的蔬菜被处理过了,它们变成了胡萝卜丁、玉米粒和一粒粒小豌豆。

师:是的,同学们观察真仔细!从菜市场买到的蔬菜,还不能直接下锅炒。许多蔬菜都需要在厨房经历被处理的过程,我们称之为"择(zhái)菜"。择菜就是选取蔬菜可食用的部分,去掉腐坏或者不能食用的部分。

（2）教师讲解示范

以小组为单位，请学生尝试择菜，将手里的蔬菜进行简单地处理，小组之间可以讨论、合作和记录。在这一劳动实践环节，学生可能会遇到一些问题：除了部分可不用工具直接处理的蔬菜，比如豌豆，可以直接剥开取出豌豆粒；其余蔬菜很难直接处理，比如玉米，可以手撕剥皮，但难摘玉米粒。这是因为部分蔬菜无法直接处理，而且一年级的学生手部力量较弱，由此教师可以引导学生，遇到问题要勤动脑多思考，尝试从不同角度想办法去解决，也可以向周围的人寻求帮助，或向劳动工具"寻求帮助"，尝试利用工具辅助劳动。

小组学生讨论所需要的劳动工具，教师展示小组劳动工具箱（内含剪刀、小刀、削皮刀、切丝器、抹布等常见的厨房用具），讲解使用的注意事项，进行安全教育，并为每个小组分发劳动工具箱。

教师选取胡萝卜为例，演示择菜过程：先用剪刀剪掉胡萝卜叶，再用削皮刀削皮，用小刀进行切丁，最后盛入小碗里备用。其余蔬菜请学生扮演"小老师"，为同学进行动作演示和讲解。

（3）学生动手实践

学生可根据自己的需要，选择合适的厨房用具进行择菜，教师进行引导和帮助，并提醒学生使用过程中注意安全。在择菜实践过程中，教师启发学生进行思考：以本课所用到的蔬菜为例，一种蔬菜能有几种择菜方法？其余蔬菜，比如说常见的黄瓜、土豆和西红柿，又是怎样的择菜方法？在使用劳动工具时，你有什么注意事项或小技巧分享？请学生讨论、分享并记录自己想到的择菜方法，将学习延伸至生活，拓展学生思维。

除此之外，教师可在学生择菜实践中进行补充：有些蔬菜部位是可以保留的。比如菠菜根、韭菜花、香菜根、芹菜叶等。蔬菜、瓜果都是天然绿色食品，记得要多吃。尽量食用当季的蔬菜，时令蔬菜的营养更好。

2. 洗菜

师：同学们都完成了择菜，大家的帮厨劳动做得非常细致！老师要为你们点赞！请大家低头仔细瞧瞧碗里的蔬菜，它们能直接下锅煮吗？

生：不能，有的蔬菜还沾着泥巴。

师：是的，处理完的蔬菜还不能直接下锅，需要洗干净。有的蔬菜可能还有小菜虫或是农药残留，所以洗菜也是厨房烹饪过程中非常重要的环节。

学生在劳动工具箱里找出洗菜盆,教师引导学生给蔬菜浸泡、冲洗并沥干。为了去除农药残留,蔬菜去皮是一个简单直接的方法,但也可能会带来果皮中维生素和矿物质的损失。有些蔬菜用清水浸泡和搓洗,可以使农药残留量下降,而且在一定范围内,泡的时间越长,农药残留就越少。试验证明,用自来水将蔬菜浸泡 10 分钟后再稍加搓洗,农药残留大大减少。在这一劳动实践环节,学生洗菜过程中,教师进行适时的指导和点拨,可以引导学生思考:洗完菜的水能够用来做什么事情?学生结合实际生活思考并分享。洗菜水是可以循环使用的水资源,可以用来浇花、冲厕所等,将洗菜水二次回收利用,以此增强学生节约用水的环保意识。

3. 收拾厨房

师:刚刚经历了择菜、洗菜的劳动过程,我们的厨房看起来乱糟糟的。请各位小帮厨,快拿上工具,想一想,说一说,怎么把厨房收拾干净吧!除了择菜洗菜,收拾厨房也是必不可缺的家务活。

学生结合实际生活的经验,分享自己的思路想法,并动作示范,可从工具箱中取出抹布。

生:收拾厨房时,我们可以用打湿的抹布擦干净厨房台面,水槽的垃圾丢掉。再用扫帚将地面仔仔细细地打扫干净,最后拿拖把拖干净。悄悄说一句,大家别忘记垃圾分类哦!

除了擦桌子、扫地和拖地,我们还可以洗碗、倒垃圾等,为家里做力所能及的家务活。请学生动手打扫收拾卫生,将桌子恢复干净整洁。

设计意图:在劳动实践过程中,以学生为主体,渐进式学习掌握劳动知识与技能:择菜、洗菜和收拾厨房。除了本课所出示的蔬菜,进行生活拓展,引导学生结合生活实际经验,探索其他蔬菜的择菜方法。通过观察和比较相同点和不同点,总结自己的择菜经验,分享一些劳动心得体会。在这一过程中,教师进行适时引导、点拨和总结学生发言,规范动作,渗透安全教育和环保教育。

(三)评价分享总结,劳动情感升华

1. 小组分享,学习评价

完成三项劳动任务后,学生以小组为单位展示劳动成果,分享劳动的感想和收获。在这一过程中,结合劳动学习评价单,进行自我评价、同学互评、教师评价以及家长评价(见表 4-3-1)。

表 4-3-1　劳动小帮厨劳动学习评价表

评 价 内 容	自我评价	同学评价	教师评价	家长评价
劳动观念：在帮厨劳动中，我认识到劳动可以创造美好生活	☆☆☆	☆☆☆	☆☆☆	☆☆☆
劳动能力：我学会了基础的择菜方法、洗菜和收拾厨房	☆☆☆	☆☆☆	☆☆☆	☆☆☆
劳动精神：我能做到勤俭节约，主动传承中华民族优良传统	☆☆☆	☆☆☆	☆☆☆	☆☆☆
劳动习惯：我会珍惜劳动成果，养成良好习惯，杜绝浪费	☆☆☆	☆☆☆	☆☆☆	☆☆☆
合　　计				

2. 总结升华

师：感谢各位小帮厨的劳动付出，老师给大家的劳动成果变了个魔法。择好洗净的蔬菜，下锅后摇身一变，变成了香喷喷、热腾腾的炒饭！在厨房里烹饪食物，除了炒，还可以蒸、煮、炸、拌、烤等，当然，膳食均衡、少油少盐的饮食最健康！劳动，可以帮助我们创造更加美好的生活。靠自己双手劳动的感觉真好呀！不仅仅是劳动课堂，在平时日常生活中，我们也要仔细观察、用心学习，争做劳动小能手！

设计意图：学生以小组为单位展示劳动成果，分享劳动感想和收获，增强学生的自信心和成就感，提升学生的自我效能感。通过完成劳动学习评价单，帮助学生从多角度评价自己的劳动行为，并邀请父母参与评价，从而达到多维度、多主体、形成性与结果性相结合的素养评价。劳动课程来源于生活，服务于生活，也终将回归于生活。此次"小帮厨"劳动项目坚持学生的主体地位，结合学生的日常生活实际，通过劳动学习、实践和展示评价，帮助学生掌握正确的劳动方法，鼓励学生善于学习、勇于尝试、乐于实践、敢于创新，同时丰富劳动情感体验、陶冶情操。此次"小帮厨"劳动项目聚焦于学生，在劳动学习实践过程中实现劳动情感教育和技能教育相统一。

三　成效与反思

此次"小帮厨"劳动项目面向小学一年级学生,这个年龄段的孩子已具备一定的日常生活经验,具有基础的动手实践能力,但对于完成一些手部的精细工作仍有些吃力。以生活中常见的、小朋友们喜欢吃的蛋炒饭为例,项目课程设置了三项劳动任务,即择菜、洗菜和收拾厨房,引导学生细心观察思考,进行对比分析,动手劳动实践,小组合作探究,培育学生发现问题、思考问题和解决问题的能力,并进行劳动情感升华。

劳动来源于生活,更要回归生活。通过课程学习,引导学生在厨房里帮忙做简单的事情,让学生参与厨房烹饪劳动的过程,学生会对自己亲手做出来的食物产生感情,一定程度上能够缓解部分孩子挑食的习惯。参与精细劳动,锻炼学生的手脚协调能力,适时融入居家安全教育和绿色环保教育,了解食物的产生制作过程,增强珍惜粮食的意识,培养学生对劳动生活的热爱。走进厨房,学习烹饪,是一项非常有意义的劳动教育,更是一项有益于亲子沟通的家庭活动。鼓励学生多多参与家庭劳动,在此过程中增强与家人的沟通和合作互动,增进与家人的情感,提升家校协同育人水平。

(撰稿人:深圳市坪山区六联小学　张　雨)

第四节　小花匠：玫瑰花折纸项目设计与实施

花是表达情感的最佳物品，每种花也都有它表达的花语和感情。母爱是一幅山水画，妈妈的爱是热情的，就像红玫瑰一样。妈妈的爱也是永久的，让我们用灵巧的双手，创造出一束永远热情灿烂的玫瑰花献给自己的妈妈。

学校在母亲节到来之际，以"小花匠：玫瑰花折纸项目设计与实施"为例，设计并推行了一系列劳动项目教育课程，充分利用现有教育资源，进行创新式教育探索。

一　背景与理据

新生纸主要是以树等植物为原材料，经过纸浆漂白、高温烘干水分、压光机压光处理等十多项流程生产而来。资料显示，每生产1吨纸需要木材0.875吨、煤0.5吨、水375吨。这些木材量约等于砍伐20棵成年大树，它们一天能吸收25.5千克二氧化碳，每年约吸收二氧化碳9.3吨。

自2009年以来，中国造纸产量和消费量一直位于世界首位。2021年，中国纸及纸板生产量达12105万吨，较2020年增加了845万吨，同比增长7.50%；消费量达12648万吨，较2020年增加了821万吨，同比增长6.94%。而校园作为纸张需求量大的消费渠道之一，其中浪费纸张的量不在少数。

通过老师讲解演示和学生参与交流，学生多次自主体验、探究、学习和总结基本折法，感受了折纸活动过程的乐趣和惊喜，勇敢地从事自己喜欢的活动，并正确认识它在现实生活中的地位和价值，感受传统工艺带来的乐趣。

二　过程与策略

"小花匠：玫瑰花折纸项目设计与实施"以劳动学科核心素养的要求为根本依据，在项目式学习过程的各个环节，注重理论与实践、动脑和动手相结合，强调对学生的劳动能力、劳动观念、劳动习惯和品质、劳动精神的培养，促进学生的全面发展。本项目在五年级的具体任务是围绕"母亲节玫瑰花折纸"展开，主要由任务驱动、知识拓展、作品设计、制作实践、汇报分享共五个阶段组成。

（一）任务驱动

通过小组的讨论，逐步确定核心驱动问题：如何用废纸设计并制作一个环保、美观的玫瑰花，并在周末母亲节的时候将自己手作花送给母亲？通过图片展示刺激学生想要动手操作的兴趣及探索的欲望，促进他们高阶思维的发展，提升问题解决的能力。

（二）知识拓展

知识拓展部分主要分为色彩搭配和花束包装讲解两个活动，主要让学生初步了解色彩搭配的注意事项，熟悉花束包装方法。

1. 色彩搭配的方法

色调配色（见图4-4-1）：指具有某种相同性质（冷暖调、明度、艳度）的色彩搭配在一起，色相越全越好，最少也要三种色相。比如，同等明度的红、黄、蓝搭配在一起。大自然的彩虹就是很好的色调配色。

近似配色（见图4-4-2）：选择相邻或相近的色相进行搭配。这种配色因为含有三原色中某一共同的颜色，所以很协调。因为色相接近，所以也比较稳定，如果是单一色相的浓淡搭配则称为同色系配色。出彩搭配如紫配绿、紫配橙、绿配橙。

渐进配色（见图4-4-3）：按色相、明度、艳度三要素之一的程度高低依次排列颜色。特点是即使色调沉稳，也很醒目，尤其是色相和明度的渐进配色。彩虹既是色调配色，也属于渐进配色。

学生以小组为单位（6人一组），对比教师给出的三张图（见图4-4-1至图4-

4-3),看看哪幅图属于色调配色,哪幅属于近似配色,哪幅属于渐进配色。学生在对比讨论中选择自己喜欢的色彩搭配方法,为自己后面折的花颜色搭配做铺垫。

图 4-4-1 色调搭配
(图片由学校提供)

图 4-4-2 近似搭配
(图片由学校提供)

图 4-4-3 渐进搭配
(图片由学校提供)

2. 花束包装讲解

教师在 PPT 出示花束包装的各种样式和折法,学生先欣赏。接着,会简单折法的学生上台进行折法示范,老师在一旁协助讲解。花束包装所用的材料是折纸剩下的纸张,学生将玫瑰花包扎在花束中,可以对花束表面用图案或颜色加以装饰。

(三) 作品设计

作品设计部分主要为设计折纸玫瑰花,学生根据玫瑰花的外形和母亲节需求选择纸张大小并制订符合自身需求的创意设计方案,并绘制简单的折纸图样,绘制完成后与组员讨论需要改进的地方,再根据选择的色彩进行颜色搭配,完成产品组装。这个过程是本项目很重要的一部分,可以使学生直观感受传统工艺制作。

(四) 制作实践

学生根据自己的设计方案挑选制作过程所需的材料(纸张需自行裁剪,独立完成有困难时可找人协助)自行制作折纸玫瑰花,将创意物化为实体(见图4-4-4)。在实践操作过程中根据需要反复修改作品,肯定自身作品的同时悦纳他人创意,并为他人提供力所能及的帮助,在这个过程中,每一组都会安排一名"折纸小能手"进行答疑解惑,帮助有困难的同学,可针对出现的问题进行一对一或一对多的讲解。学生在完成第一朵玫瑰花的制作后,对基本过程已经有了印象,并且已经基本掌握折纸的流程,因此剩下的五朵玫瑰花同学们基本能完成三分之二(见图4-4-5)。

玫瑰花折纸的项目式学习使学生脱离纯粹的脑力劳动,将知识学习与动手实践结合起来,把学习的理论知识运用在实践中,在团队合作交流中提升个体的社会属性和人际交往能力。制作完成后,学生完成以下表格(见表4-4-1)进行自评:(每一项满分为10分)纪律为评判学生在制作过程中是否能遵守纪律,听从老师的安排,安全使用剪刀等用具;花朵数量要求学生制作六朵玫瑰花;色彩搭配是否合理,让人赏心悦目;花束包装是否美观整齐;在制作过程中是否有帮助其他同学。学生通过自评初步了解自己在本次劳动课程中的表现,思考需改进之处。

表4-4-1 学生自评表

组别	姓名	纪律	花朵数量	色彩搭配	是否美观	是否帮助他人	总分

(五) 汇报分享

1. 小小花艺师的产品展示会

制作完成后,以小组为单位开展玫瑰花展示介绍活动,在此环节中,学生可以尽可能地展示自己的设计意图和色彩搭配用意,并就设计和制作过程中的心得体会相互交流,再以小组为单位进行自评和互评(见表4-4-2)。通过这个环节,孩子们可以充分表达自己的设计理念和劳动感悟,只有通过总结和表述,他们的感受才能最大程度地内化,从而深化他们对于劳动的乐趣!

表4-4-2 成果评价表

姓名：	组别：		
指　标	评　分　细　则	自　评	小组评
劳动能力	玫瑰花数量是否达标(10分)		
劳动能力	玫瑰花整体牢固程度(15分)		
劳动能力	整体设计美观,色彩搭配合理(15分)		
劳动观念	在活动中,尊重他人劳动成果,采纳他人建议(10分)		
劳动观念	能积极参与玫瑰花制作劳动过程中(10分)		
劳动习惯和品质	安全规范使用剪刀、橡皮筋并熟练操作(10分)		
劳动习惯和品质	在活动中能团队合作,积极帮助他人(10分)		
劳动精神	直面出现的问题,不畏惧出现的困难(10分)		
劳动精神	上台展示时自信大方,表现得体(10分)		
总　分			

学生们在此环节中能大胆说出制作想法以及母亲节想给母亲表达的爱意。"我妈喜欢粉色,所以我的色彩搭配是以粉色为主,另外我还用红色加以点缀。""我给我妈做了一朵超级大的玫瑰花,里面有我满满的心意,谢谢妈妈为我们这个家付出这么多。""我的手比较'笨',在组员的帮助下,我终于完成了一朵花,但这是我好不容易做出来的,我的妈妈应该会喜欢吧!"……学生在讲台上纷纷表达自己的想法,台下的同学给予掌声,有的同学还会对台上同学的成品提出意见,有的同学则看到台上同学分享的成品后去修改自己的成品,这都是相互学习的一个过程,在这个过程中,同学们也体会到了折纸给大家带来的乐趣。

课程结束前,每个小组根据评价表(见表4-4-2)选出1名"小小花艺师",教师对其颁发奖状进行奖励,并鼓励其他同学向他们学习。

2. 产品改进与反思

家庭是孩子成长的重要场域,学生周末将手作折纸玫瑰花花束带回家,亲手送给自己的母亲作为节日礼物。此项活动促进了学生与父母之间的感情和交流,达到"亲子共成长"的目的,也促进家长对劳动教育的理解。

三 成效与反思

经过此次劳动课程的学习与交流,学生们各个"妙手生花",收获颇多。此次玫瑰花折纸的劳动项目是围绕劳动课程标准中的任务群进行开发与实施的。学生从被动体验劳动转型到主动学习探索劳动、从体力劳动转型到手脑并用的综合劳动,学生在不断经历中感受生活处处有知识、知识来源于生活又运用于生活这样系列化的经历,在实践中落实了劳动素养的提升。

(一) 激发了学生参与劳动的主动性、积极性和创造性

本课程注重让学生直接体验和亲身参与,活动中鼓励学生动手、动脑,让他们进行合作学习,注重培养他们的动手、动脑能力及创造精神。亚里士多德指出:想象力是发现发明等一切创造性活动的源泉。本次课程充分利用学生已有的生活经验和对劳动课动手操作过程的兴趣,来调动学生思考问题的积极性,拓宽学生的思路,让学生张开想象的翅膀,展开丰富的想象。例如,学生折出的花朵形状各具特色,不局限于课堂上所教授的玫瑰花形,有的连老师都没有想到,这时,老师就适时表扬那些学生,对其作品给予鼓励和肯定,这样能激发学生的创作兴趣。在劳动实践操作中也强化了学生的合作意识,追求学生人人进步为最终目标,以合作学习小组为运行载体,以全员激励为操作手段,以小组评价为导向,激发竞争活力,强化合作意识,激励学生在动手做的过程中,强调学生个体心理品质的训练、健康心理素质的养成、互助协作的团队精神的形成,使学生不以自我为中心,而从集体的利益出发,让他们明白成功的作品属于自己,也属于集体。学生在课程实践中锻炼了解决问题的实践探究能力,以及与他人合作交流的能力,学生参与劳动的主动性、积极性和创造性被充分调动。

(二) 融洽了母子关系

活动中同学们积极参与、热情高涨,纷纷想着为自己的母亲制作独一无二的花,想尽办法"变花样",有的制作了在日常生活中买不到的"巨无霸花",有的制作了五颜六色的花,等等,通过这次劳动课程,激发了孩子们爱劳动的意识,同时也懂得了感恩,收获了成长。苏霍姆林斯基说过:"在人的心灵深处,都有一种根深蒂固的需要,这就是

希望自己是一个发现者、研究者、探索者。"在儿童的精神世界里这种需要特别强烈。每个学生总是希望自己成功,总是能得到老师的赞赏,可见,让学生在劳动实践操作中体验成功的快乐是非常重要的。教师应尽力满足学生的成就需要,帮助学生树立自信心,依靠自身努力达到成功和从认识的获益中得到满足,让他们体验成功的快乐,在劳动教学过程中总是能保持浓厚的学习兴趣,激发学生内在的学习需求,促使每一个学生学会学习,达到愿学、乐学、会学、善学。例如,在劳动课上,不管学生最后的作品做得怎样,教师总是能肯定学生的作品,总是能肯定学生为作品付出的一切劳动,相信回到家中,父母亦是如此,都会肯定孩子的作品并且非常高兴。

(三) 与语文学科、美术学科相融合

完成玫瑰花制作后,学生还需用剩下的纸张做一张简易的贺卡,并结合自己所学的语文知识送上最真挚的祝福给母亲,因为有真实体验,孩子们有料可写。与美术的融合,个别学生还会在纸花上画一些图案加以点缀,色彩搭配合理,学生在掌握色彩搭配原理后可以进行天马行空的设计与创造,这也就意味着本课程教学框架下学生的劳动没有过多的形式限制。学生一方面习得劳动技能,另一方面能提高审美能力,感受劳动是创造美好生活的源泉。

(四) 本次活动虽有收获,但也存在不足

如有的学生在活动时会不注意卫生,把一些碎纸、废弃物等扔在地上;有的学生在活动前不能把活动所需要的东西准备好;还有的同学学习有始无终,不能坚持,遇到困难就退缩;还有的学生做手工比较粗心,做出来的作品质量不高等。个别学生在折纸过程中不敢尝试,总是希望其他同学或者老师帮忙。通过这个活动教师进行了反思,有什么好办法能够让学生对手工活动想做、敢做、会做并做得很好呢?经过思考,教师想出了几个改进的方法。① 多关注那些不自信的孩子,对其进行一对一指导,以鼓励为主的方式。亲其师,才能信其道。在平时与学生接触的过程中,不以师长自居,尽量与学生平等交往,建立朋友式的深厚友谊,努力关爱每一位学生的成长。对于个别没有完成好的学生,教师要包容学生的"失败",劳动课实践操作的过程本身就是学生尝试创造的过程,教师要正确看待学生在这一过程中学生所犯的错误,要引导学生正视失败,告诉他们失败并不可怕,可怕的是畏首畏尾、封闭自卑、不敢尝试。② 可以分步骤详细教学,把每个步骤用照片或视频的方式展示在电脑上,因为老师和学生在

讲台展示时,课室大小和座位的限制会影响学生观看演示过程,以图片或视频的方式展现在电脑上,并且有老师或学生在旁边讲解,这样才能让学生更清楚明了地看到步骤,免去学生反复询问教师对错的时间。劳动课上教师的首要职责不在于"教"而在于导,在于营造一种生动活泼的教学氛围,使学生形成一种乐于劳动的心理愿望和性格特征。③ 针对卫生方面的问题,可以细化为评分标准在表格中约束学生,以此来提醒学生注意个人卫生,养成良好的卫生习惯,教师可以引导学生主动参与评价,不断激励学生的劳动热情,自觉端正劳动态度,是取得良好的劳动效果的重要保证。④ 让学生将花束带回家并在母亲节当天送给母亲,应布置让学生拍照或录视频记录的课后作业,家长参与到评价中来,以此反馈本次活动的成果。

劳动教育是一门实践性、综合性很强的学科,在培养学生创新意识这方面,有着独特的途径。劳动教育实践性强,因此在教学过程中,要根据小学生的年龄、心理特点,组织好实践活动。本次课程以母亲节为契机,通过教学,培养学生对小制作的兴趣爱好,适合儿童的心理特征,重视学生的想象力、发散思维、合作意识、成功的快感。总结这节课的教学工作,我坚信,只要教师思想上重视这门学科,不断加强自身学习,提高自身实践能力、指导能力,能意识到学生具有的创造潜能,不断激发学生的创造欲望,坚持"教、学、做合一",劳动教育这门课将在学生的培养中起到越来越重要的作用,在学校中,也应该更加注重劳动教育,让学生从一个学习者逐渐成为一个有责任心、有团队精神、有创新力的优秀人才。

(撰稿人:深圳市坪山区正阳小学　曾苗芳)

第五章

在场的具身性

德、智、体、美、劳五育中,智育所受关注远超其余四育,劳动教育学科地位长期被弱化,学校教育中存在重智轻劳、以讲代劳的现象。劳动教育的具身属性,揭示了劳动实践中既有教师间接经验的传授又有学生直接经验的积累,学校劳动课程需要为学生创设真实的劳动实践情境,学生置身于真实劳动情境中,身体力行投入劳动实践中,才能促成认知的发生和发展。

劳动教育是全面贯彻党的教育方针的基本要求，是实施素质教育的重要内容，是培育和践行社会主义核心价值观的有效途径。劳动教育是我国培育高质量人才和高素质劳动者的关键环节，如何有效开展劳动教育是专家学者和一线教师共同关注的问题。

劳动教育实践中，以劳代教，以讲代劳等现象比比皆是，空想的劳动实践无法促成学生认知的发展。当代具身认知思潮主张心智基于身体、源于身体，根植于身体活动。[①] 在学科知识的学习中，身体的作用往往只是为脑力的学习提供体力的支撑。而在劳动教育中，没有身体参与的劳动不是真实的劳动，没有身体与情境的相互作用，学生将无法从劳动中获得认知的生成与发展。

劳动课程资源稀缺，劳动教育场地不足，学校劳动场景单一等客观因素制约着劳动课程的纵深发展。基于学校现实条件因地制宜创设劳动情境，让学生在真实劳动场域中身体力行地参与劳动实践是培养合格劳动者的必由之路。在实践活动的过程中，只有经由身体的在场，获得真实的身体体验，通过教育所吸收的知识与技能才能被感知[②]。即学校劳动教育应使学习者置身真实情境中，获得丰富而强烈的感官刺激，从而促进认知的生成。

为保障学校劳动课程的顺利开展，学校需整合校内外资源创设劳动实践情境。教师带领学生在学校创设的实践情境中开展劳动，学生在情境中获取身体经验，借助情境进行新旧经验的加工与整合，促进实时信息的动态交互与转化，认知的形成正是在这一过程中发生的。[③] 这种认知的形成，不仅仅是书面知识学习和劳动实践活动的简单叠加，而是在真实情境的实践中充分调动身体与认知共同参与，引导学生交替进行

---

① 叶浩生. 身体与学习：具身认知及其对传统教育观的挑战[J]. 教育研究，2015，36(4)：104-114.
② 叶浩生. 身体的教育价值：现象学的视角[J]. 教育研究，2019，40(10)：41-51.
③ 范微微，王晓琳. 劳动教育中身体的价值意蕴与回归[J]. 教育理论与实践，2024，44(10)：3-9.

"呼吸与思考,像理智的呼吸动作"①。

  本章提供了4个案例,在这些案例中,学校为学生创设了开展劳动项目的真实情境,在教师的带领下学生亲身参与每一项劳动实践活动,以真实情境中的劳动过程强化劳动体验和感悟。"小绿植:我的植物朋友项目设计与实施"和"小农夫:与玉米一起成长项目设计与实施"开辟校园试验田,学生在田间进行一学期的玉米种植,通过观察和记录玉米的生长过程,感受植物生命的力量;"小卫士:清洁让我更快乐"立足教室清洁工作细化劳动任务,充分调动班级成员共同参与到教室环境的维护中,培养学生良好的劳动习惯和生活自理能力;"小养殖:池塘生态养殖项目设计与实施"探索校内物联网科技监控的池塘生态系统建设,在池塘生态系统的建立和维护过程中逐步建立人与自然和谐共处的生态文明理念。

(撰稿人:深圳市坪山区坪山中学 邱芷莹)

---

① [英]傅伊德,[英]金.西方教育史[M].任室祥,吴元训,译.北京:人民教育出版社,1985.

第一节　小绿植：我的植物朋友
　　　　项目设计与实施

每一株植物，曾都是一颗怀揣着梦想的种子，可以是参天大树，也可以是满地花草；每一个人，是一粒不断生长的种子，蕴藏着无限的可能；每一个惊喜的未来，都有一个努力耕耘的当下。"小绿植：我的植物朋友项目设计与实施"案例从一株幼苗的生长开始，将课堂置于自然之中，帮助学生学会种植技能，领悟劳动精神，更引导学生思考人生的意义，懂得人生在于积累与奋斗。

一　背景与理据

教师在实践活动中指导学生种植植物，学生参与植物生长的全过程，观察生命"发生—发展—凋零"的完整周期，教师引导学生认识生命、尊重生命、敬畏生命，从而学会珍惜生命。在实践过程中，学生以小组为单位，通过种植不同的植物，感受生命之神奇，发现生命的脆弱与顽强，在劳动中以劳健心。

"小种植：我的植物朋友项目设计与实施"系列劳动课程围绕生命教育开展，将劳动教育、生命教育、多学科学习变为综合性学习实践活动。在这活动中，学生充分发挥主观能动性，以小组为单位在探索中认识，在实践中学习。通过这一活动，学生感受到了劳动的快乐与光荣，认识到了生命的奇妙与神圣，学到了坚毅、认真、负责、吃苦耐劳的优秀品质，看到了自身价值，懂得了尊重劳动和敬畏生命。

二　过程与策略

"小种植：我的植物朋友项目设计与实施"依据劳动四大素养，设计适合小学不同年级的实践活动。本劳动项目实践活动关注合作探究、实践、学科融合，注重学生实践过程的体验。本项目当前开展年级为1~4年级,过程如下。

(一) 项目资源

开展本项目,所需资源如下(见表5-1-1)。

表5-1-1 项目资源表

环节	绿豆芽朋友	植物重生记	向上吧,花儿	很高兴,"玉"见你
种植前	绿豆、发芽盆、水、黑布、白布、喷壶、移动黑板、板书教具	能扦插的植物枝条、一次性水杯、扦插蛭石、剪刀、喷壶、移动黑板、板书教具	花种子、花盆、土壤、肥料、喷壶、移动黑板、板书教具	玉米苗、种植田、小耙子、有机肥、环保酵素、测量工具、水桶、水瓢、量杯、移动黑板、板书教具
种植中	绿豆、发芽盆、水、黑布、白布	能扦插的植物枝条、一次性水杯、扦插蛭石、剪刀、喷壶	花种子、花盆、土壤、肥料、喷壶	玉米苗、种植田、小耙子、有机肥、环保酵素、测量工具、水桶、水瓢、量杯
种植后	喷壶	喷壶	喷壶、肥料	有机肥、环保酵素、水桶、水瓢、量杯

(二) 项目内容

本项目内容包括种植内容和植物养分来源两个部分。具体内容如下。

1. 种植内容

本项目在结合劳动学科核心素养的要求下,注重综合性、实践性、开放性、针对性和教育性,强调对学生的劳动能力、劳动观念、劳动习惯和品质、劳动精神的培养,促进学生的全面发展。本项目在一至四年级分布不同任务,各年级围绕"植物的种植与生命教育"展开任务,当前主要开展的四个任务如下(见图5-1-1)。

2. 植物的养分来源——环保肥料的制作与使用方法

绿色是生命的象征、大自然的底色,良好生态环境是美好生活的基础,大自然是人类赖以生存发展的基本条件,绿色发展已经成为各国共识。在新时代劳动教育新使命与人类美好生存共识的碰撞下,"小绿植:我的植物朋友项目设计与实施"融入了环保理念。

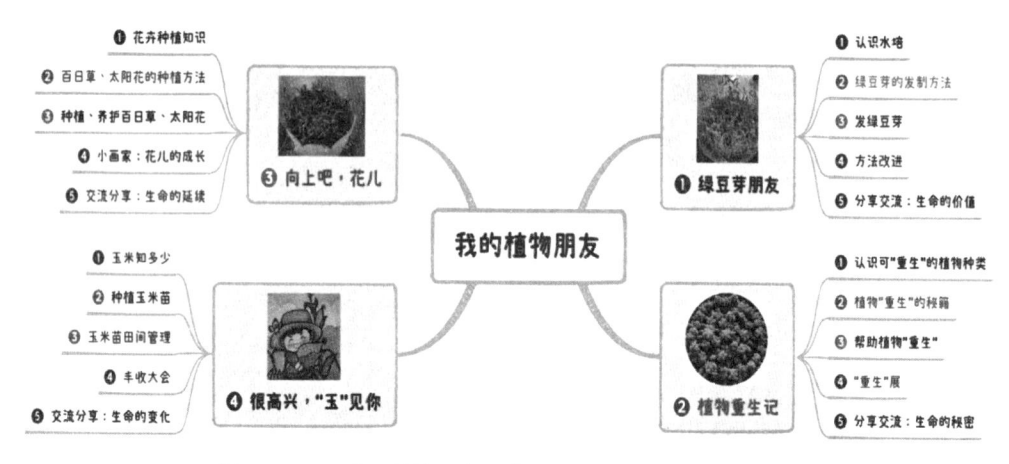

图 5-1-1 "小绿植：我的植物朋友"已开展项目内容图
(图片由学校提供)

各劳动任务开展中，给植物追加的养分主要为环保酵素与有机肥。当前使用环保酵素与有机肥为往年制作成果。具体开展过程为：

(1) 从环保问题出发，教师引出环保酵素和有机肥的妙用；

(2) 引出任务：如何制作环保酵素和有机肥？学生小组通过查询资料、讨论等方式制定初步制作方案；

(3) 教师讲解制作和使用知识，示范操作，学生小组制作，并按时填写环保酵素制作记录表(见表 5-1-2)和堆肥记录表(见表 5-1-3)；

(4) 引导学生建立植物养分源资料库，提升学生归纳总结能力，便于今后查看(见图 5-1-2)。

表 5-1-2 环保酵素制作记录表

时 间	所用材料	过程作业	当前变化	记录员

表 5-1-3 堆肥记录表

时 间	所用材料	过程作业	当前变化	记录员

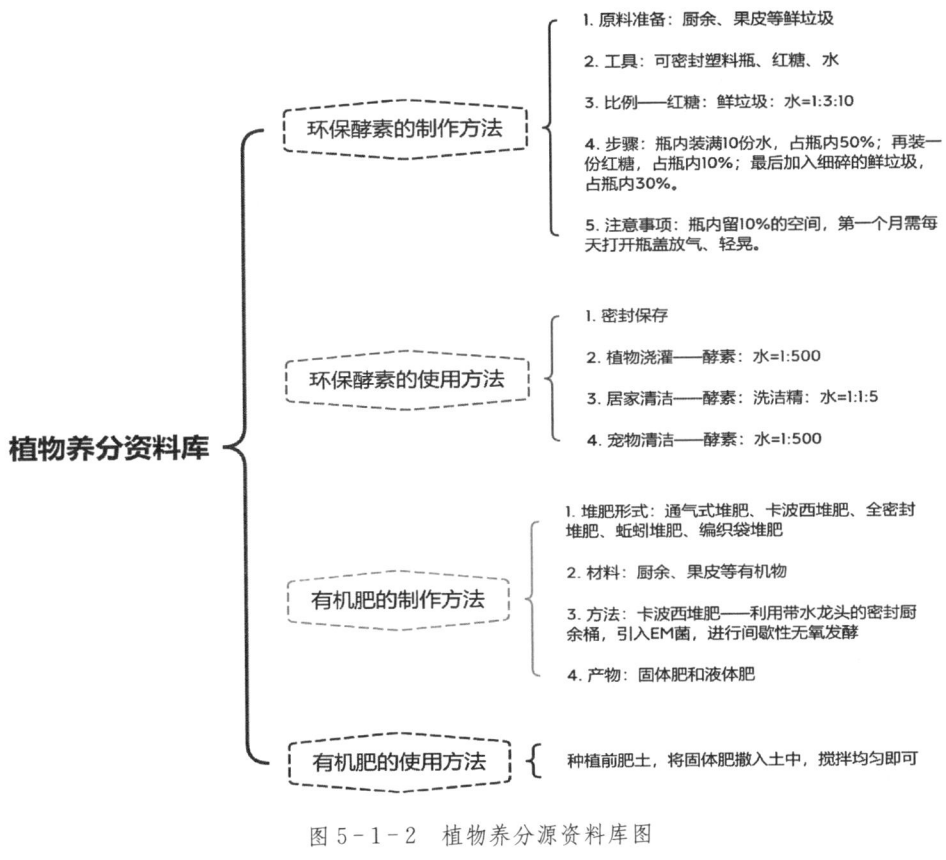

```
植物养分资料库 ┬─ 环保酵素的制作方法 ┬─ 1. 原料准备：厨余、果皮等鲜垃圾
                │                      ├─ 2. 工具：可密封塑料瓶、红糖、水
                │                      ├─ 3. 比例——红糖：鲜垃圾：水=1:3:10
                │                      ├─ 4. 步骤：瓶内装满10份水，占瓶内50%；再装一份红糖，占瓶内10%；最后加入细碎的鲜垃圾，占瓶内30%。
                │                      └─ 5. 注意事项：瓶内留10%的空间，第一个月需每天打开瓶盖放气、轻晃。
                ├─ 环保酵素的使用方法 ┬─ 1. 密封保存
                │                      ├─ 2. 植物浇灌——酵素：水=1:500
                │                      ├─ 3. 居家清洁——酵素：洗洁精：水=1:1:5
                │                      └─ 4. 宠物清洁——酵素：水=1:500
                ├─ 有机肥的制作方法 ┬─ 1. 堆肥形式：通气式堆肥、卡波西堆肥、全密封堆肥、蚯蚓堆肥、编织袋堆肥
                │                      ├─ 2. 材料：厨余、果皮等有机物
                │                      ├─ 3. 方法：卡波西堆肥——利用带水龙头的密封厨余桶，引入EM菌，进行间歇性无氧发酵
                │                      └─ 4. 产物：固体肥和液体肥
                └─ 有机肥的使用方法 ── 种植前肥土，将固体肥撒入土中，搅拌均匀即可
```

图 5-1-2 植物养分源资料库图

(图片由学校提供)

（三）项目过程

"小绿植：我的植物朋友项目设计与实施"不同任务群在不同年级开展，将生活、教育中的问题转化为劳动任务，教师引导学生通过探究、实践、体验等方式，开展具有综合性、实践性、体验性和教育性的劳动任务群。每个劳动任务分别从长知识——学方法——亲实践——晒成果——说反思五个方面按顺序进行。下面以四年级开展的"小绿植：我的植物朋友项目设计与实施"为例进行详细说明。

1. 玉米知多少

开放性问题设置：玉米，你了解多少？

通过开放性问题引导学生思考、讨论，激发学生探索热情。本环节探讨内容包括玉米的经济价值、食用价值、生长习性等。学生以小组为单位先阅读书籍、查询资料，

课前整理相关资料并做好笔记,课上进行分享介绍,教师在学生发言完成后做相应补充。具体学习内容如下(见表5-1-4)。

表5-1-4 "玉米知多少"探讨任务表

玉米的形态特征	玉米叶、玉米种子、玉米茎
玉米的作用	基础调节:健脾益胃、防止便秘
	健康调节:降糖功效、利胆、止血
	美颜调节:美肤护肤、抗衰老

在学生了解玉米的相关知识后,给出种植玉米活动,提出小组探索问题:玉米种植间距和株距是多少?可用什么方法确定?(见表5-1-5)

表5-1-5 定距任务表

探索主题:定距		活动时间:40分钟		技能:用工具定距
玉米的间距和株距是多少?	为什么是这个株距和间距?	所需材料	测量工具的制作、试用和校准	组 评
		棍子、绳子、尺子等	制作测量工具 校准测量工具	☆☆☆☆☆

学生小组讨论、查询资料,确定间距、株距。确定好间距和株距后,教师准备材料(棍子、绳子、尺子等),学生自主设计和制作测量工具。设计制作完成后,现场测试和校准测量工具。

2. 种植玉米苗

玉米苗的种植活动在种植基地中开展,主要流程为:教师示范讲解——学生试炼纠错——学生种植——反思总结。

(1)教师示范讲解内容

教师边示范边讲解种植五步骤,帮助学生理清操作步骤,学会使用工具,掌握种植技巧。在这个过程中,关注学生劳动技能的掌握以及劳动品质的培养。教师讲解说明示范重点内容(见表5-1-6)。

表 5-1-6　教师讲解说明示范重点表

	第一步	第二步	第三步	第四步	第五步
示范讲解重点	肥田：首先将有机肥均匀撒在土地上，再用小耙子将有机肥与土壤混合均匀。	平整土地：用小耙子平整土地。注意小耙子的规范使用，确保安全。	刨坑：确定株距和间距、确定坑的大小。强调工具的使用整理。	种苗：示范种植方法——一手扶苗一手填土，土壤需要垄起但不要盖住底部的小叶子，再压实土壤。	浇水肥：用稀释好的水肥浸润玉米苗根部一周。注意水肥的勾兑比例。

（2）学生试练，教师纠错

教师示范完成后，学生试练。由一位学生试种一颗玉米苗，其余学生以小组为单位，根据观察表填写建议，教师适时引导，及时纠错，避免学生错误劳动或者无效劳动。小组观察表如下（见表 5-1-7）。

表 5-1-7　试炼改进表

	步骤正确	工具使用规范、整理整齐	株距和间距测量准确	爱护玉米苗
改进措施				
等级	☆☆☆☆☆	☆☆☆☆☆	☆☆☆☆☆	☆☆☆☆☆

（3）学生种植

划分责任田开始种植。学生试练，教师纠错完成后，划分小组责任田，以小组为单位种植玉米苗。学生需要根据分工完成种植任务。教师在组间巡视，进行个别指导，帮助遇到问题的小组（见图 5-1-3）。

（4）反思交流

种植过程的评价与反思。种植完毕，采用组内自评、组间互评、教师评价三种方式，对学生的种植过程进行评价。根据劳动教育核心素养制定出以下几方面评价标准（见表 5-1-8）。

学生先组内分享，在小组长的组织下成员一起反思在操作中哪里做得好，哪里需要改进；在教师的组织下，各组同学互相参观成果，完成组间互评，学习其他小组的亮点，帮助解决存在的问题；教师评价穿插在组间评价中，作为每个组间评价的总结性评价。

图 5-1-3 学生种植玉米苗图
（图片由学校提供）

表 5-1-8 组内、组间评价表

评价标准	具体内容	评价方式	等级
积极参与	·积极主动地劳作 ·组员精神饱满、充满活力 ·气氛欢快，过程快乐，热爱劳动	组内自评 组间互评 教师评价	☆☆ ☆ ☆☆☆
团队合作	·明确分工 ·认真负责，做好自己的工作 ·吃苦耐劳，组内、组间爱心互助		☆ ☆☆ ☆☆☆
工具的整理与使用	·规范使用工具 ·安全使用工具 ·爱惜劳动工具 ·整理劳动工具		☆☆ ☆☆ ☆☆ ☆☆
土地利用	·苗间距和株距合适 ·达到最低苗量 ·提高苗量		☆ ☆ ☆☆
种植质量	·爱护玉米苗，尊重生命 ·玉米苗种得正、直、稳 ·小组成员表现好，劳动技能佳 ·田间管理认真负责 ·玉米品质好，产量高		☆☆ ☆☆ ☆☆ ☆☆ ☆☆☆

3. 玉米苗田间管理

教师组织学生学习玉米田间管理知识,培养学生吃苦耐劳、认真负责的优秀品质,引导学生热爱劳动、尊重劳动、珍惜劳动成果;在玉米不同成长时期的管理中,融入生命教育,帮助学生感受生命的神奇与脆弱,引导学生关爱生命、尊重生命、敬畏生命。

学生以小组为单位定期进行玉米苗田间管理,体会劳作的艰辛,感受劳动的光荣,填好玉米成长记录表,绘制玉米成长相册(见表5-1-9、图5-1-4)。

表5-1-9 玉米成长记录表

组名:

成长阶段（时间）	特征	注意事项	田间管理方法	能否收割	管理人	成员表现评价	
						评价标准	等　级
V6-6叶期						认真负责 吃苦耐劳 团结互助 热爱劳动 关爱生命	☆☆☆☆☆
V10-10叶期							☆☆☆☆
……							☆☆☆

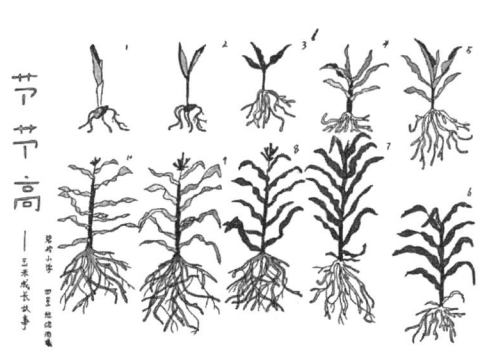

图5-1-4 玉米成长相册图

(图片由学校提供)

4. 丰收大会

丰收大会设计了四部分。一是收玉米,学生学会如何收割玉米;二是玉米秆的处理,"落红不是无情物,化作春泥更护花",用玉米秆进行堆肥;三是玉米展会,从数量和品质两方面评选"玉米皇"。评价表如下(见表5-1-10);四是玉米变变变,农夫化身小厨神,自己动手,丰衣足食,用劳动犒劳自己。

学生组织和开展丰收大会,教师根据表5-1-10内容,引导和协助学生完成竞选。

表5-1-10 "玉米皇"竞选表

组　名	玉米产量	玉米品质		玉米皇等级
		评价标准	等　级	
劳动光荣组		米粒饱满 色泽鲜黄 玉米清香 整体粗大	☆☆☆	☆☆☆☆☆
阳光劳动组			☆☆☆	☆☆☆☆☆
……			☆☆☆	☆☆☆☆☆

5. 交流分享:生命的变化

分享交流会以座谈会形式开展,学生组织,教师协助,整个过程重体验感受。一边品尝玉米美食,感受丰收的喜悦,感受劳动带来的快乐,一边分享心得体会。谈话指引表内容如下(见表5-1-11)。

表5-1-11 分享会指引表

谈　话　内　容	学　生　分　享
看着这些美食,你想说什么?	
本次劳动你学会了什么?	
本次劳动你最难忘的是什么事情?	
你对劳动有什么认识?	
我们参与了玉米的一生,你有什么感受?	
从生命角度,玉米苗的成长让你懂得了什么?	
通过本次劳动,你对生命有什么理解?	

三　成效与反思

"小绿植：我的植物朋友项目设计与实施"从学生的真实问题出发，围绕《义务教育劳动课程标准（2022年版）》的任务群设计内容，制定实施方案。在课程开展中根据本校现有资源，结合学生需求和教育问题，重体验、感悟，重学科融合，重自主创新。经过师生两学期持续不断地努力，项目取得了较好的效果。

（一）关注学生需求，面向全体学生

课程内容从单一的种植课发展为学科融合的综合实践课，丰富课程内容。学生在劳动过程中，不仅体验到了劳动带来的快乐与满足，更能在劳动中发现自己的特长，学会欣赏自己、关注自己的真实需求。关注学生不同需求与特长，增强了课程的实用性与适用性。坚守劳动教育的本位，体现出了体力劳动基础上的体脑合一、身心合一、知行合一、学创合一。

（二）提高学生的团队合作、实践创新的能力

课程资源从课堂资源、校内资源扩展到社区资源，给学生创设真实的教育情境，搭建真实的实践平台，帮助学生沉浸到课程中去，自然而然地发现问题。通过任务驱动团队合作学习，在实践中学会操作，在探索中尝试创新。最后组织学生交流反思，让学习在交流中自然而然发生，锻炼学生的团队合作和实践创新能力。整个劳动过程都在真实的环境中发生，给学生提供了不同于学校教室的课堂环境，学生能沉浸在真实的劳动环境中，根据劳作需要制定合作计划，提高团结协作能力。对真实的劳动问题认真探索思考，寻找解决方案，提高了学生的实践创新能力。

（三）提高学生的劳动积极性和创造性

课程实践方式注重完整性。学生在完整的课程中，能积极主动地调动所学知识解决问题、探索创新。以小组为单位划分责任绿植，学生成为劳作的主要责任人，全程负责绿植的生长与养护。课程的完整性极大地激发了学生参与劳动的主动性、积极性。小组间定期开展交流互动，互相分享经验，互相学习，避免无效劳动或错误劳动，提高劳动质量。体验贯穿于整个劳动课程，体验真实、强烈，学生劳动主动发生。

(四) 开放式评价,回归育人

课程评价重视感受与体验,帮助学生获得丰富的劳动体验,习得劳动知识与技能,感悟和体认劳动价值,培育劳动精神,在课程实践中实现了劳动素养的提升。评价重过程体验,重劳动育人,教师在实践操作和评价总结中,引导学生总结劳动知识与技能,感受劳动的价值,逐渐领悟劳动精神。教师还引导学生从玉米苗的生长走进对生命的认识,感受生命的神奇与伟大,了解生命的兴衰与延续,感知生命的意义,帮助学生认识生命、引导学生尊重生命和敬畏生命。从劳动走进生命,用行动呵护万物。

劳动课综合性极强,注重理论与实践的统一,教师在指导中需要将理论与实践糅合在一起,及时帮助学生解决实践中遇到的问题。正所谓众人拾柴火焰高,劳动课还需要各科教师的通力合作才能实现 $1+1>2$ 的效果,为学生的小组合作做示范。劳动活动的设计与实施,还需要根据学校和社区现有的条件因地制宜。劳动课程内容,需要结合时代,巧妙利用当下现有的科技与设备,让劳动内容更加的充实与饱满。不同的课程内容、不同的学生、不同的实施环境,需要探索不同的方式,劳动永远在路上。

(撰稿人:深圳市坪山区碧岭实验学校　秦　臻)

第二节　小农夫：与玉米一起成长项目设计与实施

"春种一粒粟,秋收万颗子",粮食的丰收离不开农民的辛苦耕耘。当我们吃着软糯甜香的玉米时,你是否想过这金黄的玉米是如何从一粒种子长成玉米棒子?让我们捋起袖子,扛起锄头,走进田野大地,去体验育种、锄草、施肥、除虫、结穗、收割、晾晒,最后一起享用香甜的玉米吧!通过这一系列活动,希望你能仔细观察玉米从一颗小小的种子发芽、生长、开花、传粉、受精到成熟的整个过程,去发现植物生长与生命的奥秘,体验收获的喜悦吧!

结合学校"一切为了学生终身发展"的办学理念,以"小农夫:与玉米一起成长项目设计与实施"为例,设计并推行了一系列农业生产劳动项目教育课程,充分利用现有教育资源,进行创新式劳动教育探索。这门面向初中生的劳动教育课程注重学生体验、实践创新、课程评价与德育渗透,让学生在较长时间的农业种植过程中领悟自然生长规律,感受劳动带来的美好体验,养成热爱劳动的习惯,树立正确的劳动价值观。

一　背景与依据

长期生活在城市里的学生,由于缺乏农村生活体验,不了解玉米的繁殖和栽培,更感受不到春天"田水冷酸酸"、夏日"汗滴禾下土""粒粒皆辛苦"的耕作之苦。学校通过设置以地理为核心,围绕生物、历史和劳动教育的实践项目"小农夫:与玉米一起成长项目设计与实施",引导学生参与玉米的繁殖和栽培、收获与加工,让学生充分体验并激发学生对学习和劳作的兴趣,有效提升实践力,学会团结协作。同时,通过玉米的种植,可以培养学生对乡村劳动的认同感和一颗感恩的心。

为了帮助学生认识玉米,学校利用楼顶的"天然土地"开辟了一块玉米田,引导学生参与育种、锄草、施肥、除虫、结穗、收割、晾晒这一系列的活动过程,最后集体享用香喷喷的玉米感受丰收的喜悦。学校结合玉米的成长过程设计相应特色的体验活动,学生通过活动经历玉米从一颗小小的种子发芽、生长、开花、传粉、受精到成熟的整个过程,让学生体验植物生长与生命的奥秘。在种植活动之外,学校还组织学生制作玉米须茶,烹饪糯香玉米排骨、玉米饼等美食,通过这些活动将丰收的喜悦传递给更多亲人朋友。学生深入参与劳动的各个实践环节,解决遇到的劳动问题,可以形成深度劳动认知。①

二 过程与策略

本项目由学生感兴趣的驱动问题导入,提出明确的任务要求,引导学生通过分工合作开展玉米种植劳动实践。各组学生在精心种植玉米的过程中根据任务清单完成相应的培育任务,并依据评价表进行过程性评价,以评促学。等到玉米成熟之后,各组进行项目活动总结与成果分享,一边品尝由玉米制作的美食,一边感悟劳动成果的来之不易。在实践过程中学生逐渐养成热爱劳动和珍惜粮食的好习惯,潜移默化、润物无声。项目流程见图 5-2-1。

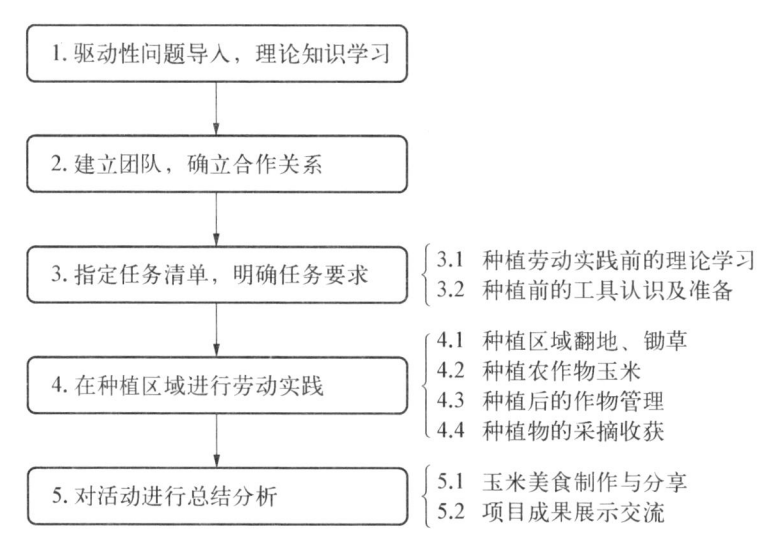

```
1. 驱动性问题导入,理论知识学习
          ↓
2. 建立团队,确立合作关系
          ↓
3. 指定任务清单,明确任务要求 ──┤ 3.1 种植劳动实践前的理论学习
          ↓                    3.2 种植前的工具认识及准备
                              ┌ 4.1 种植区域翻地、锄草
4. 在种植区域进行劳动实践 ──────┤ 4.2 种植农作物玉米
          ↓                   │ 4.3 种植后的作物管理
                              └ 4.4 种植物的采摘收获
5. 对活动进行总结分析 ──────────┤ 5.1 玉米美食制作与分享
                               5.2 项目成果展示交流
```

图 5-2-1 项目流程图

(图片由学校提供)

---

① 周爽.依托劳动课程任务群 提升学生劳动素养——基于《义务教育劳动课程标准(2022年版)》[J].辽宁教育,2022(17):31-34.

（一）驱动性问题导入

本课程用当下爆火博主李子柒的回归乡村田园系列之《水稻的一生》的视频引入，让学生在观看水稻种植与生长的过程中感受乡村氛围，体验农田耕作的乐趣，探索农作物的种植与生长过程。通过视频调动学生的积极性后，提议学生进行一个学期的"楼顶玉米种植活动"，和老师一起完成玉米种植的不同环节并做好观察记录，最终形成研究报告。

（二）明确学习要求与组建团队

为了使项目有序进行，提升学生的团队协作能力，在劳动实践开始前对学生明确项目规则和小组合作要求，包括农具使用、组员分工、生长记录、劳动安全防护等内容。分组之前先调查了解每个学生的兴趣爱好和擅长之处，再根据学生的意愿进行分组，保证组员的异质性，尽量做到性别和能力均衡分组。

（三）理论知识学习

1. 初识玉米种

为了帮助学生认识玉米，教师引导学生从认识玉米种开始，通过观察和实验，掌握玉米种结构，学会鉴别玉米种子。首先，教师给每组学生提供新鲜的玉米种子，让学生把观察到的玉米种子结构写下来，再结合图片说出玉米种子的结构。随后，教师给每组学生提供实验装置，带领学生通过实验进一步了解玉米种子的结构。每组学生观察完玉米种子后，结合教师的讲解内容填写表格。最后，教师给各组学生提供至少5种不同种类的玉米种子，并介绍各种子的生长习性，带领学生完成不同玉米种子的对比图。除此之外，教师还向学生介绍深圳的气候条件，为学生选择适当的玉米种子奠定知识基础。

2. 走进玉米

中国是生产玉米的大国，生产生活中对玉米的需求也较大。学生要学会结合地理因素，选择适合玉米生长的环境，树立因地制宜的观念。首先，学生通过查阅互联网资料，总结归纳玉米的起源和发展历史并分享。随后，学生利用所学地理知识，结合深圳市自然条件，分析玉米的生长条件。最后，结合中国农作物分布图，学生分组自制中国玉米分布图。教师在课堂上对各组学生绘制的"玉米产区分布图"进行评价，并指出改进建议。

（四）劳动实践

1. 认识并学习使用劳动工具

教师根据项目内容的需要，提前为每个组购置耕作农具，包括小锄头、小铁锹、小镰刀、水桶、浇水器材等。在课堂上,教师将农具分发给每个小组,并为学生介绍每个农具的特点和使用方法。学生在教师的指导下学会安全规范地使用农具。

2. 选地

教师带领学生回顾地图平面图的画法,强调比例尺、图例注记和方向标的使用。接下来,教师为每组学生提供一张空白纸张用于绘制楼顶菜园的平面图。学生到楼顶实地参观菜地,从提前划分好的地块中选择自己组的"菜园子"。各组学生选择好地块后根据课堂所学绘制楼顶菜地平面图,并在图上标出自己小组所选择的地块。

3. 种植区域锄草、翻地

(1) 锄草。教师指导学生先用手拔草,再用小铲子铲除草根,最后把清理出来的杂草放到楼顶花坛里作为生物肥料。

(2) 翻地。锄草工作完成后,各组分别进行翻地工作。在翻地之前,教师可以引导学生思考翻地的目的,然后再告诉学生翻地可以促进农作物吸收土壤中营养物质。在明确翻地的作用后,教师再组织开展翻地工作,让学生在每一步耕作中积累种植的知识(见图 5-2-2)。

图 5-2-2 锄草、翻地
(图片由学校提供)

4. 玉米播种

学生大多没有农耕经历,缺乏实际耕作经验,对农具、播种方法都不熟悉,需要在教师的引导下开展播种活动,在这个过程中体验农耕的乐趣。教师提前买好不同的玉米种子,包括水果玉米、糯玉米、葡萄玉米等。每组学生自己根据喜好讨论选择要种的玉米。播放种植玉米的视频,让学生提前了解播种玉米的流程,并为各小组发放播种玉米的流程图。现场为各组学生示范如何播种玉米,包括平整土地、拔出杂草、挖地、撒种子、施肥、盖土、覆膜等步骤。在各小组播种的过程中,教师对不正确的做法加以纠正并提醒学生注意安全(见图 5-2-3)。

图 5-2-3 挖坑、播种

(图片由学校提供)

5. 种植后的作物管理

(1)玉米生根发芽。学生已经播种了玉米并对玉米种植有一定的了解和热情,教师应该提醒学生注意记录玉米生长的珍贵过程,让学生在记录中体悟植物成长的乐趣,并用心爱护植物幼苗。教师可以为各组学生提供"玉米成长记录表"(见表 5-2-1),引导学生学会边观察边填表,并为学生提供已有的玉米成长种植记录表供学生参考,教师对各组学生的"玉米成长示意图"可以进行评价修正与存档。

表 5-2-1　玉米成长记录表

日期	天气	植物生长情况描述(发芽、土壤温度、根叶生长、病虫等)	我的活动(播种、锄草、松土、施肥等)	我的收获

(2) 玉米苗期管理。玉米苗破土而出后会面临苗期管理的问题,教师可以趁此机会培养学生的观察能力和实事求是的心态,知晓"拔苗助长"的弊端,感悟成长规律和生命的坚韧。教师可以通过视频资料介绍玉米的苗期,并组织学生进行实地观察和记录。在玉米苗期可能出现诸多问题,如缺苗、杂草、虫害等,教师根据实际问题教授学生查苗补苗、中耕除草、防治虫害的技能,督促学生做好护苗使者。

(3) 玉米施肥。玉米苗在生长的过程中需要施肥,这给了学生认识肥料的机会,在施肥的过程中学生可以更进一步了解农业科技的作用,树立科技兴农的意识。教师带领学生购买市场上常用的玉米肥料,了解不同肥料的主要作用,并结合土壤情况与玉米生长情况做好施肥计划。师生通过视频学习掌握施肥方法,并挑选合适的时间进行恰当的施肥(见图 5-2-4)。

(4) 玉米浇灌。结合视频案例讲解浇灌农作物的不同方式及其特点、改进之处,包括喷灌、滴灌、大水漫灌等方式。学生在比较每种浇灌方式的优劣后选择适合自己组的浇灌方式。各组同学在教师的指导下运用浇水工具有序地浇灌自己组内的玉米地,并做好安全防范和节水措施(见图 5-2-5)。

图 5-2-4 挖坑、播玉米苗施肥
（图片由学校提供）

图 5-2-5 挖坑、播浇灌玉米
（图片由学校提供）

（5）玉米授粉。学生通过视频学习,了解授粉过程,在教师的指导下学会手工授粉。在本次实践活动中,我们使用报纸制作取粉器,用干净的瓶子作为授粉器。花粉采集之

图 5-2-6 手工辅助授粉
（图片由学校提供）

后,学生用筛子去除花粉中的粉囊、颖壳等杂物,然后再将花粉转入授粉器中准备授粉。在教师的指导下,学生完成玉米的人工授粉过程(见图 5-2-6)。

6. 采摘收获玉米

经过一个学期的辛苦劳作后,玉米逐渐成熟,学生脸上洋溢着收获的喜悦。教师先指导学生查阅资料,了解玉米晚收的好处及判断依据,比较机械收割玉米和人工收玉米的区别和差异,再以小组为单位,人工收获玉米,并进行脱粒。最后,各组写一篇关于种植玉米的小短文,写出亲眼见证玉米从种子到果实的过程中的所想所感,并在班级朗读交流(见图 5-2-7)。

图 5-2-7 收获玉米
（图片由学校提供）

7. 玉米美食制作与分享

学生首先利用互联网,查阅有关资料,然后在班级内部分享玉米须的作用与功能,再结合网络视频的指导方法,亲自选择优质的玉米须,与家长朋友一起制作玉米须茶。

除此之外,教师还组织学生查阅资料,了解玉米主要的农副产品,通过观看视频,制作玉米为原料的菜肴和传统小吃,并与亲朋好友分享这些美食。

(五) 项目评价

评价活动贯穿项目全过程,包括过程性评价和终结性评价。学生上交观察日记、过程图片及视频、活动感想、玉米种植研究报告等,学生自己也需要对本次活动过程及收获进行总结,并对他人及其小组作出客观公正的评价。此外,每组学生在每个环节都有相应的评价表,最终等级由学生自评、学生互评和师评共同决定。评价表见表5-2-2。

表5-2-2 评价表

评价方式	评价指标		
过程性评价 (权重60%)	核心知识及应用评价	1. 玉米生长的自然条件及生长特性	A 能够全面而清晰地分析玉米生长的自然条件及生长特性。
			B 比较全面地分析玉米生长的自然条件及生长特性。
			C 只能零散地说出玉米生长的自然条件及生长特性。
		2. 玉米繁殖、栽培和病虫害防治注意事项	A 能够全面地说出玉米繁殖、栽培和病虫害防治注意事项。
			B 比较全面地说出玉米繁殖、栽培和病虫害防治注意事项。
			C 只能零散地说出玉米繁殖、栽培和病虫害防治注意事项。
		3. 制作2种以玉米为食材的美食	A 能够熟练制作至少2种以玉米为食材的美食。
			B 能够说出至少2种玉米为食材的美食。
	核心能力及应用评价	1. 收集资料和整理	A 积极参与收集资料,能够正确整理资料。
			B 参与收集资料,能整理一般的资料。
			C 基本上不参与资料的收集与整理。

续　表

评价方式	评价指标		
过程性评价（权重60%）	核心能力及应用评价	2. 发现问题与解决问题	A　能够提出问题,结合所学,合作解决问题。
			B　同伴提出问题后,能跟着小组一起去解决。
			C　不能发现问题,也无法解决问题。
		3. 合作与参与态度	A　做到全员参与,活动过程中做到精神饱满,有团队合作精神。
			B　做到全员参与,活动过程中精神面貌不太到位。
			C　不能全员参与,活动过程中精神面貌不太到位。
终结性评价（40%）	结果性评价：撰写玉米生长观察报告	A　报告内容全面且充实,图文结合,可读性强。	
		B　报告内容基本上符合要求。	
		C　报告内容太过简单,内容不全。	
等级评定	最终成绩＝过程性评价（60%）＋终结性评价（40%） 评价等级：(1) 85分以上为优秀；(2) 70—84为良好；(3) 60—69为合格；(4) 60分以下为不合格。		

三　成效与反思

本项目的成果包括过程性成果和项目最终成果,过程性成果由观察日记、过程图片及视频、活动感想等组成,项目最终成果是指"玉米观察研究报告",由小组合作完成并在全班分享交流。本次劳动实践项目转变了学生的学习方式,从被动体验劳动转型到主动学习探索劳动、从体力劳动转型到手脑并用的综合劳动。通过亲身体验种植过程深入理解农作物相关知识,学会了基础的种植技能,并在一系列活动中养成了热爱劳动的习惯,提升了问题解决能力与劳动素养。

(一) 引导学生关注生活,调动学生的劳动积极性

离学生生活越近,学生越感兴趣,本项目开发的楼顶玉米种植活动就利用学生身边的土地开展农业生产活动,学生随时可以观察并记录自己的玉米生长情况。玉米也是学生生活中常吃的食物,能够亲自种植并收获玉米是一个充满好奇心与成就感的过程,能够充分调动学生的劳动积极性,并在这个过程中逐渐形成关注生活、热爱生活的积极态度。

(二) 在劳动实践项目中丰富学生的生活体验

说不如做,学生在多种多样的劳动实践中能够丰富自身体验,在真实体验中感悟劳动成果的来之不易,并养成热爱劳动的习惯。本项目设计了丰富的户外劳动实践活动,包括育种、锄草、施肥、除虫、结穗、收割、晾晒等,学生在参与的过程中兴致勃勃,不喊苦和累,每个孩子都精心守护自己的玉米苗,期待着苗苗茁壮成长。更重要的是,学生会在各个环节遇到不同的实际问题,比如虫害、肥力不足、缺水等,学生就会思考如何更好地解决这些问题,这利于提升学生发现问题与解决问题的能力,培养批判思维与创造力。

(三) 在劳动实践中帮助学生形成正确的情感态度价值观

思想价值观不是讲出来的,而是从一系列实践活动中所产生的感受出发,在理解的基础上表示认同。由浅层情绪体验逐渐上升为深层情绪体验,进而达到知情意行的统一。玉米成长是一个缓慢的过程,既需要学生在田间地头亲力亲为,完成每一项种植活动,又需要极大的耐心与细心。教师要抓住这些实践活动中的价值观教育机会,适当地融入劳动观教育,培养学生独立自主的能力与勇于挑战的精神。

(撰稿人:深圳市坪山区坪山实验学校 马红燕)

第三节　小卫士：清洁让我更快乐项目设计与实施

一屋不扫何以扫天下？整理清洁的良好习性可以影响一个孩子的一生。培养孩子从小养成爱清洁、爱整理的良好品质，形成会整理、善清洁的良好习惯，不仅可以优化学习环境，而且有助于提高孩子的学习专注度进而提升学习效率。我的地盘我清洁，行动起来，一起养成整理的好习惯吧！

一　背景与理据

中山小学自建校伊始，就把习性教育作为育人的核心理念，倡导"习惯引领发展，性格影响未来"，注重培养学生良好的习性。在"六习"理论的指导下，学校重视学生从小处着手，"积习成性，知行合一"。其中，有关清洁卫生的劳动教育就是教书育人与习性培养的重要抓手。在学校的"六习"理论体系中，"习体"包括体美、体勤和体健，其中，体勤既指勤于锻炼，也指勤于探索与实践，勤于清洁与整理等。在培育德智体美劳综合素质普遍提升的优秀学子的过程中，清洁整理的劳动过程及技能培训必不可少。

低年级是学生良好习性培养的关键时期。刚进入一二年级的学生，自律性还不强，各方面发展参差不齐。综合来看，在学校量化管理的扣分表上，显示着低年级的日常规范、仪容仪表、抽屉、桌椅整洁整齐等方面扣分较多；有些孩子屡屡被扣分却无从下手。有些被家长溺爱着的"小公主""小王子"们更是在日常自理自律方面比较欠缺。部分学生不但没有清洁的意识、良好的卫生习惯，而且也不具备清洁卫生的方法技能。劳动教育与劳动相关的综合性实践活动可以创设鲜明可感知的教育环境，开设专门的清洁整理相关的课程与活动，让学生在积极地参与、体验中感受全面的教育与提升，势在必行。

二 过程与策略

(一) 培养清洁卫生意识

1. 在幼小衔接的阶段培养清洁卫生的习惯意识

在一年级入学伊始,及时召开"清洁环境,人人有责"主题班会,通过案例对比,引导学生树立清洁、卫生的意识,逐渐培养清洁卫生的习性;厘清校纪班规,让学生逐渐了解清洁的环境,良好的卫生习惯对优良班风的形成,良好品行、优雅仪表的形成有着举足轻重的作用。让学生知道培养良好的清洁卫生习惯不仅仅关乎个人良好的形象,还关系到班级的风貌,还关系到整个学校的良好风气。如果整洁卫生不达标还有可能因此被扣分、批评、针对性训练等。如果整洁卫生技能娴熟就可能代表班级参加每年一次的学校整理技能大赛,为自己和班级获得荣誉。从而,使学生普遍树立清洁卫生意识,人人有意愿,个个爱整洁。

2. 重视家校互动,积极联合家长力量,培养孩子个人清洁卫生的习惯

注重引导形成"人人讲卫生,家家爱整洁"的良好风气;形成对家人经常活动的场所:卧室、书房、客厅等定期开展清洁整理、家庭大扫除等活动的意识,树立每个季度开展一次家庭闲置、旧物"断舍离"的行动意识。

3. 培养独立自主意识

清洁卫生关乎个人健康、关乎快乐成长。但是在大部分家庭中,有老人的帮助,父母的代劳,很多孩子被无意中剥夺了自己整理清洁的机会和能力。本项目劳动课程积极引导与鼓励学生"自己的事情自己做,家里力所能及的事情抢着做"的良好意识,让学生在清洁卫生的课程活动中充分发挥主体作用。

(二) 制定清洁方案

1. 厘清需掌握的基本清洁技能

根据《义务教育劳动课程标准(2022年版)》要求,并查阅相关资料,本项目初步界定适宜各个年龄段的清洁卫生技能。以一二年级为例,扫地、擦桌子、洗餐具、会垃圾分类、会科学洗手等是该阶段学生必备的清洁整理劳动技能。熟练掌握并有效实践这些基本的生活清洁技能,不仅可以让学生的生活、学习环境质量大为改观,还能提高效率、提升学生的自信心。

2. 清洁标准制定

在小组讨论和集体表决的形式下,依托《义务教育劳动课程标准(2022年版)》和学校德育处的日常管理规范,本项目制定了一系列清洁与卫生的检查标准。

(1) 以教室卫生检查为例,制定了卫生检查表(见表5-3-1)。

表5-3-1　二(X)班卫生检查表

检查时段与反馈	检查内容
课间操卫生	☐ 卫生工具摆放整齐 ☐ 垃圾倒掉 ☐ 地板干净 ☐ 讲台前后、走廊干净 ☐ 桌椅对齐 ☐ 桌面清空 ☐ 电脑、风扇、空调、电灯关闭
中午卫生	☐ 卫生工具摆放整齐 ☐ 垃圾倒掉 ☐ 地板干净 ☐ 讲台前后、走廊干净 ☐ 桌椅对齐
	组长签字:
下午放学	☐ 卫生工具摆放整齐 ☐ 垃圾倒掉 ☐ 地板扫拖干净 ☐ 讲台前后、橱柜、书柜、水杯柜、走廊干净 ☐ 桌椅对齐椅子放下,推好 ☐ 桌面清空 ☐ 电脑、风扇、空调、电灯关闭 ☐ 门窗干净、外窗关紧 ☐ 黑板干净、课程表、作业布置栏干净
反馈	○ 表现全优 ○ 打扫不认真学生:
离校时间	
	组长签字:

(2) 对个人卫生也进行了相关的要求与规范。

基础要求:常洗澡、洗头,勤剪指甲,养成早晚刷牙的好习惯。服装整洁,提倡每天穿着校服;饭前便后要洗手,经常保持手的卫生。违反者每人/次扣1分。

特别要求:认真做好眼保健操,保持正确的读书写字姿势。违反者每人/次扣1分。

(三) 具体实施

1. 集体讨论,制定方案

在厘清评价标准的前提下,全班一起以小组讨论的形式进行自主探索、研究,如何去创设一套科学高效的清洁卫生方法,制定了"一主两辅"的实施方案。

"一主"指每日的常规值日,全班45人,每组9人,共分成5个值日小组进行每天的值日与卫生维护。

"两辅"指两个辅助组织:一是6人小组轮流推举一人担任卫生组长,负责每天的卫生提醒与维护;二是参加午餐午休的22名同学们也4、5人一组轮流进行午餐午休前后的卫生与清洁整理与维护。

2. 常规清洁整理

在具体实践中,为了保证更好的锻炼效果,我们细化了值日分工。

引导学生在各有职责的基础上,相互帮助。清扫顺序从前到后,打椅子、扫地、拖地、倒垃圾、摆放桌椅、整理工具、讲桌、书柜、黑板窗台等。为此,项目制定了相关的清洁卫生策略学习记录表格(见表5-3-2)。

表5-3-2 清洁卫生策略学习记录表

学生姓名: 学生年级: 日期:

自我教导语		步骤	说	做
扫地	1	工具准备(扫把、撮子、拖把、水桶)		
	2	用扫把从前至后清扫地面		
	3	将垃圾扫到一处用撮子撮起		
倒垃圾	1	检查地面是否还有垃圾		
	2	将垃圾装进垃圾袋,送往学校垃圾处理中心		
接水	1	水桶接1/3的水,加入1勺消毒粉,浸湿拖布		
从前往后拖	1	"N"字形向后退拖地面		
	2	涮洗拖布、水桶,倒掉脏水,拖桶、拖把归位		

续表

自我教导语		步骤	说	做
擦桌子	1	工具准备(浸湿、洗净抹布)		
	2	用抹布擦桌面,将垃圾包起放进垃圾袋		
	3	搓洗抹布		
	4	"Z"字形擦拭桌面,顽固污渍戴手套,加入洗涤剂、消毒液等擦拭		
	5	冲洗抹布并拧干晾晒		
擦窗台	1	浸湿、清洗抹布		
	2	沿窗台擦拭,拉动窗扇擦缝隙		
	3	擦台面		
	4	冲洗抹布并拧干晾晒		
清洁抽屉	1	同类书籍放一起		
	2	从大到小往叠整齐		
沿线摆桌椅	1	沿地板线对整齐(横向)		
	2	沿地板线对整齐(纵向)		
	3	椅子轻轻推到桌子下方		

3. 日常清洁维护

整理清洁的实施工作重要,清洁卫生环境的保持更为重要。为了更好地维持教室里洁净的环境,不断强化同学们的整洁、卫生习惯,除了有明确的分工,本项目活动还设置了明确的时间节点去专门维护、清洁。

(1) 课间卫生维护。为了保持整洁卫生的环境,让每位同学养成自觉维护、自觉保持清洁卫生的良好习惯,师生共同探讨制定了相关的规定与提醒。每一节下课时,喊完"老师再见,老师辛苦啦"告别语之后,值日班长会大声提醒大家:"下一节是**课,先准备后休息。"同学们集体接着说:"摆桌子、对椅子,地面垃圾要捡起。"

(2) 中午放学整理。每天中午放学时,学生有的准备参加午餐午休,有的准备排队回家,心情会比较激动,特别是男同学,动作较大,桌椅容易歪歪扭扭。此时,也需要提醒大家,清空桌面,推好椅子,保持教室的整齐整洁。值日班长会提醒大家:"清桌面!"同学们回应:"推椅子!"值日班长提醒:"去排队。"同学们齐声回应:"抽屉垃圾要清理!"

(3)下午放学时。由于同学们要收拾书包,背着需要的书籍、练习本、文具等回家,此时的动作会更大,桌椅摆放的整齐度降低。特别是为了方便值日,所有的同学都必须在离开座位后把椅子扣放到桌面,等值日完成后,值日生再放下椅子并推靠桌子。所以,我们也制定了放学后的整洁卫生操作要求。

教室内,值日班长会提醒大家:"扣椅子!"同学们齐声回应:"去排队!一日垃圾要清理!"随着口令,检查自己抽屉和侧面的垃圾袋是否有垃圾,如果有垃圾,需要及时清理。如此,整个班级整体会比较整洁,会更加方便值日生快速值日。

教室外,路队长提醒大家:"扎衣服!"同学集体回应:"扣扣子!"

路队长提醒:"拿水壶!"同学们集体回应:"快静齐!"遇到垃圾要捡起。

长此以往,学生更容易形成良好的环境维护意识,离开座位会随手推上椅子,看到垃圾会随手捡起,对环境卫生的维护起到了良好的作用。

4. 团结互助,习惯常抓

在习惯培养的过程中,总是有的同学习得比较快,有的比较慢,有的已经有了良好的整理清洁意识和技能,有的还停留在启蒙或者抗拒阶段。这就导致了一个班级的学生整理和清洁的认知水平和执行标准高低不齐。

充分考虑到不同学生的习惯养成速度的快慢,并充分利用孩子们积极向上、愿意做"小老师"的心理特点,引导学生在清洁卫生等方面的结对帮扶。对动手能力稍微弱的同学特别引导与强化。

5. 日常评比与技能竞赛相结合

为了让整理、整洁的习惯更加深入人心,让更多的同学们习得更高效、有序的整理、整洁技能。班级每周会结合劳动课、综合实践课、班会课等相关主题,抽出10分钟进行桌面与抽屉的彻底清洁。对特别整洁的学生给予小红花的奖励,对不达标的学生要安排"整理小标兵"带着重新整理。

为了让教室内环境更加宽敞、整洁,教室外面特别安排了其他物品收纳柜。教室书桌的抽屉内只建议放经常使用的书本和文具,其他的东西如跳绳、马克笔等,统一放置于教室外面的收纳柜里。需要时才提前拿取,用完再及时放回。

每月开展一次清洁卫生单项比赛。从桌面清洁、抽屉整理、仪容仪表、书包整理等项目为主,开展定期的清洁整理比赛并颁发相应的荣誉。学校每年开展全校范围的清洁、整理习性比赛。为了更好地评比,我们特制定相关技能比赛记录表(见表5-3-3)。

表5-3-3 学生清洁技能比赛记录表

学生姓名： 学生年级： 日期： 等级：

评分项目	步骤	评 分 内 容	计分	行为表现
地板清洁	1	工具准备(扫把、撮子、拖把、水桶)		
	2	用扫把从前至后清扫地面		
	3	将垃圾扫到一处用撮子撮起		
	4	检查地面是否还有垃圾		
	5	将垃圾装进垃圾袋,送往学校垃圾处理中心		
	6	水桶接1/3的水,加入1勺消毒粉,浸湿拖布		
	7	"N"字形向后退拖地面		
	8	涮洗拖布、水桶,倒掉脏水,拖桶、拖把归位		
桌面清洁	1	工具准备(浸湿、洗净抹布)		
	2	用抹布擦桌面,将垃圾包起放进垃圾袋		
	3	搓洗抹布		
	4	"Z"字形擦拭桌面,顽固污渍戴手套,加入洗涤剂、消毒液等擦拭		
	5	冲洗抹布并拧干晾晒		
窗台清洁	1	浸湿、清洗抹布		
	2	沿窗台擦拭,拉动窗扇擦缝隙		
	3	擦台面		
	4	冲洗抹布并拧干晾晒		
完成率			总分	

说明：
无提示5分,口头提示4分,手势提示3分,示范提示2分,肢体提示1分,若提示后仍未完成,该步骤为0分。

6. 环境创设，氛围营造

为了营造更积极向上的整理整齐的学习环境，班级分组轮流制作"垃圾分类、整理习性"等相关的黑板报等，让清洁、卫生的意识深入人心，让垃圾分类的理念根植入心。同时，班级还会利用各种活动与契机，开展垃圾分类、清洁整理等相关的习性班会，参加相关的评比活动，树立清洁卫生小榜样。

随着整洁卫生意识的增强，整理、整洁、垃圾分类都已经深入人心，成为人人想做、人人愿做的大好事。在此背景下，学生积极参与坪山区蒲公英计划，涌现出了大批环保小卫士，受到家长和社区的良好评价。

（四）家校合作，习性辐射

俗话说，墙内开花墙外香，榜样的力量是无穷的，良好习性的引领与辐射作用也不容小觑。当越来越多的孩子们养成了良好的整理整洁习性，提升了整理卫生的良好技能，孩子们在家庭中的形象也得到大大改观。

如书包与文具书籍的整理活动的推行，引导着学生养成每日提前准备好学习用品的习惯；每天整理、清洁自己书桌、卧室的好习惯。

有些学生在家长的配合引导下从一年级就养成了热爱劳动、热爱家庭，积极主动做家务，参与生活环境的整洁卫生的整理行动的习性。

为了更好地整合家校合力，中山小学德育处还专门设计了劳动整理卡，每月一份小小的记录卡，记录着孩子们在清洁、整理，良好习性培养上的行动与坚持，也见证着孩子们从一年级到六年级的点滴成长。

三 成效与反思

清洁卫生活动课程的设计及实施，是基于《义务教育劳动课程标准 2022》对劳动实践理论的相关规定及知行合一理论的要求而开展的，应新时代的需求和学生综合素养提升的需要而产生的，对催生学生劳动意识，提升劳动技能，培养积极健康的劳动习惯有推波助澜的作用。

（一）课程设计与实施对劳动思想启蒙有重要意义

清洁卫生课程的设计及实施，让孩子们认识到清洁整理习性的重要性，对提升孩子们积极主动参与整洁、卫生工作的热情大有帮助；同时，使孩子们对基本的清洁技能有了更熟练的掌握，对一些清洁、整理的常用方法、技能、标准等有了更加清晰的认识。

低年龄段的孩子正处于行为习惯形成期与劳动教育的启蒙期，正处于是非对错、整洁与随意的直观感受期，因此低学段应该及时引导学生感知整洁卫生的环境对一个人的健康成长、心情愉悦有着积极的作用；以生产劳动为辅，同时通过儿歌、三字经、诗歌与劳动实践对劳动教育观进行启蒙教育。该设计为培养学生"自己的事情自己做"的独立自强的意识，培养清洁、卫生的良好习惯打下坚实基础。该设计以孩子的自理劳动习惯养成为主要内容，懂得自己的事情自己做，能对自己的生活负责。①

(二) 课程实施有利于学生劳动素养的提升

清洁卫生课程的设计及实施对提升学生的独立自主能力和自信心有重要帮助。

天下难事，必作于易；天下大事，必作于细。清洁卫生这些关乎学生生活的日常小事，看似是小事，但是关键时刻可以改变孩子们对生活的感受和态度。一个经常陷于乱糟糟的环境中和糟糕的卫生状况中的孩子往往是受排斥和自卑的。逐渐改变的直观形象和日益娴熟的整理清洁技巧可以让孩子们的生活更加从容自如，自信心会更容易一点点建立起来。

再次，清洁卫生课程的设计及实施对营造良好的学习与生活环境大有裨益。

所谓，一屋不扫何以扫天下。一个整洁、干净的学习、生活环境更能让人赏心悦目，同时减少无谓的干扰提高学习的效率。

最后，一个经历了整理、卫生过程的学生更能体会劳动的艰辛与快乐，更能体会整洁、卫生环境的来之不易，更能知道尊重和珍惜别人的劳动成果，更懂得感恩。

(三) 课程实践有助于学习方式的变革

清洁卫生课程作为一种基于劳动教育的综合实践，转变了学生的学习方式，从被动体验劳动转型到主动学习探索劳动、从体力劳动转型到手脑并用的综合劳动，学生在不断经历中感受生活处处有知识，知识来源于生活又运用于生活这样系列化的经

---

① 于苏. 新时代小学劳动教育实施策略与教学设计[D]. 重庆：重庆三峡学院，2021.

历,在实践中落实了劳动素养的提升,极大地激发了学生参与劳动的主动性、积极性和创造性;充分锻炼了学生解决现实问题的实践探究能力。同时也让学生在劳动实践的过程中体会到劳动的价值,唤醒学生心中对劳动者的尊重,对劳动成果的珍惜。

(撰稿人:深圳市坪山区中山小学 谭玉苹)

第四节　小养殖：池塘生态养殖项目设计与实施

"绿水青山就是金山银山"的生态环保理念已是共识,作为中学生我们如何在日常学习、生活中践行生态文明思想?"小生态养殖:池塘生态养殖项目设计与实施"将生态文明思想融合进我们的校园学习、生活之中,让此思想化为我们的自觉行动。

根据《义务教育劳动课程标准(2022年版)》,劳动课程内容共设置十个任务群,每个任务群由若干项目组成。其中,生产劳动包括农业生产劳动、传统工艺制作、工业生产劳动、新技术体验与应用四个任务群。[①] 这个项目式学习课例就属于第四个任务群——新技术体验与应用,它的内容要求是:选择1~2项新技术,如三维打印技术、激光切割技术、智能控制技术、数控加工技术、液态金属打印技术等,进行劳动体验与技术应用。熟悉某项新技术的基本工作过程、常用参数设置、材料的适用范围等。根据设计要求选择某项新技术,制订合理的设计、加工方案或设计图样,完成应用某项新技术进行加工、组装、测试、优化的全过程。记录某项新技术在改变传统加工方式、降低加工成本、提高工件质量方面带来的主要变化。感受新技术在生产、生活中发挥的重要作用,体悟劳动人民创造新技术的智慧。[②]

[①] 中华人民共和国教育部. 义务教育劳动课程标准(2022年版)[S]. 北京:北京师范大学出版社,2022:11.
[②] 中华人民共和国教育部. 义务教育劳动课程标准(2022年版)[S]. 北京:北京师范大学出版社,2022:31.

一 背景与理据

(一) 生态文明学习的城市学生之困

深圳、广州等大城市里的孩子们普遍没接触过池塘养殖,更难于直观、理性理解什么是池塘生态系统和生态养殖的问题,所以当初中学生在学习到"生态系统""水质检测指标""物联网与智慧农业"等学科核心概念和"生态养殖""人与自然生命共同体"等生态文明建设思想时总是感到很抽象,难于与实际生活相连接。为了让学生们在实践操作中学习、体悟以上的学科核心概念和知识,重塑知识和技能结构,增加解决问题的能力,这个项目式学习特从下面三个方面来开展:① 池塘生态系统的建立;② 水循环过滤设施的完善;③ 建立每天 24 小时物联网实时监控平台,物联网科技能高效完成池塘水循环、水质监测以及音乐增氧控制。形成集跨学科教育教学、综合实践基地和校园景观于一体的光祖中学智慧农业之池塘生态养殖系统。

党的二十大报告提到过"尊重自然、顺应自然、保护自然,是全面建设社会主义现代化国家的内在要求。推动绿色发展,促进人与自然和谐共生。必须牢固树立和践行绿水青山就是金山银山的理念,站在人与自然和谐共生的高度谋划发展。"那么,作为新时代的中学少年在学习生态文明建设思想时应当积极践行与相关知识的扎实学习,提高自身环保资源意识并坚持力学笃行,但在学习期间由于大城市里的孩子普遍没有接触过池塘养殖的事情,更难于直观、理性理解什么是池塘生态系统和生态养殖,这就是我们这个项目式学习的最核心问题。由这核心问题驱动出的以下问题需要我们去解决。

(二) 学思结合推进项目学习

建立池塘生态系统是一项复杂的工程,在不同的阶段教师可以引导学生思考不同的问题,从而推进项目的发展。

在初期阶段,教师提出并引导学生思考以下问题:

1. 健康水生动物是如何放养的?
2. 鱼塘水质指标监测制度要怎样建立?
3. 如何种植水生植物和建设绿岛?

在项目实施的中期阶段,教师可以进一步引导学生思考解决以下问题:

(1) 为什么要建造水循环过滤设施？没有水循环过滤设施的池塘会变成什么样？

(2) 池塘的生物需要什么样的生存环境？什么指标可以判断池塘水质的好坏？循环水有什么好处？

(3) 怎样建造水循环过滤设施？需要用到一些什么设备？每个设备有什么作用？这些设备应该如何进行安装？它们的安装位置应该如何选取？安装位置的不同是否会影响水循环过滤设施的净水效果？

在项目实施的后期，也是最高科技的部分，教师可以引导学生思考：如何应用物联网科技高效完成池塘水循环、水质监测以及音乐增氧控制？

(三) 如何让课堂高效运行

这样一个逐级推进的项目式中，课堂应该以何种组织形式高效运行？通过阅读相关的文献，我们不难发现，教师与学生、教育教学内容、教育或教学内容的物化形式以及其他辅助条件是教育活动的三个基本要素任务群的项目设计与实施。[1] 三者之间相互作用，演绎出丰富多彩的教学样态。学校已经突破校园的界限，任何可以实现高质量学习的地方都是学校[2]。今天的课堂"同时并存着多个传播子系统，学生'身'的出现，已经不能保证教与学真的发生了。"[3]因此，为了真正达到自主探究学习效果，学校引进"问题引导"技术模型概念，该模型由理论、方法、工具三个方面构成[4]。这是在核心素养、最近发展区理论和支架式教学理论指导下，选择恰当的学习资源和平台技术，通过唤醒新问题，激发新生成，促进新探究，最终达成学习目标的一种学习方式。

二 过程与策略

《义务教育劳动课程标准(2022年版)》对第四学段(7～9年级)学生劳动素养要求是：能在生产劳动中发现存在的需求和问题，进行劳动方案的选择和劳动过程的规

---

[1] 周润智. 教育关系：学校场域的要素、关系与结构[J]. 教育研究, 2004(11)：15-19.
[2] 曹培杰. 未来学校的变革路径："互联网+教育"的定位与持续发展[J]. 教育研究, 2016(10)：46-51.
[3] 郭文革. 教育的"技术"发展史[J]. 北京大学教育评论, 2011(7)：137-157.
[4] 杜静媛, 孙高扬. 信息技术应用能力提升与学习方式变革[M]. 长春：东北师范大学出版社, 2021：162

划,按照安全规范要求,选择适当的材料和工艺、工具和设备,综合运用劳动技能解决问题,并能根据实施情况,对方案进行必要的改进与优化,发展创造性劳动能力[①]。所以,这个课例就是围绕这个素养要求来开展活动过程。

(一) 项目学习目标

(1) 通过初步感受、了解生物链生态系统理论知识与动手实践参与水生动物的放养活动,能够初步形成良好的生态观,培养形成保护环境、热爱自然和生命的意识思想观念。

(2) 通过小组合作认识观察与按时记录监测水质变化并根据水质情况采取相应措施,能够形成关于鱼塘水质指标监测的制度,培养学生形成实事求是、独立思考、创造性思考的能力与品格。

(3) 通过基于对自然界的好奇心、求知欲,小组合作设计并进行水生植物的种植和绿岛建设的科学探究活动,能够在同学间形成良好合作、协同发展的学习小组队伍,然后建立呈现观景与观察生态养殖变化的绿色平台,培养形成积极探究的习惯和进行表达交流的能力与团结合作的品质习惯。

(4) 通过充分利用各学科所学知识技能与能力品质,师生共同配制生态鱼饲料(运用劳动教育课上的发酵面团并合理利用学校食堂剩饭)并定时定量给鱼喂食的劳动过程,能够形成健康生态观及热爱生活自然的行为习惯,培养形成主动探究,体悟珍惜劳动来之不易,逐渐增强热爱劳动的态度,养成在小组内各司其职、持之以恒的责任意识与担当精神。

(5) 学习了解为什么要建造水循环过滤设施。

复习衡量池塘水质好坏的主要指标:溶解氧值、酸碱度、tds 值、透明度。循环水具有保持水质,促进生物活动,提高溶氧的作用。

学习循环过滤泵和增氧泵的工作原理和安装方法。

通过学生根据所学知识,利用 ESP32 核心板及配套传感器模块自主设计并动手建造水循环过滤设施,利用点灯科技物联网平台使用手机远程控制池塘水循环、水质监测以及音乐增氧控制系统,培养学生理论结合实际,解决实际问题的能力。

---

① 中华人民共和国教育部. 义务教育劳动课程标准(2022 年版)[S].北京:北京师范大学出版社,2022:36.

(二) 项目安排表

表 5-4-1　项目安排表

阶段/任务	活动目标	活动内容	课时	预期成果形式	评价形式
任务一　选购和放养水生动物	各类健康水生动物的选购和放养。	如何识别健康的各类水生动物？网购水生动物时如何确保水生动物有注射防疫针？在池塘放养时的注意事项？	1	学生小组合作制作模型、方案或设计草图并演示、鱼塘水质监测值日登记表、拍摄鱼塘里水生动植物照片展示和有关任务成果实物作品等。	小组成果展示、积极小组评比、期末表现积极有恒心的优秀个人评选，鼓励小组合作参与区市活动。
任务二　建立池塘水质指标监测制度	理解和掌握鱼塘水质各种指标；鱼塘水质指标值日监测制度的建立。	1. 衡量池塘水质好坏的主要指标有：溶解氧值、酸碱度、tds值、透明度，学习了解酸碱度、tds值的概念；2. 在教师指导下，学生轮流值日进行水质指标监测制度与形成制度。	1		
任务三　水生植物和绿岛	水生植物的种植和绿岛建设。	1. 理解水生植物在池塘生态系统中的重要作用；2. 如何种植池塘水生植物及建设绿岛？	2		
任务四　生态鱼饲料	师生共同配制生态鱼饲料。	1. 掌握生态鱼饲料的意义和定义；2. 小组分工合作进行生态鱼饲料的配置。	1		
任务五　建立给鱼喂食的制度	指导学生定时定量给鱼喂食并形成制度。	1. 为什么要给鱼定时定量喂食？2. 建立给鱼喂食的值日制度。	1	拍摄照片；值日登记表。	优秀个人和小组评选。
任务六　池塘水循环的认识与设计	学习了解池塘生物的适应生存条件和水循环对改善池塘生态环境所起的作用。	讲解水循环对池塘生态环境有怎样的好处。	2	池塘水循环物联网系统设计图。	设计图纸加讲解评分。

续 表

阶段/任务	活动目标	活动内容	课时	预期成果形式	评价形式
任务七 学习循环过滤泵和增氧泵的工作原理和安装方法	学习循环过滤泵和增氧泵的工作原理和增氧泵的各种安装方法,如冒泡式、音乐喷泉式等,看看哪种更适合学校池塘特征。	1. 演示和体验循环过滤泵和增氧泵的工作原理和增氧泵的各种安装方法,尤其比较冒泡式与音乐喷泉式对池塘生态哪个更好。2. 使用ESP32核心板控制继电器模块自动开关循环泵和增氧泵。	4	1. 循环过滤泵和音乐喷泉式的增氧泵的实物成果展现;2. ESP32继电器控制程序的实物成果展现。	代码评分加实物运行效果。
任务八 水质评价	学习水质评价指标与生物的关系,传感器如何检测池塘水位和水质。	讲解水质评价,池塘生态圈,传感器使用。	4	传感器选择,ESP32传感器控制程序。	代码评分加实物运行结果。
任务九 设计建造水循环过滤设施	完成水循环过滤设施的设计和建造。	根据设计图纸及实物系统,设计控制系统安装方案并实施,完成建造。	4	设计图纸和实际安装。	设计图纸及安装后的运行效果。
任务十 建立物联网监测和控制平台	了解物联网知识,点灯科技物联网平台。	点灯科技平台与ESP32物联网控制。	4	物联网控制代码及点灯APP配置。	代码评分和手机控制效果。

(三) 项目具体活动过程

(1) 通过识别健康的各类水生动物,尤其在网购水生动物时如何确保水生动物有注射防疫针;并在池塘放养各类水生动物时亲身体验如何让水生动物健康成长。进而通过初步感受、了解生物链生态系统理论知识与动手实践参与水生动物的放养活动,能够初步形成良好的生态观,培养形成保护环境、热爱自然和生命的意识思想观念。

(2) 理解和掌握鱼塘水质各种指标,然后通过小组合作认识观察与按时记录监测水质变化并根据水质情况采取相应措施,能够形成关于鱼塘水质指标监测的制度。理解水生植物在池塘生态系统中的重要作用,小组合作设计并进行水生植物的种植和绿岛建设的科学探究活动,能够在同学间形成良好合作、协同发展的学习小组队伍。

(3) 掌握生态鱼饲料的意义和定义,师生共同配制生态鱼饲料(运用劳动教育课上的发酵面团并合理利用学校食堂剩饭)并定时定量给鱼喂食的劳动实践过程,能够形成健康生态观及热爱生活自然的行为习惯,培养形成主动探究,体悟珍惜劳动来之不易,逐渐增强热爱劳动的态度,养成在小组内各司其职、持之以恒的责任意识与担当精神。

(4) 学习了解池塘生物的适应生存条件和水循环对改善池塘生态环境所起的作用。实地观察池塘,对现有池塘进行拍摄,观察池塘生物在不同水质环境下的生存状态,做出比较和分析,并设计自己认为有利于池塘生物,能够改善和保持池塘生态环境的创意设计图纸。展示自己的设计图纸,并通过演讲获取评委的资金支持。

(5) 学习循环过滤泵和增氧泵的工作原理和安装方法,了解使用 ESP32 核心板及继电器模块开关循环泵和增氧泵的原理。实际为 ESP32 编写继电器模块控制程序,调试程序并观察和改进循环泵和增氧泵的控制系统。讲解和实物运行循环泵和增氧泵的控制系统,讲解 ESP32 继电器模块控制程序,通过演讲获取评委的第二轮资金支持。

(6) 学习水质评价指标与生物的关系,传感器如何检测池塘水位和水质。查阅资料了解水质评价都有哪些指标,学习这些指标如何通过传感器进行测量。选择自己的传感器,编写这些传感器的控制程序。讲解选择传感器和测量指标对池塘水循环的意义,演示和运行 ESP32 传感器控制程序与过滤泵和增氧泵配合的效果,通过演讲获取评委的第三轮资金支持。

(7) 完成水循环过滤设施的设计和建造,根据设计图纸及实物系统,设计控制系统安装方案并实施。带着自己的水循环系统实地考察池塘,选择水循环系统在池塘中的安装位置,完成水循环系统安装图纸。实地安装水循环系统,并在池塘中实际运行水循环系统,记录水循环系统运行前后的池塘数据变化。根据水循环系统的实际运行效果,获取评委的第四轮资金支持。

(8) 利用点灯科技平台与 ESP32 物联网控制,编写 ESP32 物联网控制代码及点灯科技 APP 配置,使用手机 APP 远程操控水循环系统,根据水循环系统的实际运行效果,获取评委的第五轮资金支持。

(9) 持续记录池塘水质评价数据,对池塘生物的生长运动进行拍摄。

(四) 项目学习评价设计

按照《义务教育劳动课程标准(2022 年版)》中对课程评价建议:劳动课程评价要遵循基本的原则,注重平时表现评价和阶段综合评价。评价的基本原则是导向性、发展性和系统性原则。① 每个活动阶段进行设计讲解和成果展示,获取评委资金支持。资金支持作为活动评价分数。持续记录池塘水质评价数据,对池塘生物的生长运动进行拍摄。分析和交流什么样的水循环系统下生物的生长运动情况最好,谈谈自己的观察收获并写成学习日记。

(1) 各任务活动设计图纸加讲解评分见表5-4-2,图5-4-1。

表5-4-2　光祖中学池塘生态养殖项目式学习活动评价表

(时间:2022年　月　日)

班别	小组名	组长	作品名称	评分内容(10分)					总得分	备注	评委签名
				内容齐全	有新意	值日完成情况	讲解清晰	小组合作情况			

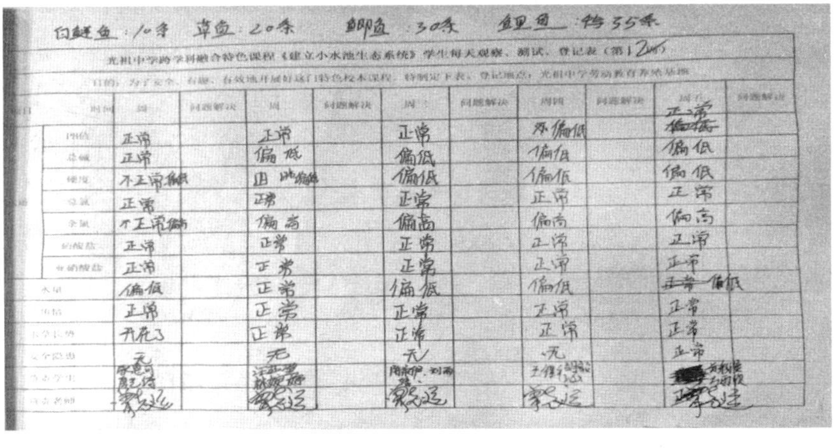

图5-4-1　讲解评分表

(图片由学校提供)

---

① 中华人民共和国教育部. 义务教育劳动课程标准(2022年版)[S]. 北京:北京师范大学出版社,2022:51-56.

(2) 实物成果展示,代码评分加实物运行效果。

(3) 以融资路演的方式代替评委给出分数,每个活动阶段学生进行设计讲解和成果展示,获取评委资金支持。资金支持作为活动评价分数。评委可以由老师或师生共同担任。

(4) 在学期末对参与项目式学生活动"小养殖:池塘生态养殖项目设计与实施"表现积极并有恒心的同学颁发荣誉证书;鼓励和支持学生参与区、市每年一次的学生劳动教育科创成果评比活动。

三 成效与反思

经过了一个学期以上项目式学习活动的开展,本项目取得了以下活动成效。

(一) 活动成效

(1) 使用池塘进行池塘生物的养殖,抓住了初中孩子对小动物的热爱,学生对池塘养殖有天然的浓厚兴趣。

(2) 以融资路演的方式代替评委给出分数,也让学生对自己的工作成果有了直接的成就感,同时也让学生对创新创业有了具象的认识。

(3) 手机是当今与学生的生活学习娱乐密不可分的工具,使用手机 APP 控制水循环系统,不仅开阔了学生的视野,也提高了学生对课程的兴趣。

(4) 学习循环过滤泵和增氧泵的工作原理和设计增氧泵的各种安装方法,如冒泡式的、音乐喷泉式的等,看看哪种更适合学校池塘特征。这个环节学生根据所播放的音乐曲目对池塘中水生动物进行了认真观察,并采访了池塘周边办公室老师们的意见,如会不会造成噪声,哪种曲目老师、同学们更喜欢等,最终学生集思广益设计了音乐喷泉式的增氧泵。

(5) 在各级领导们的支持下,经过过去一学期师生们的共同努力,本项目基本达成了学习目标,把学校原本濒临废弃的小池塘建成了集跨学科教育教学、综合实践基地和校园景观于一体的光祖中学智慧农业之池塘生态养殖系统。

(6) 为了保质、保量圆满完成本案例的所有教学计划,减轻课堂教学时间紧的压力,尝试进行课内和课外相结合的教学形式把本课例设立了社团课,开展兴趣小组社团活动,在每班都培养几位优秀小组长担任"小老师",更好带动课堂上小组分工合作的开展。

(二) 活动反思

项目涉及的知识面比较广泛,ESP32 的设计和开发需要较多的基础知识,课时安排比较紧张。但学生普遍经过了一个学期 STEM 课程项目中编程知识的学习和操作,加上运用"问题引导"技术模型理论极大激发了学生的探究欲望,学生能理解并运用这个案例中编程方面的知识。

(撰稿人:深圳市坪山区光祖中学　曾志运)

第六章

体验的深刻性

体验是生命存在的一种方式,人的身心全面发展离不开劳动体验。劳动教育作为一种"全身心运动",通过身体走进劳动世界,充分调动学生的视觉、味觉、触觉、听觉、嗅觉等感官功能来获取劳动体验。深刻的劳动体验发生在具身性劳动情境创设之中,学生以"当事人"的角色亲历劳动,通过"做—思"结合,强化劳动实践中的再加工和再创造,提升劳动体验的深刻性,促进学生整体劳动认知和劳动素养的形成。

古人将"体验"解释为"以身体之,以心验之"。《义务教育劳动课程标准(2022年版)》指出劳动课程的实施必须让"学生直接体验和亲身参与""引导学生亲历情景、亲手操作、亲身体验"①。劳动教育的体验既包含学生在劳动中的身体力行("体"),又重视学生对劳动经验的感悟、体会和反思("验")。因此,强调让学生经历完整的劳动过程,从而习得劳动素养的劳动体验学习对于新时代劳动教育具有十分重要的现实意义。

哲学家狄尔泰认为体验是生命存在的一种方式,它不是一种外在的东西,是一种内在的对生命和生活的体悟。② 人的身心全面发展离不开劳动体验。人的身体是完美的学习工具,劳动教育作为一种"全身心运动","亲身经历""体悟反思"这类"简单"的劳动学习状态是得到劳动体验、深化劳动素养的重要密码。本章中"小茶艺师:花茶制作劳动课程设计与实施"和"小花农:葵花开课程设计与实施"案例立足于"人与人、人与自然和人与社会"的有机统一,从学生的好奇心和求知欲出发,通过身体走进劳动世界,充分调动学生的视觉、味觉、触觉、听觉、嗅觉等感官功能来获取积极的"劳动初体验",逐步推进学生的自主性发展和社会性发展。

劳动体验的深刻性离不开具身性劳动情境创设。③ 具身性劳动情境创设依托"准生活情境"④,将学生的身心发展特点和实际生活作为劳动起点,结合劳动目标、劳动任务,搭建起让学生"身心合一",共同体悟劳动过程的真实或类真实劳动场域,"小毕昇:活字印刷和个性印章设计与实施"和"小志愿者:走进社区志愿服务项目设计与实施"案例下学生在亲身体验中掌握劳动知识技术、工艺和方法,在反思感悟中传承工匠

---

① 中华人民共和国教育部. 义务教育劳动课程标准(2022年版)[S]. 北京:北京师范大学出版社,2022.
② 辛继湘. 体验教学研究[D]. 西南师范大学,2003.
③ 殷世东,李敏. 义务教育劳动课程"体验学习圈"模型设计与行动审思[J]. 教育学报,2024,20(1):82-92.
④ 高慎英. 返回"体验学习"[J]. 教育科学,2008(3):49-52.

精神和发展劳动创造力,在志愿服务中培养和践行社会责任感和奉献精神,学生以"当事人"的角色亲历劳动,通过"做—思"结合,在调查、参观、探究、实验等劳动体验活动中体悟直接经验,唤醒学生内在的劳动需要和动机,激发劳动兴趣,深化尊重劳动、尊重劳动者、尊重劳动成果的劳动观念,培养正确的劳动态度和劳动情感。[1]

劳动体验不是单向的被动体验过程,而是师生通过"共探、共建、共享"以达到"共生、共进、共长"[2],劳动体验的本质是身心和自我、和劳动对象、和他人深度对话的过程,最终目的是提升学生劳动素养。"光说不做"没有真实参与、没有进行劳动思维思考的劳动是浅层性体验。劳动体验的深刻性在于劳动教育重视劳动过程中学生获得劳动体验的指向性和连续性,明确培养劳动习惯和劳动品质的重要性和价值性,强化劳动实践的再加工和再创造从而形成新体验、新思考、新价值,促进学生整体劳动认知和劳动素养的形成。

(撰稿人:深圳市坪山区坪山中心小学　郑佳意)

---

[1] 殷世东,李敏. 义务教育劳动课程"体验学习圈"模型设计与行动审思[J]. 教育学报,2024,20(1):82-92.

[2] 殷世东,李敏. 义务教育劳动课程"体验学习圈"模型设计与行动审思[J]. 教育学报,2024,20(1):82-92.

第一节　小毕昇：活字印刷和个性印章设计与实施

中国传统优秀文化是中华民族文化自信的强大底气,继承和发展传统文化既是巩固民族文化的根基,也是促进民族文化蓬勃发展的重要举措。活字印刷术是中国古代四大发明之一,是古代印刷工作者勤劳与智慧的结晶。"小毕昇：活字印刷和个性印章设计与实施"带领师生体验活字印刷术的魅力和先进的激光切割技术,不仅极大地激发学生兴趣,锻炼学生的动手能力和创新思维,更让学生学会探索、发现和创造,让传统文化在实践中焕发新的活力。

一　背景与理据

活字印刷术是中国古代四大发明之一,由毕昇发明的泥活字标志着活字印刷术的诞生,比德国人古登堡发明的铅活字印刷术早了约400年。活字印刷术是印刷史上一次伟大的技术革新,在一代一代工匠的钻研下技术得到了不断的改进,活字印刷术的广泛应用提高了印刷的效率也促进了世界文化的传播与发展。

《义务教育劳动课程标准(2022年版)》第四学段(7~9年级)任务群5"传统工艺制作"中提到,在初中劳动教育中可以选择1~2项传统工艺制作项目,如陶艺、纸工、布艺、木雕、刺绣、篆刻、拓印、景泰蓝、漆艺、烙画等,了解其基本特点,熟悉制作的基本技能与方法。根据劳动需要,综合运用工艺知识进行设计,通过绘制规范的示意图表达设计方案,并合理选择相应的技能进行制作。

除此之外,任务群7"新技术体验与应用"中提到,选择1~2项新技术,如三维打印技术、激光切割技术、智能控制技术、数控加工技术、液态金属打印技术等,进行劳动体验与技术应用。熟悉某项新技术的基本工作过程、常用参数设置、材料的适用范围等。根据设计要求选择某项新技术,制订合理的设计、加工方案或设计图样,完成应用某项新技术进行加工、组装、测试、优化的全过程。记录某项新技术在改变传统加工方式、降低加工成本、提高工件质量方面带来的主要变化。感受新技术在生产、生活中发挥的重要作用,体悟劳动人民创造新技术的智慧。[①]

综上所述,结合《义务教育劳动课程标准(2022年版)》的要求和学校的教学实际,以"小毕昇:活字印刷和个性印章设计与实施"为课题,进行校本化课程的开发(见图6-1-1)。

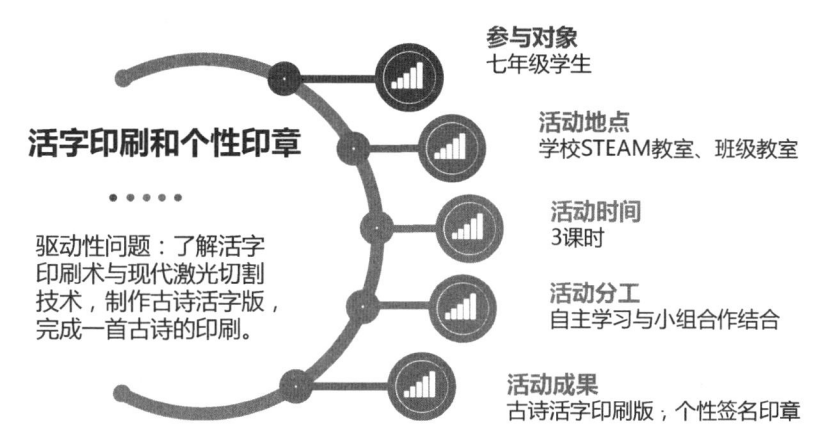

图6-1-1 课程概况

(图片由学校提供)

通过本课程的开展,希望能够加深学生对中国古代科技文化的了解,同时带领学生体验一项新技术,因此本次劳动项目共有两项活动,一是体会古代活字印刷术的工艺流程,二是学习现代激光切割技术。通过第一项活动,希望学生更了解我国的优秀文化,增强文化自信,在以后的文化交流中能更好地充当中华文化的传播者。通过第二项活动,希望学生能掌握激光切割这一新技术的应用。技术的发展能更好地促进文化的传播和发展,在以后学生参与文化交流的过程中,如果他们手边也有一台激光切割机,那么他们也能带领其他人体验活字印刷术的工艺流程。

二 过程与策略

"小毕昇:活字印刷和个性印章设计与实施"项目以劳动核心素养为根本依据,设

[①] 中华人民共和国教育部. 义务教育劳动课程标准(2022年版)[S]. 北京:北京师范大学出版社,2022:2.

定了一个驱动性任务,并设计了制作活字印刷版和个性印章这2项课程活动,希望通过课程活动的开展,提升学生对激光切割技术的应用能力,丰富学生的文化体验,培养文化认同感和自豪感,树立青年一代学生的文化自信。

(一) 任务驱动

驱动性任务:印刷术的发展促进了文化的传播,请查阅资料了解毕昇发明活字印刷术的故事,用现代激光切割技术,制作一套古诗活字版,完成一首古诗的拓印。

(二) 项目进程

首先,学生需要进行项目相关知识的学习和拓展。在知识拓展阶段,学生在教师的带领下了解活字印刷术和现代激光切割技术。在这个过程中,教师向学生介绍激光切割技术,带领学生阅读资料,观看视频,了解古代印刷技术的发展历程,熟悉活字印刷术的特点和优点。通过本阶段活动的开展,学生需拓展知识完成本课题知识的积累,了解印刷术的发展史、印章的基本知识、激光切割机的工作原理和绘图软件的使用方法。

然后,进入设计与制作阶段。在这一阶段分设计和制作两个环节。在设计环节,学生的主要任务是确定小组方案、测量数据、绘制草图。学生通过小组讨论,确定本组印刷的古诗篇目,用纸笔绘制活字版和个性印章设计草图。绘制活字版草图时,学生需要应用刻度尺等工具测量木板厚度、纸张边长,并通过测量结果确定活字块尺寸、诗句排列、字体大小等信息,记录数据测量结果、字体、字号、字块大小等信息,并依据以上数据进行方案草图的绘制。在制作环节中,学生在教师的指导下用 LaserMaker 软件绘制图纸。学生在 LaserMaker 中绘制图纸,合理设置活字块和个性印章中不同位置的激光切割工艺,在教师的指导下通过模拟造物、局部切割的方式,了解切割产品可能存在的问题,对图纸进行修正和完善。在确定图纸后,学生在教师的协助下,向激光切割机传送完整图纸,完成活字印刷和个性印章工件的切割。学生通过小组分工完成工件组装、活字块排版、古诗拓印、签章盖印和作品装裱。

最后是汇报分享阶段。各小组带着本组的设计图纸和作品上台进行汇报分享,由老师和其他小组的同学进行打分。

本项目总计3个课时,具体安排见表6-1-1。

表6-1-1 项目进程

课　时	课　时　任　务
第1课时	明确项目任务，了解项目知识基础，进行项目设计。
第2课时	完成设计图，切割活字块。
第3课时	切割个性印章，印刷作品，最后进行作品评价。

(三) 项目用具

本次项目用具共有15类(见表6-1-2)，项目用具展示及其与任务对应关系见图6-1-2。

表6-1-2 项目用具清单

1	项目记录表	6	笔记本电脑	11	滚轮
2	铅笔	7	平板电脑	12	印泥
3	橡皮	8	木工胶	13	活字块
4	刻度尺	9	马莲	14	排版框
5	学习指引单	10	油墨	15	装裱相框

项目用具清单中，第1项项目记录表共3张，在不同的阶段有对应的项目记录表；第2—15项为设计与制作阶段用具。

其中，第2—4项为设计与制作阶段中第一个设计环节中的用具，学生在本阶段的主要任务是确定方案、测量数据、绘制草图；第5—6项辅助学生应用LaserMaker软件绘制图纸；第7—15项辅助学生完成排版、拓印、盖章、装裱等工作。

建议每一个古诗活字版整套进行加工，在激光切割机切割完整套活字版后，先用平板电脑拍下完整排列的活字版图样，保存图片作为排版阶段的参照。初次排版先不用木工胶固定活字块，完成初次排版后先拍照后用平板电脑的镜像翻转功能检查活字块的排列顺序和方向是否正确，确认无误后再用木工胶将活字块固定在底板上。

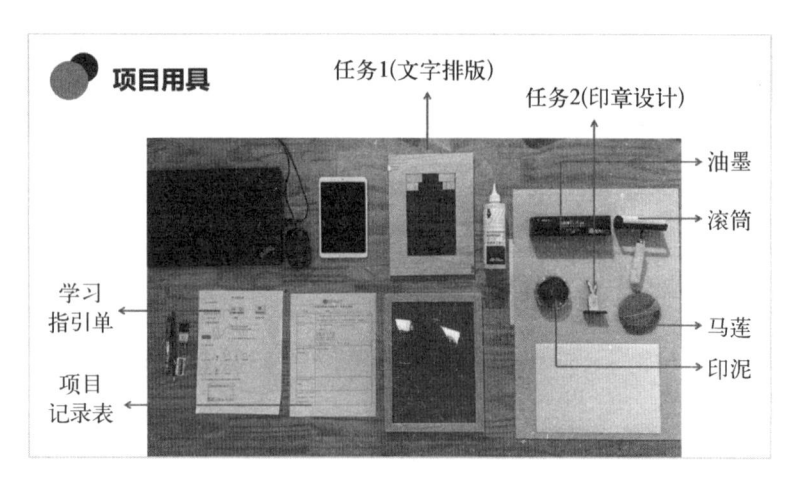

图 6-1-2 项目用具
(图片由学校提供)

(四) 知识拓展

通过知识拓展部分的学习,学生需要了解印刷术的发展史、印章的基本知识、激光切割机的工作原理和绘图软件的使用方法,为作品的设计和制作打下知识基础。

1. 印刷术的发展史

活字印刷是我国古代四大发明之一,在印刷的过程中,工匠先制成单字的阳文反文字模,然后按照稿件把单字挑选出来,排列在字盘内,涂墨印刷,印完后再将字模拆出,留待下次排印时再次使用。

学生在教师的带领下,了解我国印刷术的发展历史,对比其中最有影响力的唐代工匠发明的雕版印刷术和宋代毕昇发明的活字印刷术,分析雕版印刷术和活字版印刷术的优缺点,填写项目记录表1(见图6-1-3)。

学生通过文本和图片资料了解我国印刷技术和西方古登堡印刷术的发展历程,对比古登堡印刷术和活字印刷术的异同点,填写项目记录表2(见图6-1-4),体会活字印刷术这项伟大的发明对我国文化的重要意义。

在了解以上知识后,教师向学生发布应用活字印刷术拓印一首古诗的学习任务。学生在语文课本中选择一首长度合适的诗词,准备用现代激光切割技术重现活字印刷术的应用过程,在此过程中感受古今科技发展的魅力,加深对我国历史文化的理解和体会。

项目记录表 1

班级：_____ 小组：_____
成员：_____

项目问题及目标	探究活动，比较雕版印刷术和活字印刷术的流程，思考毕昇发明活字印刷术的原因。	
学习记录	雕版印刷术	活字印刷术
时间		
工艺流程		
优点		
不足		
宋以后的应用		
影响		
活动过程	（以笔代替刻刀，抄写一段文字，体会工匠的工作过程）	
感受与总结		

图 6-1-3　项目记录表 1
（图片由学校提供）

2. 印章的基本知识

在古代，文人墨客题词作画之后总会盖上自己的姓名章作为签名，在本次活动过程中，学生也需要在小组诗词印刷作品完成后进行盖章签名。教师向学生展示历代书画作品中的印章，带领学生欣赏古代书画作品中的印章，了解印章的不同制作工艺和特点。印章包括阳刻和阴刻两种工艺，红底白字的印章为阴刻作品，白底红字印章为阳刻作品。学生通过讨论，确定小组印章设计的目的和方案，设计出能代表小组成员的个性化印章，并根据小组设计的内容，选择合适的刻章工艺，制作本组的个性印章作品。

项目记录表 2

班级：_____ 小组：_____
成员：_____

项目问题及目标	探究活动，了解西方古登堡印刷术，结合历史背景和文化差异，比较两项印刷技术的产生和发展的差异。	
学习记录	活字印刷术	古登堡印刷术
时间		
地点		
人物		
工匠技能要求		
应用推广		
影响		
活动过程	1. 我们制作的是：_____活字块 2. 我们小组需要：_____活字块 分别是： 3. 我们的活字块可以完成以下拼写：	
感受与总结		

图 6-1-4　项目记录表 2
（图片由学校提供）

3. 激光切割机的工作原理

激光切割技术利用高能量密度激光束对构建进行扫描，使得扫描区的材料熔化、气化或者分解，与此同时借助辅助气体吹走残渣。[①]

学生在教师的带领下了解激光切割技术的原理，教师向学生演示激光切割机不同工艺的应用，包括描线、切割、浅雕、深雕（见图 6-1-5）。学生了解不同工艺切割产

---

① 陈胜,黄辉宇,董雄炜,陈丹琪,毛忠发.激光切割技术的研究现状[J].有色金属加工,2022,51(5)：1-6+26.

品的差异,根据项目需求正确选择符合本组设计需求的切割工艺,合理设置激光切割机的切割深度、功率、扫描速度等参数,使激光切割机制作的产品符合本组作品的需求。

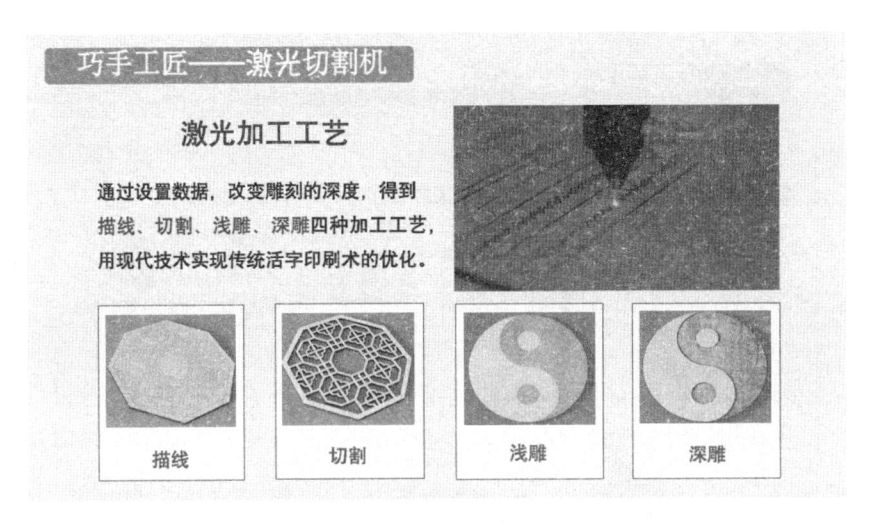

图 6-1-5 激光切割机的工艺展示

(图片由学校提供)

4. 绘图软件的使用

本次劳动项目中,学生需要掌握 LaserMaker 软件的操作方法,了解和学习激光切割技术和激光切割机的操作方法(见图 6-1-6)。

通过本阶段的学习,学生需要了解 LaserMaker 软件的四种工艺,在画出草图的基础上灵活应用这四种工艺,对作品的不同部分选用不同的工艺,使作品呈现出想要的效果。在对印章进行设计时,学生也要思考印章的构成结构,思考印章如何从平面到立体。

在 LaserMaker 软件的应用中,学生需要掌握以下技术:

(1) 控制和移动画布的方法;

(2) 图形长宽的设定,印章手柄的安装涉及凹槽的拼接,因此学生还需要充分考虑木板材料的宽度;

(3) 图形设计和拼接技术,包括图形叠放、对齐、翻转、矩形阵列复制、图形交并补;

(4) 四种工艺的合理选择和叠加应用,如活字块和印章的制作中,深雕和切割的

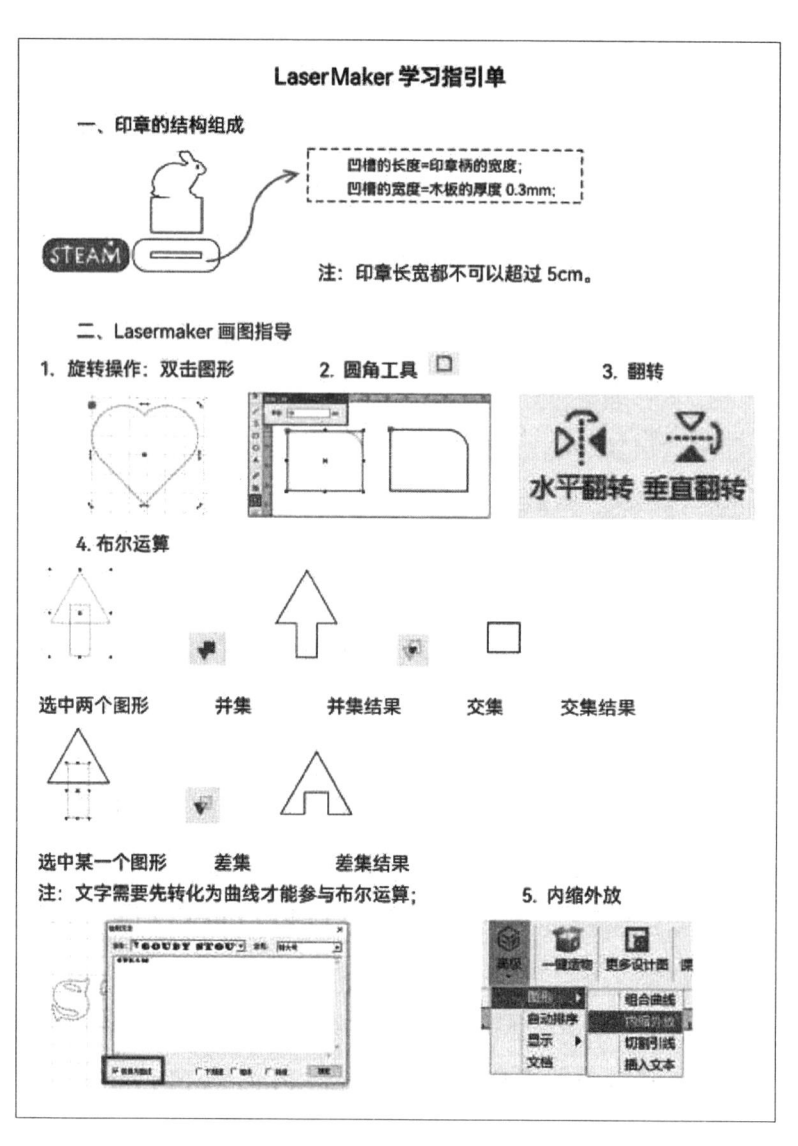

图 6-1-6　LaserMaker 学习指引单

(图片由学校提供)

叠加应用是学生需要重点掌握的技术；

（5）激光切割机不同工艺基本参数的设置，切割深度、功率、扫描速度等参数。

5. 设计与制作

经过前面的活动，学生已经了解了活字印刷的原理，接下来需要开展设计与制作阶段的活动任务。在本阶段，学生先用纸笔绘制设计草图，再用 LaserMaker 软件绘制图纸,最后借助现代激光切割技术,完成一套古诗活字印刷版的切割。在活字印刷版、个性印章的所有工件的切割结束后,学生分工进行排版、拓印和作品装裱工作,并制作小组个性印章作为古诗印刷作品的小组签章,完成活字印刷术印刷一首古诗的全部过程。

学生根据小组项目的设计内容选择合适的加工工艺,小组讨论确定活动的方案绘制草图后,各成员分工使用简单的测量工具完成对实验室木板原料厚度、长度和宽度的测量,将设计草图和相关的数据记录在项目记录表3中(见图6-1-7)。

项目记录表3

班级：_____ 小组：_____
成员：_____

项目问题及目标	制作活动,应用现代激光切割机,制作一套初中必备古诗词的活字印刷版,完成排版与印刷工作。
项目分析	1.我们班抽到的诗是： _____ 2.我们小组负责的诗词内容是： _____ 3.我们决定采用_____(横/竖)版排版； 4.我们决定每个字块的大小是：_____
设计方案 (绘图示意)	活字印刷： 个性印章：
改进意见记录	
改进方案 (绘图示意)	

图6-1-7 项目记录表3
(图片由学校提供)

在应用LaserMaker软件绘制图纸时,学生需要在软件上进行相关测量数据的输入和工艺参数的修改。这些测量数据需要填入LaserMaker中不同的数据框内,教师在这一过程中需要详细解读LaserMaker中不同数据框内参数的设置对作品的影响。在不同的电脑中,不同工艺的参数可能略有不同,教师需要向学生介绍本校激光切割机相关参数的参考值,对切割速度和功率两项数据对作品的影响需要做出简单的说明。

在了解这些参数的意义后,学生根据小组设计方案,应用 LaserMaker 软件完成活字印刷版的边框规格、活字块大小规格和字体样式的设置,并绘制活字印刷版和小组个性印章的图纸。

在设计与制作阶段,学生在教师的指导下反复修改本组的方案设计,最终经过讨论确定小组活动作品的制作方案,并在操作实践过程中不断修正图纸,最终绘制出恰当的图纸样式。学生在团队的交流合作中完成集体的劳动作品,并对本组作品进行个性化设计,在劳动实践中增强团体协作能力,激发团体创造性。

6. 汇报分享

本项目采过程性评价和综合性评价相结合的方式(见表 6-1-3)。在项目制作与完成的过程中,时刻辅以教师的评价与指导,在项目结束时,组织学生带着本组作品进行分组汇报分享,学生根据项目评价表进行自评、他评和互评,综合全班的评价结果推选出最佳设计组。通过汇报分享环节,学生学会欣赏他人的作品,学习优秀的经验并反思自己的项目过程。

表 6-1-3 项目评价表

项 目	题 目	作 答
活字印刷	1. 活字印刷是谁发明的?	简答题
	2. 活字印刷有什么优点?	简答题
	3. 活字印刷有什么历史意义?	简答题
	4. 活字印刷设计属于阴刻还是阳刻?	简答题
个性印章	1. 设计图有无使用合并工具进行设计?	(0—5分)
	2. 是否明确四种颜色分属四种工艺?	(0—5分)
	3. 凹槽大小是否设置正确?	(0—5分)
	4. 你认为个性印章设计最好的小组。	第( )组
团队合作	1. 你认为自己小组存在哪些优点和不足。	简答题

小组作品制作完成后,学生以小组为单位进行作品展示和交流,班级作品交流结束后进行班级合影,作为本次劳动项目的活动总结。在交流分享的过程中,学生看到了其他小组作品的创意,分享在设计制作过程中的心得,更加深入地体会本次劳动实践活动中的无限创意。

三 成效与反思

(一) 项目成效

本次项目包含活字印刷和个性化印章制作两个子项目,经过 3 课时的学习训练和分工制作,大部分项目组完成了活字印刷版的制作和古诗的拓印任务,并充分发挥创作才能设计出样式丰富的个性化印章,项目完成良好,达到预期效果,作品完成装裱陈列于学校 STEAM 教室(见图 6-1-9)。

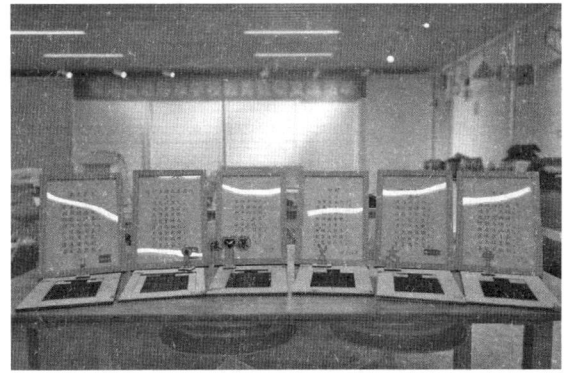

图 6-1-9 作品陈列
(图片由学校提供)

在本次项目实践过程中,学生应用激光切割这种新技术,完成了活字块的制作,用技术让传统的印刷技术焕发新的活力。学生在实践中感受劳动知识在时代发展中的更新迭代,技术让生活更便利,传统精细手工劳动在新技术的应用下,成为每一个人都可以触及的简单技术。

本项目通过制作活字印刷版这一任务激发了学生对新技术的学习兴趣,并让学生参与劳动过程,实现新技术的体验与应用的教学目的。在完成基础任务后,学生掌握了激光切割机的使用和绘图软件的应用,在此基础上通过个性印章的设计任务,进一步培养学生的知识迁移能力和创造性,让学生得到劳动知识的应用机会,用所学的劳动知识和技能解决新情境下的问题。学生通过个性印章的测量、设计和制作体验完整的劳动产品制作过程,更进一步地体会设计与制作的乐趣。

(二) 项目反思

本次项目存在以下几项需要改进的问题。

1. 测量整体设计的关键参数

各小组在本次项目中以盖章的方式署名,学生除了要设计出具有本组特色的印章,还需要考虑印章大小与整体作品的配合。印章过大会影响诗词作品的呈现,也会因无法均匀蘸取印泥而导致盖章失败。印章过小则无法凸显本组的签名。

因此在设计工作开始前应指导学生进行整体设计的关键参数测量,使活字印刷和个性印章作品的整体呈现结果和谐美观。

2. 展示雕刻工艺的呈现结果

教师在项目中除了要向学生介绍基础雕刻知识,最好提前展示部分实物印章作品,学生可以通过触摸和盖章体验两种不同雕刻工艺的差异,调动学生多感官参与体验活动,加深学生对阳刻和阴刻特点的认知,为学生在设计制作阶段合理选用不同的雕刻工艺打下基础,促进学生正确掌握 2 种雕刻工艺的设计图制作方法。

3. 关注制作过程的质量监督

本次项目中,最后为作品质量把关的是指导老师,学生在初期讨论分工后,各组学生只负责完成本组工作,其间没有学生自主纠错和质量监督机制。在本项目中,负责边框制作的小组任务较少,而边框的设计规格是综合考虑诗词内容排列后确定的,可以说本组同学对整体内容和作品呈现预期效果更了解。因此,可以由本组同学负责对其他各组进行纠错和监督,统筹本项目组工作,提高本项目组作品质量。

(撰稿人:深圳市坪山区坪山中学　邱芷莹)

第二节 小茶艺师：花茶制作劳动课程设计与实施

劳动，可树德、可增智、可健体、可育美。花茶制作不仅是一项实用的劳动技能，也是一种美食文化和生活方式，充满艺术和情感。"小茶艺师：花茶制作劳动课程设计与实施"既是对传统茶文化的传承，又是对新时代劳动教育的积极探索。通过亲手制作花茶，帮助学生学会一项实用技能，在实践中体验劳动的价值和乐趣，培养他们的耐心、细致和创造力，学会分享和感恩，引导学生像细心研磨花茶原料一样，用心塑造自己的未来。

我们设计并实施了"小茶艺师：花茶制作劳动课程设计与实施"课程。这一课程不仅是对传统茶文化的传承，更是对新时代劳动教育的积极探索。通过亲手制作花茶，学生不仅学会了一项实用技能，更在实践中体验到了劳动的价值和乐趣，从而培养了他们的耐心、细致和创造力。

我们鼓励学生"用自己的双手，创造美好生活"，这不仅是对《义务教育劳动课程标准（2022年版）》中所提倡的"通过劳动实践，培养学生的实践能力和创新精神"的具体实践，也是对"培养学生热爱劳动、尊重劳动、勤奋劳动"精神的贯彻。

一 背景与理据

花茶制作是一种新颖有趣的劳动活动，近年来被越来越多人所喜爱，其茶香浓郁、口感鲜美、充满美好寓意。开展花茶制作小学劳动课程，不仅可以满足小学生探索美食、中草药文化优秀传统文化，培养创新意识的需求，还可以增强学生的劳动实践能力和培养学生的生活品质，获得宝贵的自我体验和成就感。

在小学生的心理需求中，好奇心、创造性和尝试性占据较大比重。而在花茶制作过程中，给予学生自由选择花卉、搭配茶叶和配料的机会，让学生在创造的过程中感受愉悦,并获得探索和尝试的成就感。李欣欣、陈虹在《花族茶道教育在小学生茶文化实践教育中的应用》①一文介绍教育理念和方法,及其在小学生茶文化实践教育中的应用。通过研究发现,花茶制作和茶道表演是比较适合小学生茶文化学习的形式,同时茶道文化也能够培养学生严谨的态度和审美意识、自律自省的品质等。

王勇强、周华在《小学学生花茶制作实践教学研究与探索》②探讨了小学生花茶制作实践教学的研究和探索。文章介绍了花茶制作实践教学的目的、流程、方法等方面的内容。通过实践活动,小学生能够亲身体验制作花茶的过程,并增强对花语文化和茶文化的认识。同时,实践教学也能够增强学生手工能力和环保意识等。

联系实际生活,丰富学生的知识储备:花茶制作不仅是一项实用的劳动技能,也是一种美食文化和生活方式。例如段志、汤丽君在《小学生中华文化素质教育的实践》③探讨了小学生的中华文化素质教育实践,而"小茶艺师:花茶制作劳动课程设计与实施"即是其中的一个实例。通过花茶制作实践环节、茶艺表演、茶文化知识展示等方式,帮助小学生了解中国传统文化,增强了解、尊重与爱护传统文化的意识和能力。与新课改理念相契合:新课改的理念是以学生为中心,注重学生的参与性和实践性,以拓展学生的创造性和思考能力。花茶制作小学劳动课程正是基于学生主体性的原则,让学生在实际操作中尽情发挥自己的创造力和实践能力,培养学生创新反应和解决问题的能力。同时,新课改强调要将劳动教育与知识教育相结合,劳动活动应与学科相结合,花茶制作小学劳动课程既可以涵盖语文、美术等学科知识,还可以丰富小学生的生活经验和体验。本花茶课程经过系统的茶艺学习,学生能独立运作茶摊对外展示花茶文化与艺术。

二 过程与策略

(一)课程目标

"花'语'茶"的课程目标是多方面的,包含对孩子综合素质的培养和提升。

---

① 李欣欣,陈虹. 花族茶道教育在小学生茶文化实践教育中的应用[J]. 哈尔滨师范大学学报,2018,34(2):1-5.
② 王勇强,周华. 小学学生花茶制作实践教学研究与探索[J]. 现代教育技术,2019,29(6):19-23.
③ 段志,汤丽君. 小学生中华文化素质教育的实践[J]. 经济与管理,2019,41(3):5-6.

1. 提高学生的劳动技能

将花茶制作作为劳动课程的一部分,可以提高学生的劳动技能,让他们学会花草植物的种植、采摘、晾晒、配料等技能,并且了解每个步骤的重要性,同时也加强了学生的团队协作精神。

2. 向学生介绍传统文化

通过花茶制作让学生接触和了解花茶文化的内涵,以及花茶中所传达的美好祝愿和优秀传统文化思想,让学生感受到传统文化的魅力,并且增强学生对中华文化的热爱与认知。

3. 提升学生的审美和文化素质

在花茶制作中,学生能够感性地感受到花卉的神秘与美丽,同时又能够理性地了解花卉的文化内涵和美学价值,提升了学生的审美和文化素质。

4. 培养学生的创新能力

SOHO精神是"Small Office Home Office"的缩写,意味着以小团队或个人创新为推动力量,通过高效沟通、快速的反应能力及灵活的组织协调能力,不断开拓新市场、新领域,拥有"创新、高效、自由"的工作方式。而小学劳动课程花茶制作与文化花茶也具有一定的SOHO精神,这一项目的推行,培养了学生的团队协作能力,并且提高了他们的创新意识和实践能力。

5. 增强学生的自信心和责任感

在花茶制作中,学生需要协作完成一系列环节,从配料到泡制、介绍,每一个环节都需要准确无误地完成。这个过程中,孩子们会遇到许多困难与挑战,但是通过劳动的过程,他们会逐渐获得成功的感觉,并且能够更有自信心地去面对新的挑战和责任。

综上所述,花茶的课程目标是让小学生综合能力得到提升。具体来说,本项目结合了小学劳动教育课程标准和SOHO精神,致力于推行参与性强的劳动教育项目,使学生得到全面的锻炼和提升。有利于培养学生全面发展的自我认识与自我价值,为未来的发展打下坚实的基础。

(二)教学策略

以实践为主导,让学生通过实践来学习,例如花茶生长过程观察和制作花茶。实践可以帮助学生更好地理解植物生长的基本规律,同时也可以培养他们的动手能力和创新思维。以趣味为主导,让学生在学习的过程中感受乐趣,例如让他们自己选择搭配哪种花草、品尝自己制作的花茶等等。这样可以激发学生的学习兴趣,提高学习效果。以合作为主导,让学生在小组中合作完成任务,共同种植一盆花草、共同制作一壶花茶等等。这样可以培养学生的团队协作精神,同时也可以提高课堂参与度和学习效果。以多元化为主导,通过多种教学方法和媒介,表格、线性图、图片等等,让学生从不同的角度了解和学习知识。这样可以提高学生的学习兴趣和参与度,同时也可以促进跨学科的学习。

(1) 示范制作过程。教师进行花茶的制作过程示范,并让学生理解花、茶、水的配比,以及每一步骤的重要性。

(2) 协作合作。通过小组合作的形式,让学生共同动手制作花茶,鼓励学生互相交流、分享、配合,提高学生的协作能力。

(3) 提供感性体验。教师通过让学生品尝花茶,让学生感受花茶品味的艺术魅力,激发学生的品茶热情,培养学生的感性认识和品味能力。

(4) 完成记录。在课程的最后,学生需要完成花茶的制作记录,并进行互相展示交流,加深学生对课程内容的理解和记忆。

课程实施过程见表6-2-1。

表6-2-1 花茶制作学期课程安排表

课程名称	课程内容简介	教学准备	课时
第1周	茶文化介绍:茶叶的历史、分类、材料和品牌认知	茶叶、茶道工具、茶杯及垫布、茶叶罐	1小时
第2周	花茶茶干与花语介绍:不同花卉的花语及其含义	鲜花、画册、花材使用介绍	1小时
第3周	花茶制作环节:花茶原料分类、花材选用、制作流程介绍	花草植物茶具等	1.5小时
第4周	祝福语介绍:如何用花语表达祝福,学生自编花茶祝福语	祝福语大全、案例辅导	1小时
第5周	茶道表演:茶具使用、茶艺介绍及茶道表演技巧讲解	茶道工具、茶具、茶杯及垫布	1.5小时
第6周	花茶品鉴:品尝自制花茶,感受花卉的味道和咖啡因的作用	花茶及制作工具、品尝用品	1.5小时

续 表

课程名称	课程内容简介	教学准备	课 时
第7周	茶艺表演：茶艺的魅力及文化内涵，学生自编茶艺节目表演	茶道工具、茶具、茶杯及垫布	1小时
第8周	课程总结	汇总花茶制作、花语学习、茶道与茶艺表演的经验	1小时

以上课程表需要结合实际情况进行适当调整和安排，以保证课程教学的完整性和有效性，每周一节的课程时间可以根据实际情况适当延展或缩短。学生在教室课堂实践花茶制作。

三 成效与反思

花茶课程学生评价不在于每个课程的形式和水平，而把重点放在了学生的情感态度、探究欲望、合作能力、探究能力和实践能力等一些综合素质的评价方面，目的是促成学生养成良好的综合素养。

(一) 评价原则

1. 过程性原则

花茶课程是一门学生探究和亲历体验的课程。因此，要重视对学生在活动过程中表现的评价。只要学生经历活动过程，对整个创作过程形成逐渐提高的认识，获得实际的探究，就应该肯定其活动价值，给予积极的评价。

2. 多元性原则

强调评价标准和评价主体多元化。鼓励并尊重学生富有个性的自我表现方式。评价不应只由教师来决定，要通过讨论、协商、交流等多种形式，将学生自我评价、同学互评与指导教师或社会、家庭有关人士评价结合起来。[1] 在评价中，小组评价可以进行多种形式的评价，包括口头或者展示作品进行评价等。

---

[1] 教育部、国家语委、教育部基础教育司、教育部高等教育司、澳门特别行政区教育暨青年局、香港特别行政区教育局.《普通高中语文课程标准（实验）》[M].北京：人民教育出版社，2016.

3. 反思性原则

充分发挥评价的教育、改善、促进的功能,引导学生反思自己的探究与实践活动。[①] 要培养学生对探究过程、创作过程进行记录和整理的习惯,要通过交流和成果汇报形式,让学生学会对问题的讨论、方法的交流、成果的分享与思考,达到自我反思、自我改进的目的。

4. 激励性原则

坚持正面评价,运用表扬、鼓励、表彰等方法激励学生,并贯穿于整个花茶文化探究与创作的过程中。注重探究过程、创作过程中激励学生,使激励评价成为学生获取成功的动力。

(二)评价内容

在"小茶艺师:花茶制作劳动课程设计与实施"的评价环节中,我们致力于构建一个全面而深入的评价体系,以确保学生在课程中的学习体验和成果得到充分的记录和反思。

1. 参与态度

重视学生在课程中的参与度,这不仅包括他们参与活动的频率和时长,还包括他们在活动中的专注程度和投入精神。鼓励学生积极思考,勇于提出问题,主动探索花茶的历史和文化背景。学生的主动性和创造性,以及他们对学习任务的按时完成情况,都是我们评价的重要依据。

2. 合作精神

在团队活动中,注重评价学生的合作态度和精神。这包括他们在小组讨论中的积极参与、对同伴的协助和支持,以及他们在团队合作中展现出的领导潜质和协调能力。鼓励学生在合作中学习,在学习中合作,共同促进团队目标的实现。

3. 探究精神和学习能力

通过观察学生在提出问题、分析问题和解决问题的过程中所表现出的探究精神和实践能力,评价他们的学习成效。这不仅涉及他们对知识的掌握程度,还包括他们对新知识的好奇心和探索欲,以及他们在实践中的创新和应用能力。

4. 收获与反思

通过学生的自我陈述、小组活动记录、日记、征文和主题展示等形式,了解他们的

---

① 中华人民共和国教育部. 中小学教育课程改革总体方案之"中小学课程标准实验方案(2011版)"[M]. 北京:人民教育出版社,2011.

学习收获和对课程的反思。这些反思不仅帮助学生总结经验，也促进他们对所学知识的深入理解和内化。

（三）评价方式

1. 清晰的表格评价

我们要求学生和教师对每次课程活动进行详细的记录，这些记录包括活动计划、实施过程、出勤情况、素材搜集等，形成了一个详尽的活动档案。这些档案不仅为评价提供了客观依据，也为学生的成长轨迹留下了宝贵的记录。

2. 日常观察即时评价

教师在日常活动中对学生的表现进行观察和即时反馈，这种评价方式能够及时发现学生的学习需求和问题，为教师提供调整教学策略的依据，同时也能够激励学生，提高他们的学习动力和参与度。

3. 阶段综合评价

在每个探究活动结束后，组织学生进行自我评价和小组评价，促使他们在活动后进行总结和反思。这种评价不仅关注学生的成果，更重视他们对学习过程的认识和理解，帮助他们在未来的学习中不断进步。

"小茶艺师：花茶制作劳动课程设计与实施"为学生提供了一个独特的学习平台，让他们在实践中深入了解茶文化和花语文化，掌握制作花茶的技艺，并通过茶道表演等活动，提升审美和文化素养。课程中的团队合作和项目管理环节，锻炼了学生的组织协调能力和解决问题的能力。通过这些丰富的活动，学生在实践中学会了如何将理论知识与实际操作相结合，培养了他们的创新思维和实践能力。相信通过这样的劳动教育，学生不仅能够掌握一项新技能，更能够在未来的学习和生活中，展现出更加全面的能力和素质。课程在实施中，也存在着一些需要反思和改进的地方。

纵观"小茶艺师：花茶制作劳动课程设计与实施"的过程，我们认识到课程内容的设计虽具有独特性，但仍有提升空间。为了更全面地展现花茶与花语文化的丰富内涵，未来我们应更深入地探索这一领域的文化故事，强化情感共鸣的构建，让学生在体验中感悟传统文化的魅力，从而更好地传承和发扬这一宝贵的文化遗产。在评价方法上，我们意识到需要进一步优化评价体系，确保评价过程的科学性和合理性。后续将细化评价指标，为每个指标制定恰当的评价标准，并选择适合的评价工具和方法，以提高评价结果的客观性和准确性。此外，将建立一个公正的奖惩机制，旨在激发学生的积极性,鼓励他们更主动地参与到课程中来,从而促进他们的全面发展。在实践环节的执行上,我们认识到教师对细节的把控至关重要。为了确保学生的安全和实践活动的质量,我们将加强对学生操作的监督和指导,特别是在茶艺表演、茶具使用和花茶保存等关键环节。我们将确保每位学生都能在安全的环境中掌握正确的操作技巧,并在实践中不断改进,以避免任何可能的不良后果。

(撰稿人:深圳市坪山区碧岭实验学校　陈广文)

第三节　小花农：葵花开课程设计与实施

悠悠万事，劳动使成。"小花农：葵花开课程设计与实施"让孩子们在泥土里学会耕耘，在课程中收获成长，一粒小小的种子蕴藏着大大的能量，开出耀眼的光芒。学生通过观察、思考，发现向日葵生长的细微之处；运用图案和文字精准记录葵花开的过程；借助知识、实践研究大自然产生葵花籽的智慧。孩子们在课程中亦能深深感受生命的脆弱与伟大，体验劳动的艰辛与快乐，发现精神的深刻与升华。

《义务教育劳动课程标准(2022年版)》中提出，劳动教育强调学生直接体验和亲身参与，强调动手实践、手脑并用、知行合一、学创融通；提倡"做中学""学中做"，激发学生参与劳动的主动性、积极性和创造性。立足于综合实践的劳动课程应当注重引导学生从现实生活的真实需求出发，亲历情境、亲手操作、亲身体验，经历完整的劳动实践过程；同时应当注重引导学生通过设计、制作、试验、淬炼、探究等方式获得丰富的劳动体验，习得劳动知识与技能，感悟和体认劳动价值，培育劳动精神。[①]

劳动项目是落实劳动课程内容及其教育价值、体现课程实践性特征、推动学生"做中学""学中做"的重要实施载体。学生在项目式学习中接受劳动教育，就是在经历"真实问题驱动——劳动方案构思——作品原型设计——开展劳动实践——劳动项目路演——评价反思成果"的过程中，深入参与劳动的各个实践环节，解决遇到的劳动问题，形成深度劳动认知。

结合《义务教育劳动课程标准(2022年版)》现阶段义务教育劳动素养培养的要求，农业生产劳动项目可以从课程功能、课程结构、课程内容、课程实施、课程评价、课程保障六个方面切实落实劳动教育的真实需求。在课程功能方面，紧扣育人导向；在课程结构方面，聚焦实践主线；在课程内容方面，紧贴学生生活和社会实际；在课程实

[①] 中华人民共和国教育部.义务教育劳动课程标准(2022年版)[S].北京：北京师范大学出版社，2022：3.

施方面,倡导实践方式的多样化;在课程评价方面,注重评价的综合性;在课程保障方面,强化了课程实施的安全、有效。重新审视劳动教育,关注课后延时服务的课程,聚焦劳动特色课程,结合学校习性教育的办学理念,学校以"小花农:葵花开课程设计与实施"为例,设计并推行了一系列农业生产劳动项目教育活动,充分从学情出发,利用现有教育资源,进行创新式教育探索,打造以劳动实践为核心,关注活动评价导向,探索劳动教育的有效实施路径,形成学校家庭社区协同开展劳动教育合力,夯实劳动教育育人目标。

一 背景与理据

说到劳动教育,2020年3月中共中央、国务院正式颁布《关于全面加强新时代大中小劳动教育的意见》,同年7月,教育部又颁布《大中小劳动教育指导纲要(施行)》,2022年教育部制定《义务教育劳动课程标准》,短短几年,对劳动教育的研究与实践方兴未艾。而当下"双减"政策的出台,如何有效地减负的同时,提升学生的综合素养水平,成为我们眼前的挑战。为此,笔者着眼于课后延时服务的课程,聚焦劳动教育助力"双减",开展以项目化学习的劳动课程研究与实践。

"劳动最光荣",然而现在很多孩子因为生活环境家庭教养方式,很少进行劳动,不会劳动,不珍惜劳动成果等。而一些新闻报道也让人瞠目结舌:"有的大学生不知冬天添置衣服,回家寻求妈妈帮助""学生把水稻当成韭菜"。除此以外,很多学校的劳动就是大扫除而已。劳动不足,何以谈劳动教育?这些现象不断地促使笔者深思德智体美劳,劳动教育何在?劳动教育的育人价值何在?为此,笔者在"小花农:葵花开课程设计与实施"项目学习中挖掘劳动教育的内在育人价值,以更好地实现学生核心素养的培养。

《义务教育劳动课程标准(2022年版)》指出:劳动课程是实施劳动教育的重要途径,具有鲜明的思想性、突出的社会性和显著的实践性。劳动课程以丰富开放的劳动项目为载体,重点是有目的、有计划地组织学生参加日常生活劳动、生产劳动和服务性劳动,让学生动手实践、出力流汗,接受锻炼、磨炼意志,培养学生正确的劳动价值观和良好的劳动品质。在课程内容农业生产劳动第三学段提出种植与养护1~2种当地常见的蔬菜、盆栽花草、果树等,体验简单的种植生产劳动,初步学习种植的基本方法。感受持续性劳动的艰辛和不易,懂得珍惜劳动成果,养成持之以恒的劳动品质。形成热爱自然、热爱土地的情感态度。[①] 基于课程标准与学生真实的个人生活体验,学校自主开发了适用第三学段的"小花农:葵花开课程设计与实施"这一校本特色劳动项目。

苏霍姆林斯基认为劳动是有神奇力量的民间教育学,给我们开辟了教育智慧的新源泉,这种源泉是书本教育理论所不知道的。我们深信,只有通过有汗水、有老茧和疲乏人的劳动,人的心灵才会变得敏感、温柔,通过劳动人才具有用心灵去认识周围世界的能力。在这一项目推进期间,通过多次自主体验、探究、学习、总结种植的基本方法,学生感受到种植活动过程的乐趣和惊喜,了解了不同职业劳动者的辛苦与快乐,积极与同伴合作,正确认识劳动的地位和价值,懂得劳动创造美好生活的道理。

二 过程与策略

"小花农:葵花开课程设计与实施"以劳动学生核心素养的要求为依据,强调对学生劳动观念、劳动能力、劳动品质和劳动精神的培养,实施对象为五年级两个班的学生,共 90 人。部分孩子在家里有过种植盆栽的经历,对植物的种植养护有一定的知识与技能基础。然而,绝大部分孩子出生于城市,生长于城市,未进行过在土地中种植向日葵。基于孩子们的疑惑"向日葵是怎么来的?"种植可以结葵瓜子的向日葵,学生既能了解葵瓜子,又能增强其劳动技能,培养其劳动素养。

通过全程参与向日葵种植与收获劳动,了解农业生产知识和方法,初步形成关爱生命、尊重自然,遵循植物生长规律和季节特点进行科学劳动的观念;进一步感受农业生产劳动的艰辛与愉悦,更加懂得珍惜劳动成果,懂得"一分耕耘,一分收获"的道理;初步学会与他人合作劳动,在种植过程中不怕困难,养成有始有终的劳动习惯。

(一) 活动总览

著名学前教育家陈鹤琴先生说过:"大自然是我们的知识宝库,大社会是我们的生活宝库,是我们的活教材。"春天,万物复苏、生机盎然的季节,向日葵为什么会跟着太阳转动呢?孩子们对这一奇特的植物生长现象充满着好奇,我们期待孩子们通过亲身体验、实际操作,从认识种子、生长过程到播种、收获等过程,感受向日葵生长的全过

[①] 中华人民共和国教育部. 义务教育劳动课程标准(2022 年版)[S].北京:北京师范大学出版社,2022:22.

程,构建植物生长过程的新经验。

从课程起源中,教师捕捉到孩子们对于种花活动的极大兴趣。从孩子们的对话中,了解到他们对植物的种植有些浅显的经验,如植物需要种子,照顾植物需要浇水、拔草,植物才能长好,孩子们谈论协商种植向日葵。向日葵的种子是什么样的？看到向日葵的种子时,孩子们很快将平日里所吃的葵瓜子与向日葵的种子建立了联系——原来它就是我们吃的瓜子,对向日葵种子的陌生感瞬间就消失了,孩子们很高兴地运用多种感官(看、摸、闻尝)感知,获得了关于瓜子的直接经验;同时,他们也发出了新的疑问：这么小的葵花籽,怎么种才能长出向日葵呢？是啊,如此小的种子,是怎么长成很大的向日葵花的呢？这个由小变大的奥秘燃起了孩子们的好奇心和探究兴趣,但植物生长是一个需要细心照顾、耐心观察的漫长过程。在这个漫长的过程中,孩子们很有可能因为经验的缺乏,一些失败的经验而中途放弃继续探究,如何给予孩子们支持策略,此时教师需要多方斟酌。分析孩子们的观察品质及特点后,教师最终决定先通过视频给孩子们一些关于种植和照顾的经验,以便为后续种植活动提供一些经验的支持,增加他们对种植活动的信心和兴趣。关于如何种植向日葵,教师借助更为直观的方式——多媒体和图片以及提问帮助孩子们梳理了关于照顾植物的经验,为接下来的种植活动提供了经验。

具体活动(见图6-3-1)。

嗑瓜子,提出问题	种瓜子,劳动实践	嗑瓜子,劳动收获
活动一	活动二	活动三
❶ 葵瓜子怎么来的	❶ 了解向日葵的种类及生长属性	❶ 收获亲自种植的瓜子
❷ 畅谈向日葵种植想法	❷ 到"幸福农场"种植向日葵	❷ 完成《我的种植体验》
	❸ 分工合作浇水施肥等管理	❸ 形成葵瓜子记录手册
	❹ 借助表格记录向日葵的生长情况	

图6-3-1 向日葵种植与收获活动图示
(图片由学校提供)

(二) 活动实践

从种子到果实,向日葵这一生命历程的圆满。得益于天时地利,更是在为孩子们提供一次探索的机会,形成了独立思考的习惯及解决问题的能力。深圳温度高,气候非常合适向日葵的生长,一个学期就能收获,所以将种植活动分为三部分。

1. 活动一：嗑瓜子，提出问题(葵瓜子怎么来的)

(1) 活动目标：① 能在常见的嗑瓜子聊天的日常活动中提出问题；② 知道向日葵引进中国的历史。

(2) 具体内容：① 老师和学生们坐在一起嗑瓜子聊天，引导学生提出有价值的问题，例如：葵瓜子怎么来的；② 在温馨祥和的聊天氛围中，老师给学生布置任务，通过网络收集学习关于向日葵引进中国的历史文献；③ 学生分享向日葵引进历史，了解向日葵种植原产地；④ 老师宣布项目式学习正式开始，指导学生分组，学生小组合作，畅谈向日葵种植想法。

看着一颗颗小小的种子，孩子们提出了问题："是平着放，还是竖着放？""是尖头朝下，还是圆头朝下？"种植活动在各种问题之中暂时搁浅。老师建议将尖头朝下，观察其秘密。第一次的种植，从埋入土里的那一刻开始，这颗小小的种子紧紧牵挂着孩子们的心。

2. 活动二：种瓜子，劳动实践(种植向日葵)

(1) 活动目标：① 知道向日葵的种类及生长属性；② 学会向日葵的种植方法，正确播种向日葵；③ 会借助工具测量及记录向日葵的生长情况；④ 个性化表达向日葵生长情况。

(2) 具体内容：① 学生学习有关向日葵的生物属性，了解向日葵生长的过程；② 带领学生到学校顶楼幸福农场播下种子，学生小组合作进行种植以及日常的种植管理，在老师的指导下，分工合作进行浇水、施肥等；③ 指导学生借助表格统计图等形式在向日葵生长的过程中，进行植株高度测量，并通过观察及数据了解向日葵生长情况，发现异常时，及时处理解决，优化种植方案，使得植株获得更好的生长；④ 在种植向日葵的过程中，特别是向日葵开花时，指导学生个性化记录美丽的向日葵生长情况，让学生获得美的精神享受与个性的表达(见表6-3-1、表6-3-2和表6-3-3)。

表6-3-1 向日葵生长情况记录表

时间	高度(cm)	叶片数	叶子形状	直立、干粗程度	开花时间	花盘尺寸

续　表

时间	高度(cm)	叶片数	叶子形状	直立、干粗程度	开花时间	花盘尺寸

遇到的问题：

_____

_____

需要改善的地方与方法：

1. _____

_____

2. _____

_____

3. _____

_____

记录人：_____　　　成员：_____

表6-3-2　实践过程反思表

说说自己的心里话				
年级：	班级：		姓名：	学号：
1. 你对这次活动是否感兴趣？如果不感兴趣，请说明理由。				
2. 你认为活动的结果怎么样？				
3. 活动中，你遇到的困难是什么？				
4. 你感到小组活动中愉快吗？如果不愉快，为什么？				
5. 通过这次活动，你有了哪些收获？				
6. 你想对指导老师说些什么呢？				

表6-3-3　向日葵观察日记

时间：	天气：	记录人：

在悉心照料下,向日葵终于发芽了。通过测量活动,孩子们关注着每一株向日葵的生长变化。在持续的观察中,孩子们的每一次发现都欣喜万分,正是这丝情感的牵引,带着点点期盼,孩子们的喜悦是对植物最真挚的情感,是对大自然最由衷的热爱。

3. 活动三：嗑瓜子,劳动收获(我们与向日葵)

(1)活动目标：① 乐于分享种植向日葵收获的快乐；② 展示与向日葵生长有关的个性化表达作品,整理成册；③ 领取不同的种子,在家种植研究其生长属性。

(2)具体内容：① 学生在老师的指导下收获亲自种植的葵瓜子；② 学生小组合作对葵瓜子进行加工,制成各种美食；③ 师生共同享受瓜子美食,在品尝葵瓜子美食的同时,组织欣赏学生的个性化记录向日葵生长情况的作品,学生分享自己在此项目式学习过程的感想与收获；④ 在葵瓜子美食分享会后,领取不同的种子,在家种植研究其生长属性。

带着收获的期望,孩子们特别期待向日葵的一次次变化,用最为个性化的表达,把这一种植实践活动所见所闻记录成册。摘下了一粒葵瓜子,便收获了一份成就。在这鲜活的劳动教育中,将生活还给孩子,将快乐还给孩子,让孩子们的成长看得见。这一次向日葵种植活动结束了,孩子们的劳动体验告一段落,但植物的生长还在继续,所以在最后,孩子领用不同的种子,用已有的经验与所获得的技能,继续深入探索,劳动教育持续进行。

(三) 活动评价

在每个活动中,笔者和学生一起商量制定了相应的评价标准,分别从学习态度、学习方式、参与程度、合作意识、探究活动、知识和技能的应用等几个方面,将自评、互评和师评相结合,设计不同等级对学生进行全面多元的评价。课程的教学与学习结果以学生学习情况及作品为评定内容,从个人与团队两个角度开发灵活适用的评价维度量表,评价学生知识、能力与素养所得(见表6-3-4)。

表6-3-4 葵花开课程评价表

评价维度	评价内容	评价方式		
		自评	互评	师评
学习态度	1. 学习目标明确,重视学习过程的反思,积极优化学习方法。 2. 保质保量按时完成小组任务和作品。 3. 重视自主探索、自主学习,拓宽视野。	☆☆☆☆☆	☆☆☆☆☆	☆☆☆☆☆
学习方式	1. 学生个体的自主学习能力强,会倾听、思考、表达和质疑。 2. 学生之间能采取合作学习的方式,并在合作中分工明确地进行有序的探究。 3. 学生在学习中能自主反思,主动查阅资料,改善向日葵的养殖方法。	☆☆☆☆☆	☆☆☆☆☆	☆☆☆☆☆
参与程度	1. 认真参加学习活动,积极思考,善于发现问题,勇于解决问题。 2. 积极参加探究、调查记录等活动。	☆☆☆☆☆	☆☆☆☆☆	☆☆☆☆☆
合作意识	1. 积极参加小组合作学习,勇于接受任务、敢于承担责任。 2. 加强小组合作,取长补短,共同提高。 3. 乐于助人,积极帮助学习有困难的同学。 4. 公平、公正地进行自评和互评。	☆☆☆☆☆	☆☆☆☆☆	☆☆☆☆☆
探究活动	1. 积极尝试、体验不同的方法。 2. 逐步形成严谨的科学态度,不怕困难的实践精神。 3. 勇于质疑,善于反思,有创新意识,完成的作品丰富新颖。	☆☆☆☆☆	☆☆☆☆☆	☆☆☆☆☆

续 表

评价维度	评 价 内 容	评价方式		
		自 评	互 评	师 评
知识和技能的应用	1. 认真思考,并融合各学科的知识。 2. 积极体验学科知识在解决实际问题中的价值和作用。 3. 自觉养成应用知识解决实际问题的意识,增强综合应用能力。	☆☆☆☆☆	☆☆☆☆☆	☆☆☆☆☆
其他	情感、态度、价值观的转变;认知水平的发展。	☆☆☆☆☆	☆☆☆☆☆	☆☆☆☆☆
综合评价	小组评价等级		任课教师评价等级	

注:每一项你能得到几颗星呢?请用喜欢的颜色涂上相应的☆☆☆☆☆个数,并请同学老师进行评价吧。

三 成效与反思

"小花农:葵花开课程设计与实施"是围绕劳动课程标准中的任务群进行开发与实施的。课程在实施过程中,转变了学生学习方式,从被动体验劳动到主动学习探索劳动,在实践中培养和提升了学生的核心素养。

(一) 促进学生形成了热爱自然、积极劳动的情感态度

课程充分让孩子们感受劳动的魅力,学生亲自播种耕种收获,切切实实去做,种植活动才会让学生感到亲切有趣。丰富的劳动体验,习得劳动知识与技能,感悟和体认劳动价值,从中培育劳动精神。

(二) 培养学生主动与人合作的精神

劳动实践活动大多需要合作,在合作中,学生学会倾听、交流沟通、承担责任并为同伴提供力所能及的帮助。课程的多数活动都是通过学生相互合作来完成的,特别是"种植向日葵"活动更是把全班同学凝聚在了一起。通过各项劳动实践,学生的团队合

作能力不断提高,形成团结合作品质。

(三) 充分锻炼了学生解决现实问题的实践探究能力

课程的起点"唠嗑"现象,从现实生活的兴趣点或疑惑处出发,学生需要面对的是真实而复杂的情境,学生将经历完整的"真实问题驱动——劳动方案构思——作品原型设计——开展劳动实践——劳动项目路演——评价反思成果"闭环,而不是进行单一、机械的劳动技能训练或简单的劳动知识讲解,学生解决现实问题的实践探究能力得到了有效锻炼。

悠悠万事,劳动使成。劳动课的最大价值不在于动手参与本身,而是尽可能还原学生的社会性,"让孩子们在泥土里学会耕耘,在烟火气中体味生活,在指尖上打开大千世界,亲手创造色彩斑斓的人生"。"葵花开"课程实施的全过程贯穿劳动观念、劳动精神的培养,引导学生树立正确的劳动价值观。课程中强调学生直接体验、亲身参与,注重动手实践、手脑并用、知行合一,倡导"做中学""学中做"激发学生参与的积极性、主动性和创造性,同时学会积极与人合作,充分锻炼了解决现实问题的实践探究能力。在劳动教育课程中,要净化劳动目标的初心,强化劳动过程性体验,优化劳动评价机制,深化劳动教育改革创新,让孩子真正爱上劳动、享受劳动,收获快乐、健康成长。[1][2][3]

(撰稿人:深圳市坪山区中山小学 俞芳芳)

---

[1] 陆改琳.综合实践让劳动教育落地生根[J].教育界,2020(36):194.
[2] 邓李君.基于"农场基地"的融通式劳动教育新路径 项目式学习的视角[J].今日教育,2021(5):44-48.
[3] 韩冬梅,吴暇.新时代开展劳动教育的价值、困境及实施路径刍论[J].成才之路,2023(14):129-132.

第四节 小志愿者：走进社区志愿服务项目设计与实施

劳动教育是培养社会责任感和奉献精神的重要手段。社会责任感和奉献精神是社会主义核心价值观的重要体现。走进社区的志愿服务项目是学校师生基于学校劳动教育课程自发开展的社区服务性劳动项目。志愿者自主选择岗位、制定服务计划，依据计划开展小组合作，在服务中提高发现问题、解决问题的能力，学会关注他人需求，体味志愿服务劳动带来的快乐。

《义务教育劳动课程标准（2022年版）》指出，要坚持育人导向，注重挖掘劳动在树德、增智、强体、育美等方面的育人价值，将培养学生的劳动观念、劳动精神贯穿课程实施全过程，引导学生树立正确的劳动价值观，崇尚劳动、尊重劳动，增强对劳动人民的感情，发展创新意识，提升实践能力和社会责任感，成为懂劳动、会劳动、爱劳动的时代新人。劳动是创造物质财富和精神财富的过程，是人类特有的基本社会实践活动。

《义务教育劳动课程标准（2022年版）》明确了课程目标和核心素养，指出劳动课程要培养的核心素养，即劳动素养，主要是指学生在学习与劳动实践过程中逐步形成的适应个人终身发展和社会发展需要的正确价值观、必备品格和关键能力，是劳动课程育人价值的集中体现，主要包括劳动观念、劳动能力、劳动习惯和品质、劳动精神[1]。劳动课程的根本出发点和落脚点就在于立德树人，旨在培养学生的劳动观念、劳动能力、劳动习惯和品质、劳动精神。课程在具体的实施过程中，一是要以劳动项目为载体，二是具有开放的姿态，即让学生在不同的劳动场域和丰富的劳动项目中开展劳动[2]。

---

[1] 中华人民共和国教育部. 义务教育劳动课程标准（2022年版）[S]. 北京：北京师范大学出版社，2022：4.
[2] 傅小芳. 劳动素养的内涵、特征及其对劳动课程的导向作用——基于《义务教育劳动课程标准（2022年版）》的分析[J]. 江苏教育研究，2023(8)：3-8.

一　背景与理据

家校社劳动教育新模式初有成效。近年来,学校深入贯彻教育部《大中小学劳动教育指导纲要(试行)》,充分落实《义务教育劳动课程标准(2022年版)》的要求,立足学校实际,充分考虑小学生的年龄特点、教师的劳动特长,深入挖掘传统文化特色、学科教学等内容,整合学校、家庭、社会等多元资源,开设创意专题活动,创新实施方式和空间,以提升学生劳动素养为核心,将实践贯穿于劳动教育的各个方面,将新时代劳动教育的要求融入各项实践中,凸显了劳动教育的实践性特征。经过几年的探索实践,学校形成了一套较为完整的以劳动项目为抓手的家校社劳动教育新模式。

家校社劳动教育新模式拓宽平台。小学劳动教育"实践＋"项目,给学生创造了大量的劳动教育载体和实践平台。家校社实施路径的基本实施框架主要包括:"实践＋学科""实践＋基地""实践＋专题""实践＋评价"。该模式囊括了三个维度的劳动场所——校园、家园、社会,又阐释了劳动教育的理念——立足于校园、服务于家园、辐射至社会。劳动教育"实践＋"项目实施愿景分三个层次,第一是劳动生存,通过劳动满足基本的生存需求;第二是劳动生活,通过劳动提升生活质量,让我们的生活更美好;第三是劳动生智,全面提升劳动观念,做到知行结合、体脑并重,实现树德、增智、强体、育美,让孩子们深刻体会"劳动最光荣、劳动最崇高、劳动最伟大、劳动最美丽",树立劳动创造幸福生活的观念。

家校社劳动教育新模式实施有价值。小学劳动教育"实践＋"项目实施以来学生在亲身体验劳作的过程中,收获与人合作的愉悦感,体会收获劳动成果的幸福感,也会让学生对劳动产生新的理解。劳动教育不仅为学生培养了良好品德、传递了劳动精神,而且还帮助学生理解劳动的深刻内涵与重大的实际意义、树立了良好的劳动观,无形之中提升了劳动在学生心目中的地位。

劳动教育作为孩子成长中不可或缺的教育。学校扎实开展劳动教育,激励了一大批学生充分发挥自身特长,自发设计参与劳动项目,下面以五六年级学生开展的"小志愿者:走进社区志愿服务项目设计与实施"为例,记录学校学生走出课堂,走出校园,走进社区,自发参与社区志愿服务项目的劳动实践,学生深入参与志愿服务的各个实践环节,解决遇到的劳动问题,培养社会责任感,形成深度劳动认知。

二 过程与策略

"小志愿者:走进社区志愿服务项目设计与实施"以劳动学科核心素养的要求为根本依据,在项目式劳动实践过程的各个环节,注重理论与实践、动脑和动手相结合,有益于学生的劳动能力、劳动观念、劳动习惯和品质、劳动精神的培养,促进学生的全面发展。本项目的具体任务是围绕"走进社区的志愿服务"展开,主要由任务驱动、前期调研、活动准备、活动参与、评价反思共五个阶段组成。

(一) 任务驱动

现在的小学生多为独生子女,集千万宠爱于一身,习惯于他人对自己的关心、帮助与服务,而自己缺乏服务他人、服务社会的意识。在行为表现上,出现了诚信意识淡薄、社会责任感缺乏、勤俭自强精神淡化、和谐相处能力较差等问题。他们迫切地需要一个发展自我、完善自我的平台。

学生都是居住城市的各个小区之中,若干小区和其他群体在一个场域内形成一个生活相互关联的大集体,这就是社区。构建和谐的现代社区与每个人的生活、学习和工作息息相关。

学生意识到共同建设和谐社区,人人有责。于是,一批受到学校劳动教育课程启发的学生组合在一起,成立了旨在为共建美好社区贡献一份力量的志愿者服务队。志愿者服务队队员们利用课余时间,以学校的成长空间为基地,展开志愿活动项目讨论,确立了"美好社区"志愿服务队的团队文化(见表6-4-1)。

表6-4-1 "美好社区"志愿服务队的团队文化

队 名	"美好社区"志愿服务小队 来源——学生很喜欢学校的办学理念:"幸福起点 美好回忆",他们认为幸福的童年不仅在他们每天学习的学校里面发生,还存在于他们与他们的生活息息相关的社区之中,学校给他们创造了许多美好回忆,他们也要带着这份精神,为社区创造更多的"美好回忆"。
口 号	奉献 友爱 互助 进步 来源——习近平总书记说过:"希望你们弘扬奉献、友爱、互助、进步的志愿精神,坚持与祖国同行、为人民奉献,以青春梦想、用实际行动为实现中国梦作出新的更大贡献。"

续 表

队　徽	设计灵感：志愿服务队队徽整体构图为心的造型，同时也是英文"青年"第一个字母Y，寓意"少年有为"；图案中央是手，寓意志愿者向需要帮助的人们奉献一份爱心，伸出友爱之手，通过自己的劳动传递爱心；手掌中心是一个笑脸，笑脸象征着快乐和美好，劳动最光荣，劳动使人快乐，通过志愿服务让自己也让他人感受生活中的快乐和美好；图案右下角由一个绿树环绕的房子和"志愿者"三个字组成。寓意我们的志愿者服务队的目标是为共建和谐社区，保护社区环境贡献自己的一份力量。
核心的任务驱动型的问题	如何走进社区参加志愿服务，为共建和谐社区贡献自己的一份力量？

（二）前期调研

"哪里可以找到适合自己参加的社区志愿服务？"和"参加社区志愿服务有什么原则？"学生以这两个子问题展开探究，学习关于志愿服务的相关知识。在活动中增加学生对社区志愿服务的认识，发挥学生的志愿服务特长，培养学生发现问题、关注他人需求与服务他人的意识和能力，提高筹划能力，增强社会责任感。

1. 志愿服务的来源

做志愿服务不是想做就做，《义务教育劳动课程标准(2022年版)》中就"公益劳动与志愿服务"，对第三学段提出了如下目标：积极参加社区环保、公共卫生维护等力所能及的公益劳动，形成关爱他人、积极参与社区建设的劳动意识和能力，增强公共服务意识，初步形成社会责任感。也就是说，做志愿服务要为真正需要的人或者主体单位付出，而不是只做自己喜欢或者擅长做的事情。

学生就生活在社区之中，所以通过同伴交流、亲子沟通、询问长辈等方式发现社区志愿服务需求可以通过业主群、住户交流群、社区公告栏、社区群消息、社区公众号、社区志愿群、社区工作站邀请等渠道获取。学生通过关注各类信息渠道，了解不同的社区志愿服务需求，再结合自己的时间安排、个人特长等自愿参与。

2. 志愿服务的原则

学生通过查询资料、请教师长和小组交流的方式,总结了志愿服务中很重要的两个原则。一是志愿服务的自愿原则。志愿服务必须是自愿参加的。这个自愿是主动的而不是被动的,是自觉的而不是强迫的。自愿性是志愿者服务的基本特征之一。可以通过有组织的方式去动员志愿者,但应该让每个志愿者都在没有任何压力的情况下自愿投入到志愿服务之中。相反,如果一些志愿服务不是每个人都自愿参加,而是在某些组织或个人的强迫和压力下去参与的,其社会意义就会大打折扣。被迫参与到志愿者服务之中的人员不是真正意义上的志愿者,他们即使参加了志愿服务活动,也很难持续发挥积极的作用。

二是志愿服务的安全性原则。学生们在积极践行雷锋精神、奉献爱心,满怀热情地参与社区志愿服务的同时,也要始终牢记安全第一。志愿服务是一种奉献行为,但不需要牺牲,行有余力的参与,才值得肯定。为了充分保证志愿者的人身和财产安全,学生们集思广益,制作了一份社区志愿服务安全指引(见表6-4-2)。

表6-4-2 社区志愿服务安全指引

序号	社区志愿服务安全指引
1	参与志愿服务需要提前了解服务过程中可能存在的安全风险,判断自己的条件是否适合参与。
2	活动前记录负责人员和紧急联系人的联系电话,同时留下个人联系方式给服务组织方,以便双方紧急联系。
3	密切留意天气状况以及活动通知,如遇天气恶劣等情况,应取消外出服务计划。
4	外出服务注意交通安全,遵守交通规则,建议就近就便参加志愿服务。
5	在服务过程中应小心看管个人财物,避免携带贵重物品;如发现财物失窃,请及时联系工作人员或找警察求助。
6	如遇火灾、地震等突发灾害,应保持镇静,听从工作人员指挥,撤离到安全地带。
7	如遇到突发事件,视实际情况作出相应的应对措施,并及时向工作人员反映或立刻拨打紧急求助电话。
8	认真阅读服务相关的安全指引,定期接受相关安全培训,提高安全意识。

续 表

序号	社区志愿服务安全指引
9	服务前自觉、积极参与岗前培训或志愿服务指引相关课程,活动中遵守相关服务守则。
10	避免擅自行动,根据安排开展活动,如果身体不适,联系社区更换其他志愿者或者更换志愿服务内容。

(三) 活动准备

"工欲善其事,必先利其器",有了参加社区志愿服务想法,来看看学生在走进社区做志愿服务之前做了哪些"功课"。

1. 参加岗前培训。与志愿服务的社区联系,开展志愿服务前,积极参加岗前的培训。确认志愿服务的相关准备事项,如志愿者是否有统一的服装,是否需要携带纸笔、水杯等物品,确认的活动流程以及发布服务场地周边的交通信息。通过参加社工组织的培训,学生不仅了解到社区更多的文化包括环境文化、行为文化、制度文化和精神文化等方面,还提高了志愿服务实践技能如人际沟通、服务礼仪、游戏带领等。通过岗前培训,学生进一步加强了对志愿服务的认同感和满足感。同时,更加深切地认识到社区文化建设不仅仅是服务居民的需要,更是塑造社区精神、传承社会价值的使命。

2. 做好心理准备。志愿服务过程中,可能会出现服务对象不满意,或者是不理解,甚至会出现一些极端的情况,要做好心理准备和应对的办法,避免出现个人情绪波动比较大而影响志愿服务的效果。

(四) 活动参与

美好社区志愿服务小队成立以后,志愿服务队的队员参与了500多次社区志愿服务活动,帮助真正需要的人。服务对象涵盖社区居民、老年人、青少年、妇女儿童、残障群体、低保贫困对象、困难群体等各类群体,服务项目涉及垃圾分类、打扫卫生、清洁河道、公益演出、爱心义卖等丰富多彩的活动。下面是部分学生参加的走进社区志愿服务实践活动。

活动一:"童心向党 不忘初心"手语舞兴趣班

活动时间:暑假期间

活动地点：坪山区马峦街道坪环社区党群服务中心

活动对象：社区来深务工随迁子女（儿童）

活动目的：充分发挥辖区优秀少年志愿者的突出才艺，让辖区儿童有机会接受艺术启蒙，度过一个有意义的暑假。

活动内容：通过十个课时，让手语舞班的儿童学会《不忘初心》歌曲以及用手语舞蹈动作表演。

活动素材：《不忘初心》是由朱海作词，舒楠作曲，韩磊与谭维维演唱的一首歌曲。该曲于2016年10月19日在"永远的长征——纪念红军长征胜利80周年文艺晚会"上首唱，是2017年央视春晚零点压轴曲目，也是政论专题片《不忘初心继续前进》当中的主题曲。

活动感受：这次志愿活动，是我第一次把自己学到的东西教给别人，也是第一次深刻体会到学以致用带给我的成就感。在教授的过程中，来自"学生"的尊敬，以及舞台上"学生"们的成功演出，更让我明白了"赠人玫瑰，手有余香"的真正含义。我觉得我的付出非常有意义。手语舞版的一首《不忘初心》，让我们重温红军战士用生命和热血铸就的雄壮历史，重温革命先辈用理想和信念丈量的伟大远征。让我们印象最深的是那句"不忘初心，继续前进，万水千山，最美中国道路"，让我们感受到红军长征那段艰苦卓绝的峥嵘岁月，以及歌曲中传递的对祖国和人民的浓浓深情。通过手语舞，革命精神像一颗种子种在了我们的心底，相信这颗种子会在我们共建的"美好社区"中不断发芽、成长，长大为祖国母亲的建设贡献自己的一份力量。

活动二："读万卷书 行万里路"图书馆管理员

活动时间：星期六、星期天下午14：00—16：00（2小时为一次服务）

活动地点：坪山社区党群服务中心图书馆

活动对象：坪山社区居民

活动目的：书籍是人类进步的阶梯。营造一个好的阅读环境，让社区阅读氛围更加浓厚，让社区居民便于阅读、爱上阅读。

活动内容：协助图书管理员维护馆内秩序、解答读者一般性咨询问题、帮助和指导读者借阅图书和查找资料、及时对归还图书进行分类上架整理、向读者进行书目推荐等。

活动素材：人民日报推荐孩子必读的100本经典好书。

活动感受：

小婕：每次去服务都是不停地在整理书籍，帮助别人解决问题和答疑。有时站久了也感觉很累好想坐下来。可是每当帮助人找到所需书本后，听到那一声"谢谢"，就如同一股暖流流淌到我心间，所有的疲惫也就云消雨散了。在这个过程中我学会了分享和团队协作，体会了爸爸妈妈工作的辛苦，也教会了我一些做人做事的道理，戒骄戒躁、脚踏实地才能做好每一件事情。

瑶瑶：非常幸运能成为图书馆的一名小义工，在这里每一次的工作忙碌而充实。每一次整理好图书，阅览室变得井井有条，我的内心就充满了成就感，再烦琐的工作也变得意义非凡。每当别人感谢我的帮助时，那一声"谢谢"，是对我工作最佳的褒奖。服务者精神是"互相帮助、助人自助、无私奉献、不求回报"。我学到了很多关于图书馆的知识，图书卡的条规熟记于心，帮助询问者答疑解惑。

活动三："分类有道 垃圾成宝"垃圾分类行动

活动时间：社区内一天中居民比较集中丢垃圾的时间

活动地点：社区活动广场、社区垃圾站旁

活动对象：全体社区居民

活动目的：为进一步开展保护环境、人人有责、垃圾分类的宣传、教育和倡导工作，加强社区居民的环保意识和责任意识，呼吁全体居民积极参与环境保护和垃圾分类，将保护环境的理念扎根在居民心中，将垃圾分类的行为落实在生活实际中。

活动内容：志愿者通过派发垃圾宣传单和宣传手册，向居民讲解垃圾分类的重要性，利用小卡片认识垃圾分类的不同类型，并用通俗易懂的语言告诉居民如何快速识别和分类垃圾，通过跟居民问答的互动形式了解居民的掌握情况，让居民更好掌握理解垃圾分类，养成低碳、绿色环保的生活理念，鼓励居民从自身做起，坚持做好垃圾分类的同时带动身边的人一起加入到保护环境中来。

活动素材：垃圾分类知识普及（见表 6-4-3）

表 6-4-3　垃圾分类知识普及

问　　题	垃圾分类知识普及
为什么要进行垃圾分类？	垃圾分类是对垃圾收集处置传统方式的改革，是对垃圾进行有效处置的一种科学管理方法。人们面对日益增长的垃圾产量和环境状况恶化的局面，如何通过垃圾分类管理，最大限度地实现垃圾资源利用，减少垃圾处置量，改善生存环境质量，是当前世界各国共同关注的迫切问题之一。

续 表

问 题	垃圾分类知识普及
生活垃圾可以分为几类?	1. 可回收垃圾。可回收物主要包括废纸、塑料、玻璃、金属和布料五大类。这些垃圾通过综合处理回收利用,可以减少污染、节省资源。 2. 厨余垃圾。厨余垃圾包括剩菜剩饭、骨头、菜根菜叶、果皮等食品类废物。经生物技术就地处理堆肥,每吨可生产 0.6—0.7 吨有机肥料。 3. 有害垃圾。有害垃圾含有对人体健康有害的重金属、有毒的物质或者对环境造成现实危害或者潜在危害的废弃物,包括电池、荧光灯管、灯泡、水银温度计、油漆桶、部分家电、过期药品及其容器、过期化妆品等。这些垃圾一般使用单独回收或填埋处理。 4. 其他垃圾。其他垃圾包括除上述几类垃圾之外的砖瓦陶瓷、渣土、卫生间废纸、纸巾等难以回收的废弃物及尘土、食品袋(盒)。采取卫生填埋可有效减少对地下水、地表水、土壤及空气的污染。
垃圾分类有哪些好处?	1. 变废为宝。垃圾分类能够提高垃圾利用率,变废为宝,如食品、草木和织物可以堆肥,生产有机肥料。 2. 减少环境污染。垃圾分类可以减少土地资源的消耗,减少垃圾处理的水、土壤、大气污染风险。 3. 提高经济价值。垃圾分类可以减少垃圾处理量和处理设备,降低处理成本,提高了废品回收利用比例,减少了原材料的需求。

活动感受:

小贝:我觉得这个志愿活动是非常有意义的,不仅帮助了他人,也遇到了很多可爱的小伙伴,我们一起在垃圾站前值守,一起为社区的美好建设贡献自己的力量。希望有更多的居民能够通过我们的志愿服务学会垃圾分类,养成垃圾分类的好习惯!

小豪:坚持参加垃圾分类宣传活动,令我收获颇丰。现在,垃圾分类已经走进了家家户户,是生活必需的一部分。但有一部分居民仍旧没有养成垃圾分类的习惯,为此,开展垃圾分类的法律宣传活动就显得尤为重要。我们社区组织了主题活动,为居民们科普垃圾分类的重要性和必需性,并鼓励居民们签署倡议书。同学们给居民们细心讲解垃圾分类的要点,让群众更直观了解垃圾怎样分类以及分类回收利用的好处,进而引导广大群众积极参与到垃圾分类的生活实践中来。

(五) 评价反思

为了更好地记录所参加的活动,便于开展总结反思,"美好社区"志愿服务队的小志愿者们设计了"美好社区"志愿服务登记表(见表 6-4-4)。

表 6-4-4 "美好社区"志愿服务登记表

"美好社区"志愿服务登记表	
活动时间	
活动地点	
活动过程	
活动感受	
活动建议	
活动评价	

在走进社区志愿服务活动结束之后,"美好社区"志愿服务队的小志愿者们每周利用周一下午的课余时间,集中在学校的成长空间,小志愿者们提出自问"这次活动你学到了什么",并与同伴交流志愿服务经验,体会志愿服务的快乐,强化小志愿者对于自己志愿服务过程的反思。同时学校设立标准化、细致化、可操作的评价机制,对于优秀者及时正面反馈,树立典型的榜样,激发学生的劳动积极性。如优秀志愿服务小组展示,宣传优秀志愿者事迹等。

其中一名小志愿者,已经从学校毕业的赖雅婕同学的优秀事迹最为突出,她被评为 2023 年度深圳"新时代好少年",她曾获广东省"红领巾奖章"个人四星章、深圳市优秀少先队员、"蒲公英校园之星"青少年志愿者金奖、深圳市中等学校特区模范少年之"环保少年"等多项荣誉……从三年级开始,她主动参与社区志愿服务,包括"路小二"交通劝导、社区图书馆书籍整理、协助社区外展活动等。她说:"我非常庆幸能生活在深圳这样一个义工服务之城,一个充满爱的地方。我身边有很多像妈妈这样优秀的义工,让我不断成长。"她的事迹在"文明深圳"公众号上进行了题为《新时代好少年 赖雅婕:用点滴行动传递公益的小志愿者》的宣传,感染更多的人为建设美好社区行动起来。

三 成效与反思

通过参加社区志愿服务实践,学生掌握了一定的服务技能,能在团结协作中,完成相应的志愿服务项目,并从中获得成功、快乐的情感体验和对自我价值、对志愿服务的情感认同,形成积极主动的志愿服务意识。"赠人玫瑰,手有余香""美好社区"志愿服务队的小志愿者们,不仅发挥了自己的劳动特长,还用自己的劳动去帮助别人,收获了同伴、教师和社区居民的许多好评。

(一) 加深了学生对志愿服务的认识

新时代劳动教育强调学生直接体验和亲身参与,注重动手实践、手脑并用,知行合一、学创融通,倡导"做中学""学中做",只有参与了才会有更加深刻的感受,才会对社区志愿服务有进一步的认识和提升。

(二) 激发了学生参加志愿服务的自觉性和积极性

自主参加"美好社区"志愿服务队的小志愿者们对志愿服务都有强烈的认同感,志愿服务的准备、过程、评价、效果,时时刻刻在激励着他们,促使学生形成积极的情感态度,从"我试着做一做"到"我能做好"的心态转变,促使他们更加积极地投入,促使他们不断产生新经验、新认识。

(三) 提升了学生的志愿服务技能

"骏马能历险,犁田不如牛;坚车能负重,渡河不如舟。"每一个志愿者都有自己擅长的领域,通过自主参与"美好社区"志愿服务,志愿者相互分享、相互学习、相互支持,共同探讨志愿服务中面临的问题及解决之策,大大提升了学生的沟通能力、发现问题、解决问题的能力、团队合作能力、组织能力、宣传能力以及强化了种植花草树木、清洁整理等劳动技能。

(四) 传递了志愿服务的精神

在学校特色劳动教育课程熏陶下,走出了许许多多"美好社区"志愿服务队的小志愿者,这些小志愿者在社区中,乃至在社会上传递着正能量。志愿服务在每个人的心中都种下了一颗"奉献、友爱、互助、进步"的种子。

志愿服务是社会文明进步的重要标志,是加强精神文明建设的重要载体。学校将继续加强新时代劳动教育,充分发挥小学劳动教育"实践+"项目式学习的优势,引导学生树立正确的劳动价值观,崇尚劳动、尊重劳动,增强对劳动人民的感情,发展创新意识,提升实践能力和社会责任感,成为懂劳动、会劳动、爱劳动的时代新人。

(撰稿人:深圳市坪山区坪山中心小学　郑佳意)

后记

《小切口课程设计：劳动教育的创意实施》一书经过近四年的积累和磨砺，终于成稿了。坪山区劳动教育"润"课程从初创到收官的四年，亦是我在坪山区教育科学研究院四年工作的见证。

在劳动教育研究与实践中，我们认识到劳动教育在当下开展的过程中所表现出的"离身之态"，尝试以"润"课程中的六大特性突围求解，并佐以精品案例。我们关注到大多数劳动教师都是非劳动专业教师，很多教师对劳动课程的性质和界定不明晰，愁于如何设计劳动教育项目，苦于实施过程中的操作步骤，因此本书对于劳动教育工作者而言是一种经验分享。

在此，衷心感谢杨四耕教授在百忙之中对我区劳动教育老师精品案例的指导，多次亲临坪山区听取工作汇报并予以悉心的指导，鼓励我认真总结和分享我区的经验，进一步深化劳动学科的研究。得于杨教授的鼓励、指导和帮助，此书才得以顺利出版。还要衷心感谢王琦老师数年来对坪山区劳动教育"润"课程工作的指导和支持，并对此书的撰写给予了指导和帮助。感谢钟焕斌和许育志老师，在劳动教育"润"课程的初创阶段提供了思路和框架，使得后期的课程建设"豁然开朗"，在此一并表示深深的谢意。最后，致谢这些年来立足学校劳动教育、在实践中不断打磨教学设计并提供精品案例的教师们，这些不同学科的教师在这几年中把自己对劳动教育的认识与实践融入自己的教学过程，创造了许多促进劳动教育的方法，为本书的撰写提供了丰富的经验与案例。

由于撰写时间紧迫，书中或有疏漏差错或有待改进之处，恳请专家同仁指正。

编　者

于 2024 年 5 月

"品质课程"阅读书目

学校整体课程规划18问
学校整体课程规划的七个关键
学校整体课程规划

课程治理现代化丛书

阳光阅读的校本设计与特色创建
CIM课程：创客教育的要素设计与实践探索
高品质学校课程体系
个性化学校课程体系
家校共育的20个实践模式
进阶式生涯教育
跨学科学习创意设计
美术特色课程设计与实施
体育，让儿童嗨起来：悦动体育课程的设计与实施
小剧场学校：激活戏剧课程的育人价值
小课题探究：激活学习方式
小切口课程设计：劳动教育的创意实施

新质课程文化丛书

实践性学习的七重逻辑
面向每一个生命的课程
多模态学科实践
大规模因材施教的课程模式
为未来而学：未来课程的校本建构与深度实施
面向每一个学习者的课程设计
可感的学习经历：习性教育课程体系探索
单元课程要素统整与深度实施
具身学习与课程育人
把学生放在心上：学校课程变革之道

课程治理新范式丛书

以学生为中心的教育治理
实践型学科课程设计与实施
共享式课程治理：集团化办学的课程治理方略
高具身性课程实施：路径、策略与方法

特色学校聚焦丛书

让个性自然发荣滋长："引发教育"的理论寻源与实践探索

面向每一个生命的教育
让每一个生命澄澈明亮:"小水滴"课程的旨趣与创意
新劳动教育:时代意蕴与实践创新
自信教育与个性生长
好学校的精神特质
教育,让个性舒展:"有氧教育"的模样与姿态
唤醒教育:触发生命的感动
生命的颜色与教育的意蕴
人格教育的四个关键点

特色课程建设丛书

幼儿园特色课程的框架与实施
课程是鲜活的:"大视野课程"的旨趣与活性
指向核心素养培育的学校课程图谱
让儿童生活在美的世界里:幼儿园全景美育的课程探索
核心素养与学习需求:学校课程建设导引
儿童自然探索课程
幼儿园视觉艺术创意活动设计与实施
连续性课程:特色课程发展的实践探索

课堂教学新样态丛书

课堂,与美最近的距离:基于学科核心素养的课堂教学变革
协同教学:意蕴与智慧
决胜课堂28招
一百个孩子,一百个世界:基于差异的教学变革
课堂如诗:"雅美课堂"的姿态
在教室里眺望世界:基于BYOD的教学方式变革
课堂教学的资源设计与方式变革
境脉教学的实践范式与创意设计
任务驱动与学科实践
课堂教学的智慧属性与意义增值:"灵动课堂"的六个关键词

"一校一策"课程体系建设丛书

课程坐标及其应用:教师专业视角